复旦卓越·21世纪酒店管理系列

# 餐饮管理

主　编　都大明　李大卫
副主编　于建澄　都怡林　刘　平

TWENTY-FIRST CENTURY HOTEL MANAGEMENT SERIES

复旦大學出版社
www.fudanpress.com.cn

# 总序 ZONG XU

酒店管理专业是全球十大热门行业之一，高级酒店管理人才在全球都是一直很紧缺的，近年来，在国际人才市场上，酒店管理人才出现了供不应求的局面。随着2008年北京奥运会、2010年上海世博会和越来越多的国际大型活动将在中国举行，中国对旅游、酒店管理专业人才的需求也日益增大。预计到2010年，高级酒店管理人才将成为职场上炙手可热的高薪阶层。

同时，随着中国职业教育(应用型本科、高职高专)的蓬勃发展，职业院校毕业生就业率逐年提高，毕业生越来越受到各行各业的欢迎。酒店管理专业是与实践紧密结合的专业，为此，在编写本套丛书的时候，我们主要考虑了以下几点。

**一、强化实践性**

目前，市场上出版的一些应用型本科、高职高专教材主要是供教师授课使用的。但是现实情况是，实践性教学一般占到高职高专教学总学时数的三分之一到二分之一，是普通高等教育和高等职业教育中的重要环节，因此，在本套丛书的编写中，我们增加了很多与实践相结合的栏目与内容。

**二、教材内容与职业资格证书紧密衔接**

"双证制"是高等职业教育的特色所在，因此，在本套教材的编写中，我们力图使本套教材的问世切实符合教学以及教育发展的特点，以职业目标和劳动过程为教材编写导向，通过岗位调研，在进行职业分析、确定职业能力的基础上改造传统的学科化教材，突出了职业教材的能力特色。

**三、编写体例创新**

高等教育包括职业教育的教材改革，要彻底革命，还需脱胎换骨。脱胎，就是走出普教教材的学科模式；换骨，就是建立具有职教特色、能力特色的职教教材的编写体例。在本套教材的编写中，我们力求做到与传统的应用型本科、高职高专教材有所不同。例如，每章前面都配有"学习目标""关键概念"，章内还配有"要点提示""资料补充""活动背景"等模块，每章后按教学需要配有不同程度的习题和案例。

## 四、出版形式创新

以电子化教学资源丰富纸制教材，增加教材的直观性和仿真性。过去的教材，只是纸制的教材、教参、试题，版本单一，而且由于教材出版周期的问题，教材内容往往与技术发展实际有一定距离，因而学校对教材内容滞后、需要增加新技术、新工艺的呼声甚高。在本套教材的编写中，我们着重开发电子仿真教具，通过电脑演示、模拟原理等手段，学生能对工作原理一目了然，不仅丰富了教材、节省了学校人财物的投入，而且使学生在静态中的接受知识变为了在动态中的理解知识。

复旦卓越·21世纪酒店管理教材编写委员会

# 引论 历史最悠久的传统行业

## ——饮食业的起源与沿革

### 学习目标

- 理解回顾中华饮食文化的特殊意义
- 了解中华远古饮食的有关传说
- 知晓中华封建社会餐饮业概况
- 认识民国餐饮业的畸形繁荣
- 掌握改革开放后中华饮食业的巨大变化

### 关键概念

封建时代酒楼　民国餐饮　票证饮食　服务精神　洋餐落户　中餐兴旺

餐饮业，又称饮食业，是很具代表性的传统行业，称得上是历史最悠久的一个自然行业。

循着绵绵的中华文明之河去追溯中华饮食业数千年的踪迹，这无疑有无限的魅力。尤其是中华两千多年封建文明及其亚细亚农耕定居生产生活方式相较采集、渔猎、游牧以及其他大陆农耕文明，长期处于相对稳定的领先地位。在很大程度上充当着世界古代饮食文化的主体代表，发挥着主流作用，孕育和积累了深厚的古代饮食文化。也可以说在相当程度上代表着两千余年间人类社会饮食活动的最高水平，并蕴涵了极其丰富的内容，因而中国被世人誉为烹饪王国，中华大地成为全人类向往的美食天堂。

孙中山先生在20世纪初的《建国方略》中说："我国近代文明进化，事事皆落人后，惟饮食一道之进步，至今尚为文明各国所不及。中国所发明之食物，固大盛于欧美；而中国烹调法之精良，又非欧美所可并驾；而中国饮食习尚暗合科学卫生，尤为各国一般人所望尘莫及也。"正是在这个意义上回顾中国古代，直至近现代饮食业的发展脉络就显得格外有意义。

# 第一节　远古文明中的餐馆

## 一、人类餐馆的起点

关于古代餐馆的起源，最早与西亚两河文明相关，这是当今中西方普遍认同的一种说法。据历史记载，大约在公元前 4000 年的美索不达米亚地区，生活在底格里斯河和幼发拉底河流域的苏美尔人很多是农民，他们出色的农耕技术在当地肥沃的土地上种植和收获了足够的粮食，除了食用外，剩余的则用作交易。苏美尔人还有酿酒技术和烘焙面包技术，酿啤酒成为苏美尔人社会各阶层最普遍的消费品。当地的苏美尔小酒馆就是提供周围居民喝酒并聚会谈论时事的场所，这要算人类最早的酒馆了。

## 二、中国最早的餐馆

由于上古时无文字记载，如要依据直接史料对人类早期的餐饮活动(包括社会餐饮主要设施的餐馆)全貌作出概述是根本不可能的。古代的神话传说为我们寻觅人类早期餐馆的踪迹提供了很好的线索。在中国古代神话传说中，炎黄始祖就为我们留下了想象推测的空间，神农设太阳市，“日中为市，致天下之民，聚天下之货，交易而退，各得其所”《易·系辞》，市中或有饮食；黄帝“作舟车以济不道，旁行天下”，为了方便旅行，他还在昆仑山修建了一座皇家旅馆——庄严华美的行宫；此外，尧舜禹三代圣王禅让的传说中有尧舜欲禅让于许由之说，许由弗允，“辞尧舜之命，而逆旅舍于鲁”(《庄子》)，这里提到的旅舍恐怕是中华远古关于住宿餐饮的最早传闻(推算在约公元前 2080 年)。



由迁徙漂泊采集渔猎到聚落定居的耕作养殖，生产生活方式的转换为中华先民更高层次饮食活动的开始创设了最初的需要和可能；由东夷华夏三苗氏族部落到夏商周中央王朝，社会文化整合和所有制经济及政治制度的剧变，为自氏族部落火塘分食演进至帝侯贵族钟鸣鼎食的奢侈享用提供了必要的物质支撑和制度保障；更由商旅、军旅到游学游说，不断推动并拓展以谋生行役的市肆饮食，中华饮食行业应由此逐步建立起来。

图 0-1　姜尚雕像

《易经》中，“旅”专指商贾客旅。确实，商旅对中国古代旅行旅游乃至餐馆旅舍的萌芽有着特殊的作用。中国商旅的兴起主要开始于商代，当时农牧结合经济发展，剩余产品增加并逐步积累，引发频繁的商品交换，于是人类初期的经商旅行产生，随之餐馆和客栈也应运而生。

《古史考》载，姜太公尚(见图 0-1)，八十遇文王之前“屠牛于朝歌，卖饮于孟津”，就是有关从事酒店业经营的记述。说明商代的城邑已出现了杀牛卖肉的小贩和出卖肉食酒饭的食肆。

随着商业经济的发展，商旅步履的延伸，中国古代饮食车舟交通工具和道路以及驿站馆舍也有了较大改善，商旅更推动着商业中心——都市的建立。至春秋战国，货币交易空前活跃，经济繁荣，城市繁华。齐都临淄（今山东临淄县）、赵都邯郸（今河北邯郸市）、魏都大梁（今河南开封市）等分布在黄河中下游的大都市就有十余个，商旅辏集。据考古发掘古临淄城总周长约合 40 多华里，城壕和路面都相当宽阔。《史记 苏秦列传》记载："临淄之中七万户，车毂击，人肩摩。甚富而实，其民无不吹竽鼓瑟，弹琴击筑，斗鸡走狗，六博蹴鞠者。"可见都市里行商客贾熙熙攘攘，一片繁荣。旅客和市民的文艺生活丰富，商旅推进了商业都市成长，也因大量的商业饮食而造就了中国古代首批餐饮集市。

## 第二节　中国封建时代酒楼

秦统一中国后，中国封建社会经历了由形成到鼎盛、烂熟式微进而嬗变转型的丰富进程，我们称之为东方农耕封建文明时代，由汉唐至宋元及明清，封建时代的饮食业伴随其社会经济的发展呈现相对繁盛的景象，独特多彩，其具有的世界意义和时代作用就更显而易见。



### 一、封建都市集镇饮食生态

#### （一）封建集镇饮食状态

饮食市场的繁荣反映着一个时期经济文化生活的兴盛，封建社会的城市以农村为依托，呈现城乡两元消费状态，城乡联系颇多。城镇中的群体饮食类型与乡村有以下两大类型的联系：城市春游类表现为春游、秋登高等郊游的形式；近郊的农民、渔民则纷纷赶往城镇集市、节场、集贸市场、渔市、禽兽市场赶集、出售农副产品。于是，庙会、节场就成了城乡饮食市场两元交流的一个重要节点。

#### （二）封建都市的餐饮业

随着农业和手工业的发展，水陆交通的发达，邮传的频繁，内地和边疆贸易的进展，中外贸易的发达和信使往来，兴起了四大类型的城市。

一类是京都。如长安、洛阳、汴京、临安、北京，都是全国政治、经济、文化的中心。王城的外廓，都有繁盛的集市。酒肆饭店随着市场的兴盛和驿道的发展而日益发达。这些都市，也是世界上各个时期著名的经济中心之一。中亚、非洲海岸、日本、朝鲜、南洋各地，都不断有商队和使团到来，还有不少外国人落籍中国。

二类是内地城市。这类城市中有的是传统的手工业基地，如苏州、佛山、景德镇、绵阳等；有的是交通要道，如扬州、汉口、荆州、襄樊等。

三类是港口城市。随着海外贸易发展兴起，如广州、泉州、福州等从事海上贸易的城市开始繁荣起来。

四类是边疆城市。如张家口、包头、玉门、酒泉、兰州等各类城市，都是有各自的腹地供应大量的饮食物质或与饮食有关的各类物资的集散地。城市中集中了许多适应各地



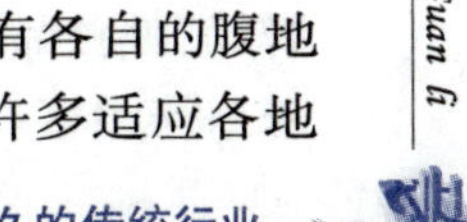

口味的饭馆和小吃店。

## 二、秦汉兴旺的餐饮业

公元前221年，秦王嬴政灭六国后，建立了中国历史上第一个君主专制的中央集权国家，统一度量衡，定币制，车同轨，书同文，始筑驰道，东达燕齐，南至吴楚。汉承秦制并进一步经"文景之治"和汉武帝的北御匈奴，开拓西域，经营南方。中华大地疆域辽阔，交通发达，全国各地终凝聚成一个经济、文化、政治大一统的封建帝国，开创了两千多年中华农业社会的辉煌文明，也将中华古代餐饮业带入了定型成熟时期。

社会经济稳定发展，都市不断扩大，商业繁荣，使得餐饮市场也兴旺起来。汉代桓宽在《盐铁论・散不足》中写道："熟食遍列，肴旅成市。"许多通都大邑，如长安、洛阳"两京"和成都、建业、郸"三都"，肉铺、酒肆、饼店很多，餐饮市场相当繁荣。

秦汉时期的"北菜"转以秦、豫为主，并充实进"胡食"(西域一带的饭菜)；"南菜"一分为三：西南和中南以荆、湘、巴、蜀为主导；华东一带淮扬和金陵有较大影响；岭南地区则是粤、闽菜品占优势。至此，黄河、长江、珠江三大流域的肴馔差异已经很明显了，说明鲁、苏、川、粤四大菜系正在酝酿发育之中。

## 三、唐宋繁荣的餐饮业



隋唐宋元时期，统一局面长，分裂时间短，政局较稳定，经济发展快，饮食文化成就斐然，是中国餐饮业发展史上的第二个高潮。隋唐时，陆路贸易继续发展，在长安城里常能见到"胡肆""胡姬""胡饼"。唐代长安，有东、西二市，共有120个行业。主要驿道上还"夹路列店肆，待客酒馔丰溢，以供商旅"。唐宋元的餐饮市场已经相当完善，一片繁华，基本上勾画出封建时代餐饮业经营方式的轮廓。

唐代饮食文化创造了云游四方雅集宴饮的崭新局面，带动餐饮业进入鼎盛时期。当时，都市餐饮参与到热烈的曲江郊游、元宵夜游、春游、秋登高、游宴等群众性宴游饮娱活动。由元宵夜观灯游戏、踏青游曲江胜景、观牡丹花会、夏观荷花、游葡萄园饮宴消暑、秋天登大雁塔，赏饮菊花酒……汇入帝王和民众举城同乐的热潮，其中最著名的要数曲江宴和洛阳水席，吟诗作乐，诗酒雅聚，成为文人郊游充满豪迈气概和闲气清新的山水田园雅集，汇聚成封建文明饮食的浩荡潮流，并以诗文传世，给我们留下了宝贵的饮食文化遗产。

北宋的繁华都市中，餐饮市场空前活跃。由于冲破了汉魏以来的社会门阀制度和唐代宅区(坊)与市的界限，而且打破了饮食供应的昼夜界限，京都汴梁首先延长夜市，从城内的御街到城外的八个关厢，处处店铺林立，经营档次齐全，网点星罗棋布，形成了20余个大小不一的饮食集市，出现了城市餐饮服务业的空前繁荣。

经营网点相对集中，名牌酒楼多在闹市；茶楼酒肆分级划类，高低贵贱应客所需，像宋代的高级酒楼叫"正店"，中小型酒店叫"柏户"或"分茶"；适应城镇起居特点，早市夜市买卖兴隆；同行之间竞争激烈，不少餐馆挂出"胡食""北食""南食""川味""素食"的招牌，品牌食品层出不穷，如在招聘名师、装修门面、更新餐具、改进技艺、推陈出新等方面来招徕顾客。当时临安市场可供应宫廷名菜50余种，南北名菜200余种，风味小吃300

余种，其中“宋五嫂鱼羹”“曹婆婆肉饼”“王楼包子”“梅家鹅鸭”名闻全国；接待顾客礼貌周全，主动承揽服务项目，服务人员众多，态度谦恭，技艺精湛，还有承办宴席的机构“四司六局”；食贩挑担穿街走巷，居民购食迅速方便。

唐宋的筵席繁荣兴盛，游宴、船宴颇为特别。唐代长安曲江边的各种游宴、五代时蜀中晋江的船宴和宋代成都官府倡导的游宴等都因将饮食与游乐充分结合而极负盛名。

## 四、明清成熟的餐饮业

明清属于封建社会的晚期。从1368年明朝建国，到1840年鸦片战争爆发，近500年仅仅经历了两个朝代，政局稳定，经济上升，物质富裕，商品经济的发展和城市经济的繁荣，促进了餐饮业的大繁华(图0-2为高邮孟城驿)。这个时期中华烹调技术已在实质上有了极大的提升。食源充裕，工艺规程日益规范，名菜美点五光十色，饮食文化发达，硕果累累，趋于成熟，是中国餐饮业发展的第三个高潮。

在明朝，北京的便宜坊烤鸭店、六必居酱园和太原的清和元饭店等名店相继开业，并有藏花饼、光饼、肴肉、叫花鸡、封缸酒、洋河大曲、如皋董糖盒、阳高杏脯等传统风味食品问世。

图0-2　高邮孟城驿

图0-3　北京湖广会馆之戏场戏座

清初的顺治、康熙、雍正、乾隆四朝，政策较为开明，经济迅速复苏，农业、手工业和商业均创造出封建社会最好的成绩，餐饮业也如鱼得水，生机旺盛。图0-3为建于清代的北京湖广会馆。

清代乾隆年间，一些大城市中与官僚美食家有来往的餐馆业商人，在当时“满席”“汉席”的基础上挑选一部分南北名菜点(包括孔府菜点)加上满洲贵族爱吃的猪方和面点，搞出一套商业性很强的“满汉全席”，所列菜点共有100多样，甚至200多样，一席要连吃三天，豪门富商以能用这种酒席待客为荣。以“满汉全席”为标志的超级大筵活跃在大江南北，中国饮食文化达到了古代社会最高的水平。

沪宁四大餐饮集聚地上海城隍庙、南京夫子庙、无锡崇安寺、苏州玄妙观逐渐形成，再加杭州西湖、汉口汉正街、重庆朝天门、西安钟鼓楼、开封相国寺、长沙火宫殿、广州珠江岸等，这些地段“酒商食贩，蜂攒蚁聚，茶楼饭庄，鳞次栉比”。“卖酒的青帘高扬，卖茶的红炭满炉，仕人淑女络绎不绝，真不数‘三十六家花酒店，七十二座管弦楼’。”①苏州小河上还有流动的餐船，以及旺季开业、淡季停业的旅游餐厅。

## 五、晚清餐饮杂交嬗变

清朝后期社会统治日渐衰落，进入道光年间，中国已进入半殖民地半封建社会的转折点。1840 年鸦片战争爆发，西方帝国主义列强用洋枪大炮打开了东方封建帝国的大门，侵略军的铁蹄踏进了香港、厦门、定海、镇海、宁波……西方文化及经济随之涌入，中国由此沦为半封建半殖民地社会。这一切变革都对中华餐饮业的发展产生了深刻影响。在外来野蛮的西方强势文化和行将入木的垂死专横的封建专制的夹缝中，在内忧外患、战乱不断、封建专制和帝国主义列强侵入双重压榨下，中国近代餐饮业的嬗变转型显得曲折艰难，有着封建文明深刻印记与资本主义殖民文化中西杂交的浓重伤痕，诸如光怪陆离的十里洋场、番菜馆开埠入华。

### （一）商埠租界番菜馆渐兴



1. 十三洋行

中国餐饮业的转型嬗变由番菜馆入华开始，最早有广州的洋行商馆。在“羊城”太平门外，由东向西依次分布有怡和馆、集义馆、丰泰馆、隆顺馆、瑞典馆、帝国馆、法国馆、西班牙馆、丹麦馆等 13 个商馆，统称“十三洋行”商馆（见图 0－4）。第一次鸦片战争中，英商义律活动的据点就是怡和馆。

图 0－4　广州十三洋行

洋行建筑均为西洋式，其结构“有若洋画，中构番楼，备极华丽”。各商馆内部设备也极其华丽，还有花园和运动场所。

2. 租界番菜馆

鸦片战争后，列强入侵，广州、厦门、福州、宁波、上海成为新的通商口岸。随后，列强又在上海等十多个城市和商埠设立租界，这时外国资本开办并由外国人经营的各色西餐馆在中国出现了，在沿海一些城市经营推销法、俄、日、美等国的食馔。

旧上海最早出现的西菜馆，被称为“番菜馆”。上海在开埠后，大约 19 世纪 50 年代已开始出现西菜馆，有数家中西兼营的餐馆和西餐馆。清同治、光绪年间还有一些外国人开的酒吧，多在法租界，国人称之为“外国酒店”，布置豪华，酒价高昂，当时中国人绝

① 都大明：《中华饮食文化》，复旦大学出版社 2011 年版，第 55 页。

少涉足。

3. 中西杂交

与此同时，在广州、青岛、大连、长春、哈尔滨、北京、武汉、南京、成都等城市，由于外国侵略者和外籍侨民的不断增加，英法式、苏俄式、德意式、日韩式菜点被介绍进来，出现《造洋饭书》，创设了西餐馆和“东洋料理店”。南京有金陵春中西办馆位于夫子庙，兼治西菜，其前身系清末秦淮名店“问柳”，后改为金陵春。中国厨师吸收西餐洋食的某些技法，由仿制外国菜进而创制“中式西菜”或“西式中菜”。这类新菜，原料多取自国内，调味料用进口的，工艺主要是中式的，筵宴又袭用欧美程式，品尝起来，别具风味。

（二）餐饮业态嬗变

1. 业态嬗变

随着传统中国社会单调、封闭局面的打破，西方物质文明乃至生活方式都不同程度地传入中国，对传统的社会生活造成巨大冲击，而统治阶级骄奢淫侈、贪求无厌、华洋冲突构成了近代中国餐饮业复杂的社会景象。中国一批餐饮老字号打出招牌，由此标志着中华民族饮食活动正式纳入有组织的企业经营范围，成为一项开始迈向现代服务经营的产业；同时宫廷菜和官府菜大盛，都市餐饮又有不少新的业态不断出现。

在饮食上，吃西餐成为赶时髦、充门面、夸耀财富、显示品位的手段，“遇有佳客，尤非大菜花酒，不足以示诚敬”①。政要人物如袁世凯、徐世昌、段祺瑞等也经常邀请中外名流举行西餐宴会，“影戏看完西餐吃”，以表明自己的“开通”和“文明”。



2. 西式酒家

1860 年，英国人礼查在上海外白渡桥北堍创建“礼查饭店”（见图 0－5），这是上海开埠后，外国人经营的第一家高档旅馆饭店。这些酒店除了提供基本的食宿外，还备有舞厅、游艺室、浴室、理发室，规模宏大，西式酒店的餐饮成为中华餐饮业中一道新的风景；另一方面，西式酒店把其建筑风格、设备配置、服务方式、经营管理的理论和方法带到了中国，对中国近代餐饮业的发展有一定的冲击。

图 0－5　上海礼查饭店（现浦江饭店）

3. 餐饮众相

此时，中华餐饮业态逐渐变得种类繁多。各种类型、档次齐全的综合性饮食店，在餐饮市场中有着举足轻重的作用。或以雄厚的烹饪技术实力、周到细致的服务、舒适优美的环境、优越的地理位置吸引食客，或以方便灵活、自在随意、丰俭由人而受到欢迎。如清代天津著名的八大成饭庄，皆属高档的综合饮食店，拥有宽阔的庭院，院内有停车场、花园、红木家具及名人字画，只承办筵席，宾客多是富商显贵。成都的炒菜馆、饭馆则是大众化的低档饮食店，“菜蔬方便，咄嗟可办，肉品齐全，酒亦现成。饭馆可任人自备菜蔬交灶上代炒”（《成都通览》）。此外，还有一些风味餐馆和西餐馆，清末时杭州有

① 虎痴：《做上海人安得不穷》，《申报》，1912 年 8 月 9 日。

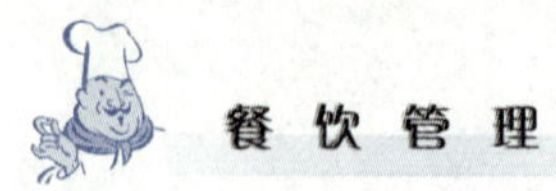


京菜馆、番菜馆及广东店、苏州店、南京店等，经营着各种别具一格的风味菜点（参见《杭俗怡情碎锦》）①。

4. 沪上餐饮

上海的餐饮业，由本帮到各帮酒楼、弄堂店、教门馆、茶楼、面馆及连号，且南北汇融，甚为丰富，可谓代表。

清同治元年（1862 年），祝正本和蔡仁兴两人开设正兴馆，店名系在两人名字中各取一字组成。因地处闹市，两人烹饪手艺又好，取价也甚公道，故开张后生意十分兴隆。其他人看见眼红，也相继来此开设食肆。饭店弄堂就这样逐渐见称于世。

上海最大的本帮饭店——上海老饭店，创设于同治末年。创出“八宝鸭”“八宝辣酱”“生煸草头”“炒蟹黄油”等名菜。

苏州菜与无锡菜风味有相近之处，故上海人往往把苏菜馆和锡菜馆合称为苏锡菜馆。上海的苏锡菜馆创始于清同治年间，由于苏锡菜口味与上海菜相仿，因此苏锡菜馆在上海发展甚快，东南鸿庆楼、大加利、大鸿运等多家均驰誉食林。甬菜馆在上海有百年历史，光绪年间已有多家甬菜馆，状元楼最正宗、牌子最老。宁波人寓居上海的甚多，口味同他帮人殊不相合，所以甬菜馆的顾客基本上是同乡人。

旧时谚云：“无徽不成市。”徽商在各地势力甚大，旧上海的酒楼中，徽菜馆数量最多。徽菜馆在上海的历史可以追溯到鸦片战争前。徽菜馆“跑堂的”在招呼客人点菜后，用徽州口音哗啦哗啦地向厨房叫菜，这叫“响堂”。徽调叫菜的氛围，令人感到适宜舒服，兴趣盎然。



上海开埠以来，买办中多广东人，民族资本家中亦多广东人。广东人饮食喜欢生嫩，粤菜馆应时而兴。最早营业的有味雅酒店，后来陆续有数十家粤菜馆开设。这些酒楼多富丽堂皇，在餐饮业中独领风骚。

上海有素菜馆，始于清末。“常年净素，荤不入内”的黑底金字匾额，一般佛门弟子及回族同胞都乐于光顾就餐。一碗素面，利润甚微。软面、硬面、宽汤、拌面，只要吩咐堂倌，无不照办。还备有自制的辣油和小车麻油，葱蒜姜丝亦随客取用。松月楼的素面，当时在上海滩上妇孺皆知，来城隍庙的游人都喜欢到这里吃上一碗素面。

上海教门馆始于清末民初，教门馆即“清真馆”，亦即回族菜馆，多为南京人所开。当时来沪开设教门馆的不少，有大小两种——大的俨然酒楼模样，除面食、锅贴、牛肉包子外，还卖酒菜；小的只售锅贴面饺而已。早先宗旨，完全在便利同教中清寒侨寓之人，所以价格低廉而菜饭甚丰，有洪长兴、金陵春等以价廉物美著称。

5. 京都餐饮

与上海的外来文化形成鲜明对照，北京的餐饮场所仍然由民族传统唱主角。除了八大楼、全聚德、致美楼等京帮大菜馆，北京风味小吃店也不少。北京在清代时沿袭庙会民俗，庙会附近多设聚集市。届时，赶庙会的、逛市场的、游寺院的、烧香的都蜂拥而至，是极具群众性的文化活动场所。其中，小吃集市总是最吸引人。从正月到九月，几乎月月都举行活动，人们都喜欢去观看中国传统庙会，挑喜爱的小吃饮食。琉璃厂厂甸正月庙会最盛，形成北京地区的独特风光。

① 都大明：《中华饮食文化》，复旦大学出版社 2011 年版，第 61 页。

## 第三节 民国时期畸形饮食

民国时期，中国是处在帝国主义、封建主义、官僚资本主义统治下的半封建半殖民地社会，工农业发展缓慢，百业凋敝，人民生活困苦，饮食演进速度减缓，突出成就不甚明显；与此同时，由于世界经济危机的影响，日、美等国纷纷在中国抢占市场，加上战事频繁的刺激，局部地区的饮食也出现了一些新因素，并产生深远影响。

从文化遗产的继承、开拓和发展的角度，或是从烹饪餐饮的发展、风格和特色等角度来看，民国时期餐饮形成别具一格的烹饪餐饮发展阶段，在中国烹饪饮食史上都应该占有一席之地，其承前启后的历史作用不容忽视。

### 一、都市餐饮灯红酒绿

所谓民国时期餐饮是指中华民族特定历史阶段（1912—1949 年），中国各地区民族各种餐饮的总称。民国时期餐饮呈技艺精湛、品类丰富、流派众多、风格独特的特点，是中国传统餐饮业的继承和发展，也对当时的国际烹饪餐饮产生了一定的影响，享有很高的声誉。辛亥革命后，尤其在 20 世纪二三十年代，上海、杭州、南京、西安、北平等城市商业贸易畸形发展。在这种特殊背景下，餐饮业很是兴旺，灯红酒绿，杯斛交错。

京城名店“致美楼”此时重新翻新，盛况空前，店员也由过去的 10 多人发展到了 100 多人，店堂扩建成了两座三层大楼，楼上平台称“空中花园”，宫廷菜“百鸟朝凤”“三阳开泰”“游龙戏凤”“二龙戏珠”等成为店中名菜。

辛亥革命后，数百名御厨被遣散出宫，为了谋生，许多人重操旧业，或在权贵之家卖艺，或去市场经营餐馆。1925 年，留京的 10 多名御厨，在北海公园挂出“仿膳饭庄”的招牌。所谓仿膳菜就是仿制的清宫菜，或称因时而变的御膳菜。从此，以宫廷风味为特色的仿膳菜便风靡一时，现今在北京仍旧有很大的吸引力。

仿膳菜虽然源于清宫菜，但有别于清宫菜，妙就妙在这“似与不似之间”。似者，是它的气质、文采、风韵、基本用料和基本技法，仿膳菜一上桌，就有一股皇家饮馔的华贵气息扑面而来；不似者，毕竟时代不同，服务对象不同，它在继承清宫菜传统的前提下，一方面扬弃形式主义的成分（如用料苛刻、宴席芜杂之类），一方面又赋予新的内容（如变换名称、增加掌故），使之符合社会需求。它的最早食客是怀古恋旧的八旗后裔和情满志得的军阀政客，后来拓展到中上层文化界人士和小康市民，其活动区域仅限在北京。

南京是民国时期的首都，可以其餐饮为依托，借此一窥民国时期都市饮食的盛衰起落的概貌，其涵盖范围不仅仅局限于南京一地。当时饮食店有大、中、小之分。

大型饭店：屋宇轩敞、装潢典雅，多以承办高档酒席为主，亦附带外卖，价格以“大洋”计算，多悬挂或书写“京苏大菜、承办筵席”或“京苏大菜、维扬细点”等字样。北洋政府时期，“金陵春”①前车水马龙，热闹非凡。

---

① “金陵春”是清末名馆“问柳”的继承者，烹饪大师胡余春即为“问柳”名厨。

中型饭店：店堂不大，布置朴实无华，主要以零点为主，用“小洋”计账，特点是价廉物美。这类菜馆，用料精打细算，厨师人少艺精，注意节俭，成菜价格要比大型饭店便宜一半，是讲究经济实惠食客的首选之处。

小饭馆：以供应便饭为主，酒可自带，计价用“钱码”，各条主要街道上都有。泥灶当门，面街烹饪，顾客要经过灶间，才可步入仅摆几桌的店堂。特色菜选料新鲜，工艺精湛，口味鲜美，价格十分便宜，两样菜仅卖 1 200 文。

1927—1937 年的十年间，是国民政府的发展时期，南京初步呈现出现代都市的面貌，历史学家称为“黄金十年”①，也是民国菜肴迅速崛起并开创局面的十年。军政要员汇集南京，外省的名流商贾也纷纷涌向南京，呈现一派歌舞升平的景象，犹如一座光怪陆离的政治舞台。这种由时势造成的格局，推动和促进了餐饮业的迅速发展，川、粤、湘、浙、徽、京、沪、西菜等帮风味菜馆纷纷来此落户，从根本上打破了南京餐饮业京苏大菜一统天下的局面，形成了各种风味百花齐放、交融并存的局面，当时的南京酒席业分会拥有酒菜馆 1 151 家，早点业 426 家。至抗日战争前夕，南京市从事商业和服务业的人口已达 30 多万，约占南京市当时人口总数的三分之一。日寇占领南京八年期间，餐饮业遭受致命的打击，饮食网点锐减。据 1943 年 5 月的资料统计，当时仅有 215 家酒菜馆，只占 1934 年 1 151 家的 18.68%。1946 年 5 月 5 日，国民政府还都南京以后，军政要员、巨商大贾再度云集南京，餐饮业出现短暂的繁荣景象，1948 年全市共有饮食网点 5 700 多家。全市消费性行业的户数约占全市工商业总数的 44.5%，南京已然成为一座典型的臃肿庞大、畸形发展的消费城市。



“金陵春中西办馆”位于夫子庙，兼治西菜。1936 年前为南京最大的京苏菜馆，以“燕翅双烤席”闻名于世。1934 年，张学良将军来宁宴请邵力子、于右任、吴稚晖等国民党元老时，胡长龄曾亲自掌勺烹制“燕翅双烤席”。

寺院素食代表名店有深松居素菜馆、鸡鸣寺素菜馆、扫叶楼素菜馆、栖霞寺千佛素菜馆等。南京的素食馆有寺院素食和民间素食两种。寺院素食代表名店有深松居素菜馆、鸡鸣寺素菜馆、扫叶楼素菜馆、栖霞寺千佛素菜馆等。深松居素食馆位于灵谷寺内，创建于明洪武年间，原为寺内之香积厨（僧人厨房），清代改今名，用以接待香客和游人，所办素食极富特色。据民国张通之《白门食谱》载：“寺僧代办筵席宴客，各菜皆佳，城内著名之菜馆不能及。”民间素食有绿柳居素食馆、素食同源社等。绿柳居创建于 1911 年，迟于同源社，但由于不断创新，炒蟹粉、炒鳝糊、炒鱼片、炒腰花等均系以荤托素、别有滋味，成为秦淮河边颇具盛名的素食馆。

南京最早的西餐馆是创建于清朝末代的“金陵春中西办馆”。国民政府定都南京后，西餐业发展很快，先后开业的有“第一春”“太平洋西餐馆”“都城饭店”“孔雀餐厅”“凤凰餐厅”等，还建起一批大型旅馆，如开业于 1929 年的中央饭店、扬子饭店、首都饭店、福昌饭店、华侨饭店、国际联欢社等。这些大饭店一般都配备有西餐厨师，向中外宾客提供法式、英美、意大利和俄式等西菜。

民国时期还流行厨行业，即以厨艺为客人服务的行业，厨行不需营业场所，俗称“关门作”。厨行老板大多是烹饪高手，以代办家庭筵席为主，价格要比饭店里便宜两成左

① 这十年也是南京近代历史上发展较为突出的时期，城市布局、社会风貌等方面都有较大的改变，初步呈现现代都市的面貌。

右，经济实惠，口味独特，所用餐具，均由厨行自备，不必主家烦心。远者可带原料、作料上门服务，近者可送菜上门。厨行都是世代相传，均有拿手绝活，一般饭店不容易品尝得到①。

除酒楼菜馆供应的帮派纷呈的各式美味菜肴，民间还流行许多风味独特的特色菜和家常菜。民国时期餐饮业阵式庞大、内容芜杂、美味佳肴、琳琅满目、数不胜数，各大城市都有一支技艺精湛的名厨队伍。发达的餐饮业锻炼和造就了一大批年轻的烹饪骨干力量，1949 年以后，仅江苏南京就涌现出胡长龄、杨继林、尹长贵、朱春满、薛文龙、林长洲等一批名厨。

## 二、乱世迁徙　风味交融

上海作为近代中国经济最发达的城市，也是外国资本主义经济、文化侵略最严重的城市之一，被称为“冒险家的乐园”。华洋冲突构成了近代中国饮食文化复杂的社会景象，当时的上海可谓民国都市餐饮的缩影。

从鸦片战争开始，经过百余年的孕育，上海本帮菜吸收北京、山东、四川、广东、湖南、湖北、江苏、浙江、河南、福建等众多流派之长，独创新意，故而朝气蓬勃，大有后来者居上之势。在商业贸易光怪陆离、畸形发展的特殊背景下，从前名不见经传的沪菜融汇各帮、兼收中西，得以迅猛发展。现今文化科技含量高的沪菜势头劲猛，在海内外享有很高声誉，也与中华民国时期沪菜兴盛打下坚实基础有关。

20 世纪 20 年代后，上海粤菜馆盛极一时，不仅富丽，菜肴也极精美。1917 年起作为粤商大本营，著名的永安、先施、新新等三大公司先后附设了大东、东亚、新新饭店，作为当时交际应酬、洽谈生意的重要场所。除此之外，大三元、杏花楼也都居粤菜馆领袖地位而驰名。20 世纪 20 年代末开张的新雅粤菜馆，从广州聘一批高级厨师，着意创新，将粤菜风味融入上海人喜闻乐见、普遍欢迎的菜肴中去。“清炒虾仁”用的都是每斤 80 粒左右的鲜虾仁，色、香、味、形俱佳，大受食客称道。还模仿京菜馆与徽菜馆的办法，供应和菜，降低售价，最廉的和菜仅一元两角，其中起码竟有一味鱼翅。一些有生意眼光的商人还开出了一批陈设比较简陋的小型粤菜馆——宵夜馆。宵夜是最低廉的和菜，每客一冷盆、一热炒，仅售小洋三角。

上海出现京菜馆，是辛亥革命前后的事情。光绪初年，上海最著名的津门酒楼是庆兴楼。如同兴楼、大雅楼、会宾楼、万云楼、悦宾楼等几家著名的京菜馆都荟萃福州路一带。清代皇族后裔宁四爷、宁八爷都做过同兴楼的股东。海上闻人虞洽卿做寿，还借座同兴楼。

扬帮美味斋也是从弄堂口经营发展起来的。1926 年，淮安人陈炳坤在弄堂口摆摊，卖百叶面筋之类素食小吃。后来，他在原先摊头的位置搭起阁楼，上下摆了四张小桌，卖菜饭，取名“美味斋”。清代，上海已有扬菜馆。20 世纪 30 年代后，上海扬菜馆以老半斋与新老半斋最为著名。20 世纪 40 年代初，扬州人莫有庚到上海，他以擅烹扬菜著名，被中国银行聘去担任厨师，创造了一些新的扬菜品种。后来，莫有庚又同兄弟莫有财、

① 较著名的厨行有：陈厨行，擅长制鸭；四厨行，善治时令菜蔬；还有邵厨行，善制筵席；颇负盛名的四鹤春茶馆，也兼作厨行，以“炖生敲”享誉南京；王溜子厨行则以鹅油虾仁名重一时，是著名的清真厨行；何厨行以蜜制火腿独擅胜场。

莫有源合作“莫有财厨房”，后成为海上闻名的扬州饭店，颇得工商界与文艺界人士的青睐，梅兰芳、周信芳、俞振飞等都曾是“莫有财厨房”的常客。

上海出现川菜馆，始于清末。1911年“保路运动”之后，四川与外地交往增多，随着北伐军进入上海，川菜馆也就在上海雨后春笋般地设立起来。20世纪30年代，上海有著名川菜馆“都益处”。抗日战争时期，江浙财团和苏杭名厨内迁重庆，各地名厨也辗转来此，其间八年反复磨合，使得长江上、下游的肴馔风味逐步融合，形成一个新菜种。抗日战争胜利后，重庆的“接收大员”携带家眷随从飞回上海，做了八年“江上佬”，吃惯了川味，巴蜀名师纷纷来到上海，促使上海的川菜馆越开越多，由四川人董卓君创建之锦江饭店蜚声中外（见图0-6）；更有文化人创设了梅龙镇，打出了海派川菜牌子。海派川菜实乃四川、江苏风味相结合的晶体，是“远缘杂交”，具有许多“遗传优势”，又由于“同饮一江水”之故，海派川菜适应性强、生命力旺盛，在食界评价甚高。

图0-6　上海锦江饭店

抗日战争前夕，上海共有徽菜馆五百余家。旧上海的徽菜馆都兼营面食，可派人送面上门，十分方便。且徽面价廉味美，和菜也很便宜。



老上海无人不知弄堂饭店。抗日战争前，在南京东路与九江路之间有一条弄堂，弄内饭店鳞次栉比，多为本帮饭馆，以价廉物美、经济实惠著称，天天食客满堂，饭店弄堂因此名扬海上。

旧上海名声最大的酒店是王恒豫和王宝和，老上海印象最深的是王宝和酒店门首的“清水大闸蟹”招牌。蟹从阳澄湖运来，只只青壳金爪，该店旺火蒸煮一刻钟，肢体均全，肉头饱满鲜嫩，用以佐酒，真是妙不可言。蔡元培、周信芳等社会名流，均慕名到王宝和酒店持螯饮酒。

旧上海的粥店多以“景恒茂”作牌号，犹如熟肉铺多称“陆稿荐”、茶食店多名“稻香村”一般。据说景恒茂为一人名，是粥店的创始者。因粥店是贫苦大众的果腹地，景恒茂此举有益于穷人，口碑甚好，故后起的粥店亦多袭用其名，以广招揽。此类小粥店则遍及全市。其中云南南路上的小绍兴鸡粥店，终日食客盈门，生意兴隆。还有无锡粥店，粥的名目竟然有半百之数。旧上海的粥店有一特异之处。除了旧历新年三五日，其余360日竟是“全天候”，实行24小时营业，给夜无宿处的穷苦人提供了极大的方便。

20世纪30年代，著名广告师周鸣岗在郑家木桥开设无锡粥店，创设50余种名粥，兼营和菜、客饭和各式面点，融酒楼、饭馆、面肆、粥店于一体。抗日战争前夕，又增设船菜部。从此，上海人开始有船菜可享。无锡粥店的船菜是用让顾客眼见鲜活的作料煮成，因而甚受食客欢迎。整桌船菜拆开，任客点食。还效法广东宵夜和徽式和菜，推出一种价廉物美的和菜式船菜，菜色也有两三色，最经济实惠。船菜中有一味脆鳝，干硬而脆，能历一昼夜不变，食客无不啧啧称奇。

辛亥革命后，一些大的素食馆纷纷开张。北京路的功德林、九江路的禅悦斋、汉口路的供养斋、浙江南路的香积厨、山东路的觉林堪称其中之佼佼者。名声最大的是功德林蔬食处，开设于1922年阴历四月，释迦牟尼生日这一天。功德林还辟有不少小单间，极其雅静。抗日战争期间，"七君子"中的沈钧儒、沙千里、王造时曾在此包有小单间，从事革命活动。

旧上海的教门馆有一种"包客饭"，极其便宜。20世纪30年代，每客仅售两角，一炒一汤，饭不论多少，吃饱为止。有些门槛精的食客，往往邀合三人前往拼盘，三人客饭有两冷盘、一热炒、一汤，宛如京菜馆的一元和菜，甚为整齐，而只需六角小洋，且连饭在内，甚是便宜。

到了20世纪30年代初，上海已有英、美、法、德、意、俄等各式西菜馆上百家之多。新中国成立前夕，上海西菜馆布满全市，约有近千家。按菜式来区别，有法式、美式、俄式、德式和意式五大流派。其中，法式菜尤为上乘。上海法式"红房子西菜馆"的名声是最大的。红房子西菜馆原名"喜乐意"，由意大利人路易·路迈创于1945年，因房子门面漆成鲜艳的红色而称它为"红房子"。

20世纪20年代，上海书场中流行过一段《羊肠食谱开篇》，把当时上海著名的酒楼菜馆及其特色用韵语概括得十分贴切，使弹词迷中的老饕们口角流涎。

## 三、星期美点　声名远播



20世纪初的羊城一度是中国的政治文化中心，特别是1929—1937年，由于世界金融中心转向香港和国内战事的影响，广东经济得到较大的发展。加之邻近港澳和东南亚地区，商贾云集，餐饮业进入空前未有的黄金时代。仅广州，就有著名的中餐店、茶室、酒店、包办馆、西餐厅200余家。广州名师梁贤代表中国参加巴拿马国际烹饪赛会，荣获"世界厨王"称号。这是粤菜的首次走红，为50年后"港派粤菜"风靡全国打下坚实的基础。

为了适应岭南人"三餐两茶"的生活习惯，招引顾客，20世纪20年代末30年代初，广州的陆羽居率先推出"星期美点"，即是将点心品种更换的期限由一月缩短为一周，很快赢得顾客的赞赏。接着，福来居、金轮、陶陶居、金菊园等名店竞相仿效，形成一股风潮。其形式是依照不同的季节、货源和场所，每周轮换一次品种(包括汤点、饭点、茶点)，少则6咸6甜，多则12咸12甜，均以"五"字命名，前后不许重复。不长时间内，广州点心增加近千种款式，为全国同行所钦佩。现在"羊城早茶"风行各地，便是20世纪30年代的种苗结出的硕果。

中华餐饮业在海内外的影响也越来越大。民国时期，出国人数渐多，这些侨胞中约有三分之一的人以经营小型的家庭式中餐馆为生，并且世代相传。他们把中国饮食介绍到各国，使中餐大规模地进入国际市场。



## 四、新式饭店　民族特色

中国民族资本试图融合中西特色，投资兴建了一大批中西风格结合的新式饭店。这类饭店在建筑式样、店内设备、服务项目和经营方式上都受西式饭店的影响，而且在

经营体制方面也仿效西式饭店的模式，实行饭店与银行、交通等行业联营。1917 年，先施、永安两大公司开业后在公司里附设中西结合的豪华旅馆，并与东方饭店、东方旅社、礼查饭店等联号，使中餐经营既有特色，又具规模。不少酒店还致力继承中国的民族文化传统。

图 0-7　上海国际饭店

20 世纪二三十年代，中西式酒店的发展达到了成熟时期，在当时的各大城市中，均可看到这类饭店。20 年代开业的有静安宾馆、金门饭店、华懋饭店、大中华饭店、中央饭店和东方饭店等高级饭店。其中最著名的是华懋饭店（又称沙逊大厦），即今天的和平饭店，是上海唯一入选的全球驰名饭店。于 1934 年 12 月 1 日吴鼎昌集资建成营业的 24 层高的国际饭店（见图 0-7）最为国民所关注，它既为上海当时最高的标志性建筑，又是当时远东地区屈指可数的豪华饭店。该店孔雀厅的京菜也是名噪一时。

20 世纪 20 年代，中国现代第一个正规的旅行经营机构——中国旅行社正式创设，以中旅社经营的连锁招待所为代表。其探寻酒店联营功不可没，无锡分社还在太湖专设旅游船菜公司，经营游客雇船游太湖吃船菜业务，对中华饮食产生了不小的影响。



中国旅行社 1931 年起在沈阳、徐州、郑州、潼关、南京、汉口、青岛、上海、武汉纷纷设建招待所。1935 年耗资 50 多万元的南京首都饭店（见图 0-8）开业，它是当时最高档的宾馆饭店，也是中旅社最大的招待所，即今华江饭店。稍后西安西京招待所和衡山“南岳山庄”等 11 处招待所从北到南依次开业。抗日战争中，中旅社在西南、西北，直至缅甸设立许多招待所与宾馆，负责食宿。一律悬挂中旅社招待所招牌，并派专员常驻指导，对内地餐旅业的改进起了示范作用，实为现代品牌连锁酒店的雏形，比美国汽车旅店要早 20 年左右。中旅社服务网还为中国酒店餐饮事业树立了艰苦奋斗的优良传统，作出了艰苦卓绝

图 0-8　首都饭店（现南京华江饭店）

的贡献①。

### 五、民众遭殃　反差巨大

都市十里洋场光怪陆离，灯红酒绿，杯斛交错。与此时的畸形繁华形成巨大反差的是，百姓却在遭殃。抗日战争前后，洋货充斥市场，直至"无货不美，有美皆备"。物价飞涨，苛捐杂税，天灾人祸，民不聊生。加上战乱频发，尤其日本侵华，"奸淫烧杀"，百姓遭难，妻离子散，四处逃亡，野有饿殍，一片凄凉，此时中华民众饮食生活的艰苦是难以想象的。

## 第四节　新中国饮食先抑后扬

新中国餐饮事业呈现先抑后扬、前慢后快的进程。以 20 世纪 70 年代为界，分为前后两个阶段。

### 一、勒紧裤带　计划饮食

#### （一）复苏改善

新中国的成立为中华餐饮业的全面发展提供了宽阔的新天地，人民当家做主，解放了生产力，国民经济复苏振兴，饮食生活逐步恢复了历史上一些好的传统，各方面初见成效。

随着社会主义改造的逐步深入，对物质文化生活的需求有所增长，市场活跃，奠定了餐饮业发展的物质基础，也极大调动了广大餐饮业从业人员的积极性和创造性。但碍于当时社会生产率低，社会可供物质资源匮乏，计划经济的国民饮食供给制成为新中国前三十年饮食生活的首选形式和主要内容。

#### （二）饥饿历程

新中国餐饮业的发展并不是一帆风顺的。由于政治运动频繁和三年严重"自然灾害"的影响，从 1957 年起，经济相对停滞，进入了食物相对短缺时期。餐饮业的发展受到挫折，跌入低谷，元气大伤。

1957 年底，全民"大跃进"，刮起"浮夸风"②。1958 年人民公社化，城乡普遍办过"大食堂"③，在全国粮食短缺日益严重的形势下出现了"瓜菜代"，做饭技术革新运动又称为

---

① 如著名作家茅盾曾讴歌六盘山华家岭招待所的职工："凡是在西北公路上旅行过的人们，应该不会忘记在高山荒岭上，有这样一群无名英雄直接为旅客服务，间接为抗战效力。在四时如冬，在寂寞荒凉的环境中坚守着他们的岗位。"这充分显示了中国餐旅业的敬业精神和服务精神。

② 就连钱学森后来在回答毛主席时也说：我不懂农业，"只是按照太阳能把它折中地计算了一下，至于如何达到这个数字，我也不知道，而且，现在发现那个计算方法也有错误"。"亩产四万斤"是我计算错误。

③ 1958 年，人民公社化速度和广度都异常惊人。全国成立 2.6 万多个人民公社，参加农户达 1.2 亿户，占总农户的 99%以上。说是"为了把妇女解放出去"，全国城乡普遍办起"大食堂"，把各家各户的锅、碗、瓢、盆都交公。干完活，直接去食堂吃饭，有菜有饭或有馍，"四菜一汤"，不要钱，不用烦油盐酱醋。不过，大食堂的"好日子"时间并不太长，"浮夸风"引发超倍标准征购粮食，三年困难时期，连年的严重干旱以及浪费损失，国家大部分地区经历了严重饥荒，还有不少人死于饥饿或由饥饿引起的并发症。

"粮食烹调增量法"。到1962年,食品供应基本恢复正常,但全国人民还得勒紧裤带,饮食生活依然艰苦。

### (三)票证饮食

20世纪六七十年代,"建设社会主义中国"的集体主义思想占据饮食生活的方方面面,在当时城市生活中,饮食是压倒一切的社会经济要务,最让人们铭心刻骨的是票证。中国的票证从三年困难时期开始实行,目的是保障供应、控制销售。所谓保障就是在计划下让大家都能相对公平地分到最基本的生活必需品,控制才是最根本的目的。市民都曾牢牢紧攥三张卡:粮油证、煤球卡、副食品卡,凭票排队的"白龙"(米、面)、"青龙"(蔬菜)、"黄龙"(早点、大饼、油条)、"黑龙"(煤球)就是票证计划食物供给体制的体现。饮食业既要凭证进货,又要凭票供应。"回忆起30多年前,最最困难的时期,上海还发放过就餐券。记得当时到上海出差总要带上市级介绍信,主要目的就是可凭此领到就餐券。"①

中国可以说是使用票证最早最多的国家,其范围之广、地域之宽、品种之多、时间之长、数量之多,在世界上极为少见。粮票、肉票等只是计划经济时代的产物,随着市场经济的深化,商品票证的载体不复存在。直到1993年,粮票、油票和副食品票完成了历史使命,不再发行使用,标志着中国人民基本解决了温饱问题。

## 二、供给服务弥足珍贵



新中国成立前30年饮食生活中,虽然实行计划经济的国民饮食供给制,社会可供物质资源匮乏,但全国各地餐饮业,坚持为人民服务宗旨,为全国人民提供了虽然简单,但简洁、便捷、实惠的饮食,起到了对人民生活国民经济服务保障的作用。经过社会主义改造的旧酒店和少量国营酒店以及大批合作起来的私营小店一起共同构成新中国的餐馆酒店格局,秉承为人民服务的思想,热情服务,稳步前进,充分反映了那个时期中国餐馆酒店计划经济热心接待的特征。社会饮食业中涌现出了无数的优秀服务典范,如大连渤海饭店的规范服务和礼仪接待、徐州彭城饭店的无私奉献和诚心服务、上海人民饭店的热情周到和耐心服务、南通平潮饭店的关爱同胞和延伸服务、无锡大同饭店的清洁卫生和亲情服务。在这一时期,培育了当代餐饮业的诚信服务、情感服务、延伸服务、超值服务、衍生服务、人性服务等一系列服务精神、服务模式和服务品质,中国餐馆酒店服务中热诚谦恭、善解人意、随和体贴、主动稳妥、随机应变,这些充满东方情感的服务文化比比皆是,成为新时期中国餐饮业发展腾飞的宝贵精神财富。

中国酒店继承发扬中国礼仪之邦的传统,贯彻热情友好、服务周到方针,采取"取费低廉,服务周到"的社会主义计划经济事业供给制的办法,承担一切外宾在中国的访问和饮食等的生活接待工作,出色完成了包括中美、中日建交等多项外交接待和大量政务、侨务任务。同时承担组织华侨、港澳同胞自费观光、饮食、探亲的重要任务。这均呈现事业接待机制的酒店形式。图0-9则为接待国宾的钓鱼台宾馆。"文革"猛烈冲击

① "最最困难的时期,上海还发放过就餐券,这个特殊票证又分特约就餐券、就餐证、饮食专用粮券、就餐券、临时就餐券等五种。"参见沈嘉禄:《上海人的吃相》,文汇出版社2008年版,第120—121页。

图 0-9　钓鱼台国宾馆

了年轻的涉外餐饮事业，接待机构、组织、制度、服务传统都遭到严重破坏。因为工作的需要和餐饮事业的顽强生命力，中国国际饮食接待没有完全停下来，为祖国人民赢得了很高的外事接待声誉；同时，也在全国各外交接待单位培养出了一支管理严谨、服务精良、礼仪卓著的餐旅管理干部职工队伍，成为中国餐饮服务中名副其实的佼佼者；并办好了如北京饭店、上海锦江饭店一批接待服务名店，在最困难的"文革"中，餐饮业的服务人员仍然以满腔热情的服务精神接待客人，周到细致的服务与精湛的中华烹饪技艺赢得了来访的各国政要和国际友人的钦佩，得到了国际游客的普遍赞誉，创出了接待服务的品牌，为日后的对外开放积聚了力量，积累了经验。

## 第五节　新时期餐饮业大发展

### 一、思想解放　活力释放

改革开放前，人们一般都在食堂购买简单而又便宜的饭菜，只有在特殊的日子里，大多数的家庭才会在家里烹制当时能称得上"丰盛"的家宴。社会饭店的筵席大致水平为 20—30 元/桌。改革开放使中国餐馆酒店如鱼得水，碰到了千载难逢的复兴时期。多年来积压的能量得到释放。

改革开放之初，1977—1982 年是餐饮市场的复苏年，如上海燕云楼、新雅、同泰祥、甬江状元楼、老正兴、老半斋、杏花楼，"文革"时叫作"四旧"的统统恢复老名字。老百姓对它们有感情，去吃饭，像去会老朋友一样，老一辈厨师还在，传统的美味找回来了。改革开放起步阶段，原材料供应：油、糖、面粉、大米、豆类还都是凭计划供应，连老碱、明矾、小苏打也要到指定供应站购买。猪肉和家禽也是凭计划供应，煤也是有计划的，往往烧到月底就不够了。不少饭店因为原材料供应不足，只能勉强维持到月底。

20世纪80年代后，为适应日益开放的形势，一些沿海城市有条件接待外国旅游者的社会饭店实行定点接待制，凡是挂了涉外餐馆铜牌的饭店就可以名正言顺地接待外宾。由于市场经济开始启动，在双轨制、三产、乡镇企业、三资企业等专有名词构成的种种经济现象中，经商的外来人员剧增。过了不久，餐饮行业形势开始大变。伴随着经济活动的全面提升，公关活动与日俱增，请客吃饭就成了最平常的节目，这种内在需要与餐饮企业体制改革的现实一起大大刺激了餐饮业的发展。所有制的界限被突破，商品价格的定价不再受到“看得见的手”之干预，企业间的竞争趋向公平。但随着个体户的崛起，餐饮市场的平衡被打破了。餐饮业在政策上率先放开，在国有企业中分流的下岗职员，首选这个行当实现再就业，各种经济成分共同投入，社会网点迅速增加，使餐饮行业发展取得了新的突破和发展。

“现在城里到处是各色各样的餐馆，中国不同地方的风味，有跨国的快餐店和地方的连锁店、斋饭、韩餐、西餐、清真、药膳和宫廷御膳，还有提供单一食品的餐馆（火锅、蒙古烧烤、北京烤鸭）以及遍布大街小巷的家常菜，从小门脸房里出售的很便宜（但有时非常好吃）的面条到二楼包间里的豪华宴会。尽管现代化的城市近来严格限制流动摊贩，但许多地方，还是可以在街头巷尾找到既便宜又扛饿的美食。”①

改革开放以来，国内外饮食文化交流频繁。西方一些先进的厨房设施和简易的烹饪方式正在被学习和借鉴，厨房发生了天翻地覆的变化，我国“烹调技艺世界一流，厨房设备未入流”的状况得到根本改善；日本料理、泰国菜、韩国烧烤等异国风味竞相登陆，西菜西点已大量进入我国，并对中华饮食文化产生了很大的影响。这不仅是对古老的中华饮食文化的挑战，更是中华餐饮业蓬勃发展的机遇。



## 二、适应市场　百花竞放

自20世纪90年代开始，中国社会餐饮市场进入数量型扩张阶段，餐饮网点快速涌现，行业蓬勃发展；并正发生着由量到质的变化，消费市场已经基本对接了当代外食的行业理念。饮食需求日趋多样化、细分化、个性化，饮食业蒸蒸日上。各种各样的地方美食，出现在各种档次的宴会上，追求新异的社会高档筵席中，除陆上畜禽之外，盛行以海参、鱼翅、干贝、鱼肚、燕窝为原料的菜肴，另一方面，经济实惠、价廉物美的便宴仍受欢迎；满足多种需求，包括一些个人饮食嗜好也成为可能；雕刻胡萝卜或用萝卜花做装饰使得食物显得更精美；中产阶层拥有更多的机会享受以前无法享用的休闲慢餐；喝下午茶有好去处；农家乐方兴未艾等。

餐饮消费市场的需求构成渐渐趋向于清晰，外出饮食形成一大潮流，商务、家庭、上班上学族，分别形成三大类饮食消费群体。高档的豪华饮食，中档的特色餐饮和面广量大的快餐与家常菜，包括单位集伙，构成为分别适应各自饮食群体的餐饮业。著名风味名餐馆和高档酒店的风味餐厅代表着高档餐饮市场，各类连锁中西快餐和特色风味餐异军突起，竞相快速发展，在餐饮行业中名列前茅，成为佼佼者，而“福记”等团伙饮食供应也成为餐饮市场中的黑马。“背篓人家”等提出“乡土风味乡土菜”概念②。

---

① 冯娣珠：《饕餮之欲》，江苏人民出版社2009年版，第49页。

② “背篓人家”第一个提出“乡土风味乡土菜”概念，做到概念化、规范化、系统化。不再是谁打个招牌谁就可以叫私家乡土菜。

中华饮食在空中也有一席之地，“俏江南”2006年在新加坡航空打出了商务中餐的品牌。

在水上，中华饮食文化更是香飘四方①。昔日文人雅士的一叶轻舟，帝王的辉煌龙舟，现今都可登临，亲水一游，十分惬意。品尝船菜船点，观赏秀美河山，舒适而悠闲，最是心旷神怡。太湖船菜、苏杭船点、闽南“成功游轮”功夫茶、三峡豪华游船饮食和漓江、富春江船菜都是富有特色，闻名遐迩；而近岸型和河湖型游船以及国际邮轮经济新型旅游业态的兴起，又为具有鲜明深厚文化特色的船菜船点的发展拓宽了新的前景②。

餐饮行业在发展中呈现出资本多元结构的状态，成为中国产业资本中非常活跃、十分看好的业种。几年来，社会投资餐饮业资本大幅增加，众多餐饮集团陆续在海内外上市。2007年，全聚德成功上市；2009年11月，湘鄂情在深交所上市，成为中国第一家在国内上市的民营餐饮企业。上海锦江国际集团所属饭店的历史建筑和中华饮食特色服务，北京首旅集团的全聚德烤鸭和仿膳宫廷宴，无锡湖滨饭店的江南八景和西施宴等都已成为海内外游客欢迎的旅游饮食特色项目。餐饮业已经全面向着外食行业的多种业态成长转型。

## 三、洋餐落户　中餐兴旺

麦当劳和肯德基两个国际餐饮业巨鳄分别在1987年和1990年进入中国市场，2013年中国百胜（肯德基、必胜客等快餐店）已发展至6 000多家门店，遍布全国600多个城市，拥有46万中国员工，年营业额达502亿元，成为中国快餐业的第一品牌。目前众多国际品牌进入中国，如来自新加坡的“大食代”是国内首家经营管理主题美食广场的国际公司，12年来保持长盛不衰，在京沪、华北、华南地区不断开设分店，拥有12 000多种美食、每月近100万人次的顾客量和20多家大型连锁美食广场，成为国内“美食多、顾客多、分店多”的餐饮机构；同样来自新加坡的翡翠拉面小笼包也热销各地。世界排名前十的国际酒店管理集体均已进入中国。麦当劳在2009年底也拥有了1 139间中国连锁店，而且全部是直营店。2010年3月底，将其汉堡大学由香港迁往上海，计划在五年内投资2.5亿元，培养中国本土管理人员5 000人左右，至2013年，麦当劳在中国内地门店数达到2 000家，三年增幅超过75%，年递增率超过20%，拥有10多万中国员工③。

国际餐饮集团财大气粗，实力雄厚，给了刚刚从经济计划饮食走出来的中国餐饮业巨大压力，面对国外著名连锁集团抢占中国市场，中国餐饮业无论是老字号餐饮店、还是风味小吃，纷纷积极加强品牌化、集团化的进程。锦江集团、首旅集团、金陵集团先后进入世界酒店集团百强。金陵酒店集团后来居上，2007年已进入世界50强。俏江南、小天鹅餐饮连锁集团和迪欧休闲集团以及巴贝拉意式连锁餐厅都已获得风险募集资金的合作，准备上市。小肥羊、味千拉面、谭鱼头火锅已分别在中国香港和新加坡成功上

① 1980年，国旅无锡支社组织西欧旅游者作了一次乘船游古运河的尝试，称之为“神奇的旅游”“最动人的节目”，外国游客尤其对船菜留下了难忘的印象，极富“民族性”“地方性”的饮食产品赢得了游客的青睐。

② 船菜在根本上不可替代，集旅行、观光、餐饮和休闲、娱乐为一体，十分惬意。船菜文化传播开来。泛舟游太湖时，船家都备有精美的湖肴供应，由于它与饭店菜肴的做法有明显区别，渐渐形成著名的太湖船菜。

③ 都大明：《现代酒店管理（第二版）》，复旦大学出版社2014年版，第16—17页。

市，小肥羊和味千拉面连锁餐厅已达 400 家左右。2010 年，中式快餐连锁乡村基在美国成功上市，象征着中华餐饮业在中式快餐连锁领域终于成长成熟，开始进入集团化、国际化的高端竞争。

中国的肯德基多为中外合资公司，走的是一条相当本土化的发展之路，如长江三角洲区域江浙沪的无锡、杭州、上海的肯德基公司都是中外合资，“你中有我，我中有你”。很多门店都供应榨菜肉丝汤、菜汤瘪子团、油条等中华特色菜点，直至打出“东方既白”的早餐品牌，无不显示着肯德基代表的本土化经营进程和中西饮食文化的融汇。拥有 46 万中国员工、2009 年收购小肥羊 20%股权的百胜餐饮集团，2012 年 2 月 2 日起更以 45 亿港元交易额使小肥羊正式成为其附属公司，体现出国际餐饮融入中华饮食的程度①。

## 小结

本篇讲述餐饮业的起源与沿革，尤其是中国餐饮业的近代发展过程，全面回顾了中国餐饮业的曲折发展历程，并概述了新时期中国餐饮业的发展特征与趋势。

## 复习思考题



1. 简述回顾中华餐饮的特殊意义。
2. 说说中华远古餐饮业的传说。
3. 谈谈中华封建社会时期餐饮的基本状况。
4. 举例说明民国餐饮业的发展特征。
5. 通过比较，说明改革开放后中国餐饮业的巨大变化。

## 案例分析

许多国家都有自己的小餐馆，但是，在那个时期，没有一个国家的小餐馆像中国的小餐馆那样先进和多样化。与普通餐馆同时存在的有快餐店、旅馆、客栈、茶馆、面馆和酒馆。每家都有自己厨师的特色菜——冰镇水果或蜜饯、猪肉包子、馄饨、烤肉、鱼汤等。店主每天从凌晨一点到黎明前匆忙赶到杭州十个最大菜市场中的一个，采购客人下酒用的猪肉、蚕蛹或大虾，还有牡蛎和贝类或供穷人食用的豆腐。

根据马可·波罗的记载，鱼市有一个特别的场面。每天“渔民将大量的鱼从 25 英里以外的下游海边运到市场。根据不同的季节，也有很多不同的淡水鱼，这为渔民提供了持续不断的工作”。有这么多鱼在市场上出售，“你可能会认为，这些鱼根本无法卖掉。但是，几个小时后这些鱼就被销售一空”。

**思考题**

结合案例认识中国封建社会时期餐饮的世界地位。

---

① 都大明：《中华饮食文化》，复旦大学出版社 2011 年版，第 78—79 页。

# 第一章 餐饮业概述

## 学习目标

- 理解餐饮服务的含义
- 了解中国、美国餐饮业概况
- 明白外食服务的主要类型
- 知晓餐饮产品的显著特征
- 掌握餐饮经营的关键要素

## 关键概念

食品服务　外食分类　餐饮产品特征　餐饮经营的要素

## 第一节　红红火火的餐饮业

### 一、提供食品服务的产业

餐饮业，又称饮食业，是提供食品服务的行业。食品服务企业就是为顾客提供食品服务的企业，它不仅包括餐馆、饭店，广义上也包括学校食堂等提供餐食的机构，还包括食品市场中的食品服务。日本在20世纪70年代末提出了外食业的概念，也即从事在家之外的所有提供餐饮产品生产服务的行业。餐饮无疑是全球最大的产业之一。

俗话说“民以食为天”。吃饭是人类生存繁衍的头等大事，饮食是社会生产力发展的一项基本保证，餐饮业自古以来就是非常重要的自然行业。现代社会日新月异，作为基本生活消费的饮食状况发生了颠覆性的改变。在发达国家50%左右的饮食已经不在家中消费，人类社会部分人饮食的功能也由温饱型的吃饱向吃好、吃舒服、吃气氛、吃营养、吃健康、吃环境（风味、特色、文化）等发展，这些均与休闲、生命生活质量、社会交际及文化艺术追求联系在一起，这部分人恰恰又是社会消费特别是餐饮消费最活跃的人群。在人们生活中虽然收入水平提高了很多，但用于餐饮消费的比重并非明显下降，在不经意间反而时有回涨。餐饮业在全球的地位已相当显赫，仅美国一个麦当劳、一个可

口可乐就都是以年收益数百亿美元而成为世界百强之一。

## 二、社会主要产业之一

### （一）美国发达的餐饮行业

餐饮业已经成为全社会的一大主要产业，以世界经济最发达的美国为例，美国餐饮企业的数量和雇工人数均位于零售业的首位，近30%的零售企业为餐饮业。2002年美国有84万多个餐饮企业，约占美国企业总数的30%，共雇工1 160万人，是除政府外最大的雇人行业。美国餐馆协会（NRA）测算，2006—2010年，雇工人数将上升到占全美1.5亿雇工人数的8%—15%，也即1 200万—2 000万从业人员。美国餐饮业的销售额大约占美国国内生产总值（GDP）的4%，每天约有1.37亿人次在餐馆、学校或工作场所的快餐店就餐。人们每花1美元购买食品，就有近一半花在饮食店。在美国每天有近一半的成年人光顾餐馆。餐饮企业的销售量不断上升。1970年“餐馆协会”统计的销售量为428亿美元，1975年增至703亿美元，1980年为1 200亿美元，而到1990年这个数字几乎翻了一番，到2002年就已经达到4 080亿美元①。

纽约州是全美拥有最多餐馆的州之一，虽然餐饮业有着支付较多租金、员工工资与福利、劳工市场短缺等问题，并有343家餐馆歇业，但1998—2000年先后仍有1 092家新餐馆开业。这样折算下来净增749家餐馆，以每家餐馆拥有约120个座位计算，新开餐馆净增座位近10万个，每年净增2.5万个就业岗位②。



从以上这些数据看，无论从哪方面讲都标明这是一个大行业，也是一个主要产业。2001年，美国餐饮协会提出“基石首创”的口号，简单地讲就是使餐饮业成为经济、就业和相关团体事业的基石。

### （二）全球最大的中国餐饮

截至2011年年底，全国经营网点已达到了400万家，餐饮业从业人员已经达2 200万人，保守估计每年需增加人员100万人以上。2009年，全国餐饮零售额17 998亿元，比上年增长16.8%，拉动国民经济2.4%，贡献率为15.4%。2008年全国人均餐饮消费达1 158元，折合167.3美元，是1978年的150倍以上③。1991年来，我国饮食消费20多年每年都以两位数递增。2011年全年累计实现零售额首超2万亿元，是1979年54.8亿元的376倍，人均餐饮消费支出则达到1 563元，2012年又升至1 731.7元，折合271美元④。

中国餐饮业承担着全国一年29.6亿人次（2012年）旅游和1亿多人次海外入境旅游的饮食服务工作，同时承担着13.5亿中国人除旅游外的外出餐饮接待服务，还承担着全国人民的日常休闲与交际、社会节庆、企事业单位商务公务、相关的国家外事任务、各级政务等餐饮接待服务。由此可见，这是一支全球最庞大的行业从业人员队伍。

---

① 都大明：《现代酒店管理（第二版）》，复旦大学出版社2014年版，第44页。

② 同上。

③ 国内外旅游急剧增长，2009年，国内旅游已接近20亿人次，五年间翻了近一番，又成为中华餐饮业的巨大市场。

④ 都大明：《现代酒店管理（第二版）》，复旦大学出版社2014年版，第45页。

# 第二节　五花八门的餐饮服务

## 一、餐饮服务概况及其门类

### （一）琳琅满目的餐饮业

餐饮服务的类型，可以说是琳琅满目，百花齐放，形态各异。大有百胜、麦当劳等集团，小有早点、夜宵摊点。百胜全球餐饮集团 1997 年从百事可乐公司中分离时，年销售就超过 200 亿美元，1999 年达到 219 亿美元。2001 年百胜旗下肯德基、必胜客和塔可钟（墨西哥食品）三个连锁品牌就拥有 50 万名员工。2013 年中国百胜集团营业额达 502 亿元。然而大多数餐饮店又都是小企业，70%以上的美国餐饮企业，员工都在 20 人以下。2004 年，全国第一次经济普查统计，正式在工商局登记注册的法人企业达 5.4 万家，从业人员有 223.4 万人，全年主营收入 1 530.9 亿元。而中华全国商业信息中心公布的统计数据是 2004 年全国餐饮业实现营业额 7 550.38 亿元，为经济普查的 4.93 倍。2007 年，据中华全国商业信息中心公布的统计数据，全国餐饮业在 2006 年突破万亿元，达 10 345.587 亿元，经营网点 350 多万家，从业人员 1 200 万人，平均每个网点的从业人员只有 4 个，说明小店摊点占绝大比例①。

### （二）餐饮服务的类型

餐饮业应不仅包括餐馆、饭店、小吃店、学校医院等食堂单位，还包括早餐摊点、夜排档、茶楼、咖啡屋、面包房以及自动食品饮料售货机。饮食服务企业范围非常广泛，有提供全套服务的餐馆、酒店、饭庄、餐厅、豪华饭店，也有外卖餐馆、工商企业的食堂、饮食包餐以及形形色色的特色餐饮小吃店，业态复杂，真可谓五花八门，令人眼花缭乱，目不暇接，对其严格分类还不是那么容易。不过所有这些餐饮业态，都是提供人们在家外就餐或购买了食品回家享用，也或有制餐单位在家制作食用，也可以统称为外食服务。

1. 按一定性质分类

各类餐饮企事业可以按照一定标准进行梳理，本书归纳出如下一些大类。

按经营模式：独立单位、连锁。

按经济性质：企业、事业。

按经营规模：大型、中型、小型。

按资本结构：股份、合作、外资、国有、合资、私营。

按营业时间：全整天、早市、中晚市。

按就餐时间长度：快餐、慢餐。

按服务程度：完全服务、自助餐、送餐到房、送餐到家、送餐到客户。

按提供服务形式：餐桌、送餐、自助、自选。

按服务风格：中式、法式、俄式、英式、美式、日式等。

按功能：正餐、便餐、小吃、早点、夜宵、送餐、休闲餐饮。

按价格：豪华、高价、中价、低价。

① 都大明：《现代酒店管理（第二版）》，复旦大学出版社 2014 年版，第 46 页。

按内容特色：风味、主题、大众、家庭餐馆。

按品种数量：专卖（个别品种甚至单一品种）、大卖场、美食广场（众多品牌甚至很多品种汇集）。

按饮食方式特色：酒吧、火锅、面馆、咖啡馆、烤肉店、菜馆、小酒馆、农家乐、渔家乐、家常菜、生态餐厅等。

2. 按主要业态分类

尽管上述这些类型和从属在讨论餐饮业时也被广泛接受，但显然用其中单独任何一词来描述一个特定的餐饮服务单位都是不全面的，通常使用两个或两个以上的词语（因为它们之间并非相互排斥、互不相容的关系）。如果依主要的行业状态进行划分，则大致包含在下面十个类别中（美国餐饮业就是这样描述食品服务体系的）。

完全服务餐馆，商业快餐店，快速服务餐馆，休闲饮食服务，娱乐饮食服务，社会包餐服务，学校餐饮服务，员工餐饮服务，寄宿餐饮服务，保健康复中心，以及其他餐饮服务如航空饮食服务、邮轮餐饮服务、城乡俱乐部餐饮服务、外卖店、零售市场，还有监狱、拘留所等矫正机构餐饮服务。

## 二、餐饮业市场的主要类型



餐饮业市场按照各种餐饮服务所处的场所进行归类，主要有餐饮场所、住宿业、康乐市场、零售市场、餐饮承包商等。

餐饮业的最大组成部分是餐饮场所，它要占整个行业销售份额的70%以上。餐饮场所包括完全服务餐馆、快速服务餐馆、商业自助餐馆、社会包餐商、小酒馆、菜馆、咖啡屋等休闲饮食场所和早点、夜宵、冷热饮、点心（包括汉堡、热狗、茶点等各类摊点），其中绝大多数的销售额来自完全服务餐馆和快速服务餐馆，在美国甚至要占到90%以上。这些餐馆为所有酒店专业的学生提供了很多就业机会。为此，本章将重点介绍这部分市场。

### （一）完全服务餐馆

完全服务餐馆主要相对于提供有限服务的快速服务餐馆。依照价位、菜单或就餐环境还有正餐、便餐馆等其他多种类型，且所有类别相互包含，很多完全服务餐馆和其他餐馆一样，可同时归入多个类别。下面先介绍几种代表性的餐馆。

1. 高级餐馆

高级餐馆的菜点可能是民族风味的，如中餐、法国风味，也可能是海鲜、山珍野味等特色，还可能以某位主厨的特色菜肴为招牌，如杨贯一大师的鲍鱼，谭家菜，历家菜。高级餐馆的食品质量上乘、制作精美，餐馆气氛一般都非常正式，服务更是至关重要，有的为优雅的法式服务，有的则为典雅的中式服务。当然高级餐馆的价格也都很昂贵，例如曼哈顿的圆谷餐馆、旧金山的马萨餐馆（见图1-1），专为显贵常客服务。

2. 民族风味餐馆

民族风味餐馆往往与某一文化相关，最常见的有中餐馆、墨西哥餐馆、希腊餐馆、法国餐馆、日本料理、意大利餐馆、西班牙餐馆、泰国餐馆、印度餐馆等。民族特色餐馆在菜单、食品质量、价格、服务和氛围各方面存在着很大差别，即使是同一种民族风味的餐馆也是如此。以中餐馆为例，餐馆经营一种或四种甚至更多种地方菜，各种风味的菜系都各具特色。

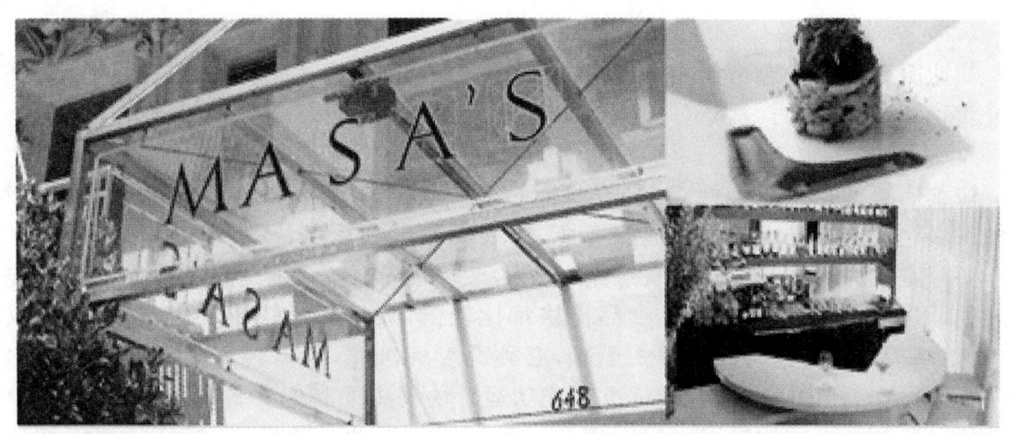


图 1-1　旧金山马萨餐馆

3. 特色餐馆

特色餐馆以某一种食品为主，如海鲜餐馆、素食餐馆、牛排店等。专营特色店种类繁多，几乎是有一种食物就可以有一种特色餐馆，有的经营单一品种，有的则以某一种食物为主打食品，兼营其他食物，以增加餐馆的吸引力，吸引更多的客源。同民族风味餐馆一样，特色餐馆在菜单、食品质量、价格、服务和氛围上也是千差万别的。某种食品可能在一些地方备受青睐，而在另一些地方则毫无销路。其他的不同之处还明显地表现在价格、服务和氛围等方面。



4. 主题餐馆

主题餐馆是围绕某一主题而设计的，这一主题体现在营造餐馆氛围的每一个要素中。如川菜馆连锁品牌“巴国布衣”（见图 1-2）就属于主题餐馆，进门处《饭店铭》由巴蜀鬼才魏明伦先生所作，文辞精彩、思想俊逸，并由书法名家谢季筠先生书写成碑，令《饭店铭》锦上添花。巴国布衣餐馆由铭到门匾、门头、厅堂每件装饰无不渗透巴蜀的元素。“老三届”“黑土地”餐馆是知青主题，北京“老舍茶馆”（见图 1-3）是文化主题。

图 1-2　川菜连锁主题餐馆“巴国布衣”

图 1-3　老舍茶馆

（二）快速服务餐馆

快速服务餐馆一般指仅能提供快捷简便服务的饮食店，快餐店为其主要代表，还包括外卖餐馆以及机构食堂。

1. 快餐店

快餐店指的是只需等候极短的时间，或根本无须等候即可将食品端上来的餐馆。国外许多企业将自己定名为快捷服务店，以表明店内的服务快，而不是食品快，食品可能需要一定的时间去制作。快餐店菜单上的菜样通常比较有限，而且食品都是预先制作好的，服务也较简单。这里的食品价格都比较低，典型的西式快餐店有麦当劳、汉堡王、肯德基等。要使这种经营方式运转，必须高度标准化，经营者通常需要制定严格的程序操作标准、分量标准和包装标准。成功运营快餐店的其他必备条件是稳定的菜单、有效的设备和高素质的员工。快餐店是一种组织良好的企业类型，员工的培训快速而容易。世界上规模最大的麦当劳餐馆建在中国北京，可以同时接待 700 多位顾客；最繁忙的麦当劳餐馆位于莫斯科的普希金广场，每天接待 40 000 名顾客。

2. 外卖餐馆

图 1-4　肯德基宅急送

外卖餐馆是为不在店中就餐的顾客制作食品，然后出售。外卖的食品可以是预先制作好，然后由顾客预定时再包装起来；也可以等到顾客点订时再制作。外卖的食品可以是顾客自己选取，也可以送到顾客家中，这取决于餐厅的经营性质，有些经营者两者皆做。有些外卖餐馆没有供顾客就餐的地方，也就是只经营外卖，如丽华快餐；有的则既有外卖，也有供顾客就餐的场所，或者外卖只是其经营业务的一项，如肯德基的宅急送（见图 1-4）。

3. 机构食堂

“机构”一词用来指范围很广的、满足多种公共需求的服务组织，可以是公共性组织，也可以是私人的。广义的机构还包括工商企业，其中就有酒店自身。工商企业的食品服务是指在工作时间为在某一企业的办公室或工厂里工作的人们提供食品服务。大中小学校、医院、幼儿园和监狱是最常见的机构。机构食堂的主要目的是为与某一机构相关的人提供食品。学校中的学生、医院中的病人、监狱中的犯人都是机构食堂的服务对象。在某些情况下，人们受限于机构，只能接受这里的食品服务，例如医院、幼儿园和监狱；而有些则是出于机构决策或公共政策，需要食堂为那些愿意在此接受服务的人提供食品服务，例如大中小学校、工商企业的职工及其他类似这样的机构。机构食堂既有营利性的，也有非营利性的；既可以由机构自己经营，也可以由外部承包代为经营。机构食堂实质上是一种特殊的快速服务餐饮场所。

（三）其他类型

以下介绍的餐饮服务几乎都是跨了两个门类。

1. 俱乐部的食品服务

俱乐部的食品服务主要服务于俱乐部的成员，包括各类俱乐部——高尔夫俱乐部、网球俱乐部、运动员俱乐部、午餐会等，这类服务主要是为了吸引具有共同爱好的人群。俱乐部的食品服务提供的食品范围非常广泛，既有物美价廉的大众化食品，也有制作精良的高级食品和高品质的服务；既有一般的摊点，如游泳池旁简单的热狗、茶食、饮料摊点，也有设置高档豪华的餐厅。私人俱乐部服务对象只局限于俱乐部成员及其客人，也有些面向大众开放。

2. 自助餐馆

自助餐馆分为食品区和就餐区。在食品区内，食品装在各式盘碗容器中，摆放在桌上。顾客自己拿着盘子挑选所需的食物，然后到就餐区就餐。无论吃多少、吃什么，价格都是相同的。

3. 连锁餐馆

连锁餐馆就是多家餐馆以某种方式联系在一起。有的是同一个所有者，拥有两个或几个餐馆，虽然风格各异，但因为所有者相同，因而冠以连锁经营的名称。有的是共同使用同一名称，有相同的门脸、相同的产品或其他相同的形式而形成连锁经营，如四川谭鱼头火锅(见图 1－5)和北京和合谷快餐(见图 1－6)；更多的连锁经营形式是某一地区的某些餐馆企业(但不一定是全国性)，被某一法人拥有，如香港美心酒家、上海苏浙汇。

图 1－5 四川谭鱼头火锅

图 1－6 北京和合谷快餐

4. 宴席包办

宴席包办指的是为某一目的而聚餐的人制作食品和招待服务，如婚礼、生日、会议、纪念日庆贺等。有些宴席在餐馆内制作也在大厅中招待服务；有的在自己厨房中制作食品，在客人指定的场所招待服务，如北京长城饭店曾为客人在长城脚下举办酒会；还有的利用客户提供的场地举办宴会并提供服务，如某宴席包办商在捷浦公司广场上举办公司大型年会酒席，3 500 多职工参加，由无锡城市职业技术学院的师生提供服务。从事这种宴会承办业务的餐饮单位都很灵活，愿意满足客户对食品提出的特别要求。许多酒店和餐馆都兼营宴会承办业务。除了餐饮服务外，一些餐饮承包商管理公司还为客户提供家政服务，如婚庆礼仪、物业维护、洗衣等衍生服务。

此外，设在住宿企业中的餐饮经营单位种类繁多，有完全服务的美食餐馆，有咖啡馆、酒吧等休闲饮食服务，甚至还有自选餐厅和自助美食廊、美食广场等快速服务餐馆。住宿业中的这些餐饮经营销售额大得惊人，仅万豪酒店和度假饭店集团 1999 年的食品销售额就达 16.5 亿美元，而此年美国连锁酒店八强的餐饮销售总额达 57 亿美元。

至于零售市场的餐饮服务，是这些年来餐饮服务业出现的一种新业态。世界餐饮服务出现了两大趋势。一方面是越来越多的人倾向于在外面购买烹制好的食品食用，餐馆食品销售额的迅速增长证明了这一点。另一个趋势是餐馆外卖和送餐市场的增长。显然，人们越来越不愿在家里做饭了，越来越倾向于购买制成食品，然后带回家食用。人们也注重家庭生活，把自己家当作休闲娱乐生活的中心。于是沃尔玛、家乐福等大型零售超市不断增加外卖制成食品的规模和范围，超市的平均占地面积增扩了三倍多，增加的大部分空间将用于销售预先烹制的外带菜肴和摆放供顾客在店内就餐的座位。如家乐福中国区和大娘水饺合作，每家家乐福超市开一家大娘水饺店。而苏宁电器的家电大卖场中也拿出相当面积吸引众多餐饮品牌名店进场。要看到零售市场中很大一部分外卖销售额的实现是以牺牲传统餐馆和快速服务餐馆的销售为代价的，原因就是超级市场加大了对外卖制成食品的促销力度。



## 第三节 餐饮产品的显著特征

### 一、从顾客角度分析

餐饮产品从顾客的角度讲，既是食品的享用消耗，也是一次饮食经历，是生活中的一段食品享用体验。顾客的这段饮食享用经历一般表现为以下三部分构成的组合产品。

物质产品：客人实际消耗的物质产品，如菜点、主食、饮料以及餐巾纸等一次性的低值易耗品。

感觉享受：它是通过餐饮设施的建筑、家具用具、艺术装饰、背景音乐以及服务等来传递的。客人通过视觉、听觉、嗅觉、味觉、触觉等领略物质享受。

心理感受：食客在心理上所感觉到的利益，例如地位感、舒适感、满意程度、享受程度等。

顾客在餐饮场所的这一次饮食感觉的好坏，主要取决于餐饮产品的物质形态，如食品、饮料以及建筑物、家具用具、设施部件，和其他无形形态，即提供的各种服务，也取决于顾客主观的经历和心理等状况。

## 二、从餐馆酒店角度分析

从餐饮产品角度讲，餐馆酒店以“空间＋时间＋服务＋产品”的独特形式存在着，具有典型的服务商品的特征。

（一）空间

餐饮消费活动比较多地受到地点、距离、容量等空间因素的限制。不能移动，无法替代，很难随意改变，消费必须在确定的空间范畴进行，顾客必须上门消费。这种特殊性质对酒店设计和酒店活动提出特定要求。酒店选址常常决定着酒店经济活动的成效。酒店各种消费空间的大小、形状、色彩、温差、结构、性能等，对消费需求满足的效果产生更大影响。因此，酒店是一种特殊的“空间产品”（南京模范马路拓宽，江南春饭店移动 30 米，直接费用 600 万），大都市商务饭店、乡间农家乐因距离、空间、环境等因素而各得其所。

（二）时间

餐饮产品比较多地受到市头、季节、时局等时间因素的影响和制约。上一市售不出的餐位包括很多种食品，不可能储存，下一市已无法再卖，产品价值以时间为计算单位，随市即逝。季节的变化左右餐饮产品市价的变化，如清明前后的刀鱼等各种时令饮食商品。旺季消费需求大，餐位的市价呈升势；淡季消费需求小，餐位的市价呈降势，节假日的婚宴就是一个例证。政治、经济、军事等时局的演变，甚至“非典”等疫情对餐饮市场常常产生很大影响，餐饮业的兴衰随着时局的变化而变化。如美国“9·11”事件就对当地餐馆酒店产生很大的冲击，其营业额受到极大的影响。因此，饮食产品又是一种特殊的“时间产品”。

（三）服务

餐馆是一个综合性的接待场所，它除了要向客人提供有形的产品（如餐饮场所空间设施的使用以及食品饮料等食用等），还要向客人提供无形的服务（如接待、礼貌、氛围等），并且无形的服务所占的比重很大。无论是餐馆的本身销售还是客人的需求，都强调餐饮的服务质量。餐馆以服务为本，以服务立业。餐馆的服务越好就越受欢迎。在这个意义上，餐饮产品是一种高服务产品。餐饮产品提供的消费满足，不仅体现在实物的获得和消耗方面，而且表现于为他人获得和消耗实物所进行的必要社会劳动方面。这种劳动称为餐馆劳动。有了服务，才有餐馆；没有服务，便没有餐馆；服务越好，餐馆越受欢迎，餐饮产品也越走俏。从这一点说，餐馆是服务化了的经济实体，餐饮产品是一种特殊的“服务产品”。

（四）产品

有形产品，食品、饮料就是代表。顾客在餐馆内不仅在餐厅可以消费食品和饮料，还可在店内购买后，离开餐馆后食用。所以餐饮产品，客人都是实际拿到、实在饮用、完全占有的。

餐饮产品由食品原料复制加工、销售和服务三个主要方面构成。餐馆具有商品购销、加工和服务三个职能，加工这一职能又决定了生产技术的特殊性。我国传统的独特艺术——烹饪具有明显的工艺性；又由于中国素有烹饪王国的称号，四大菜系，各种风味精彩纷呈，如淮扬名菜(见图1-7)更显地产和民族的民俗文化特色。因而餐饮产品又是一种特殊的“加工产品”。

图1-7 淮扬名菜——炒软兜

餐馆酒店经营有着特定的活动规律和活动方式。这是由提供消费者便利和获取经济效益的这一对矛盾性质所决定的。餐馆酒店经营部分以租让餐饮场所设施使用权的形式进行，消费者可以购得餐位的使用空间和时间以及相应的服务劳动，却无法根本占有它们，无法获得其所有权；餐馆酒店出售主要由自己加工制作的食品供消费者主要在购得的使用空间和时间以及相应的服务中使用。一句话，餐馆酒店就是在有限的空间和有效的时间内提供有形的食物，通过有偿的服务使客人获得尽可能多的消费满足。这可以称之为餐馆酒店产品的四有服务特性。



餐饮产品受到时间、空间、生产技术和服务等因素的限制，缺乏绝对准确的衡量标准，很难用统一的程序和方法去控制企业的全部质量活动。这些无疑大大增加了餐馆酒店经营、生产、服务和管理的难度，使餐馆酒店成为比其他工商企业更难掌驭的经济组织。在科技高度发展的今天，越来越多的知识技术应用于餐馆酒店的经营、生产、服务和管理之中，使餐馆酒店活动更加科学化、合理化，并形成系统的活动程序和网络。

## 第四节　餐饮企业的经营要素

很多人以为餐饮业是最容易进入的行业之一，无须很多资本和经验，甚至找个地方，买到旧烤箱、炊具等设备就可以开店。但要在这行业中干下去却充满挑战；餐馆内在的复杂程度远远超过其外在表象。据统计，新开餐馆在一年内就有50%倒闭，剩余的50%又有一半左右在第二年关闭。到第五年，只留下15%的餐馆，实际数量可能还要少，因为还有不少开店时碍于注册资金不足或其他原因并未登记，关门了结未有统计，歇业者更大有人在。真可谓开店较易守店难，创业更难，创出名牌更是难上加难。

由此可见，餐饮经营在服务业中，因其具有生产、服务、销售三大职能而处于独特的地位。餐饮业的经营管理较一般的行业也就独具自己的规律，需要把握特殊的关键要素。现代餐饮企业经营必须掌握的关键要素至少有五个，分别是餐饮特色、菜点品质、餐饮价格、餐饮服务和环境氛围。

## 一、餐饮特色

餐饮特色主要指餐饮产品的特色。首先要选择确定餐饮的产品类别品种，怎么与众不同，怎么技高一筹，怎么使顾客回味无穷，念念不忘，常来光顾。餐饮业与其他行业最大的不同，就需要具有自己的产品，“一朝鲜，吃遍天”，就是品种对路、口味独特、韵味悠长，满足了顾客饮食的欲望。

有的餐饮企业就以一种或数种特色食品，做出特色，做出品牌，如上海小绍兴餐饮经营管理公司，全年 6 888 万元的经营主要靠的就是一盆白斩鸡和一碗鸡粥的配套名牌产品。有的是以地方的特色，如重庆则把火锅做得极致，一城之中火锅店铺达 15 000 多家，年产值 150 亿元人民币，先后诞生了小天鹅、德庄、苏大姐、秦妈、骑龙等享誉全国的著名品牌，不但把重庆这一餐饮旺城燃得更红火，还向全国开拓了几千家连锁店，并走向海外，把火锅联营店开到了美国、加拿大、澳大利亚、新加坡。

图 1-8　上海苏浙汇餐厅

酒楼的菜品范围较广。上海苏浙汇（见图 1-8）走的是高档江浙本帮菜之路，掌门人李昀致力于挖掘、推出传统名菜，形成高档菜系列，甚至从越南进口原料，复出上海经典的私房菜“清蒸鲥鱼”。而有些店，如一些名不见经传的湘菜馆就相反，以家常风味，用乡土原料，走货真价实的大众化实惠路线。

## 二、菜点品质

餐馆的特色能够保持，并逐渐铸成品牌，在根本上还有赖于食物产品优良程度的确立与稳定。各个餐饮企业之间的食品质量客观上存在较大的差异，差异产生主要取决于企业的经营水平，它又表现在是否建立标准和如何达到并保持标准。中国饮食产品丰富，有很多特色产品，均碍于产品质量的不稳定，而无法形成规模经营，更难创出名牌。很多特色餐馆的成功首先在于菜点的品质，无锡金龙凤大酒店就堪称典范，它的众多名菜受到中外美食家的广泛好评。“金龙凤”的掌门人张献民是中国名厨协会副会长、亚洲名厨，他对菜点品质的不懈追求与坚守集中体现在食品原材料的把握。他在无锡最大的集贸市场出现的频率极高，看完了河鲜看时蔬，接着看禽肉，对每一家水产店、每一个菜摊都很熟悉，摊点争着把当天最好的货品给他瞧。好原料从根本上保证了菜品的品质，而好技艺、好创意又保持着好口味并不断出新。金龙凤还在全国率先研发并使用菜点营养成分分析系统，顾客在电子屏上点菜时，对菜品的营养成分一目了然，利于科学合理地搭配膳食。

## 三、餐饮价格

各家餐饮店的食品价格千差万别。决定餐饮店食品价格的因素很多,也就有了各种价格政策,有薄利多销采取低价位的经营策略,也另有一些餐饮单位定位于高端商务客人而采取高价策略。上海金萌苏浙汇在上海开的第一家店就在杭州菜“张生记”对面。“张生记”的人均消费是六七十元,而“苏浙汇”定位是150元。结果错开了也有错开的好处,不同市场定位的原则起了作用。开店两个月后,客人到“苏浙汇”就需要等位了。“苏浙汇”每位消费的标准要比杭帮餐饮高一倍以上,正是这样的消费价格定位确定了沪上高档商务餐饮巨头的地位。同在上海的85度C走的是低价格线,菜、饮料、咖啡、面包等价格从4—10元不等。一般人均消费10—20多元即可,比起星巴克或其他同类连锁店的一杯咖啡动辄就要20—30多元的价码,85度C确定颇有价格优势。凭这一优势,85度C已经在台湾用三四年时间白手起家做到340多家门店、全年营业收入逾15亿元人民币的连锁企业,超越了在台湾的200多家门店的星巴克。现在又向大陆扩张,在上海首先追赶星巴克错位发展。

## 四、餐饮服务



餐饮企业产品线组成部分是与某种食品、酒水相关的服务,服务的目标是以符合企业经营目标的方法将食品或酒水送到顾客面前。它包括经营者提供给顾客的所有服务。通常情况下,不同餐饮服务企业给客人提供服务的范围和程度、样式各不相同。有些企业经营者的服务目标是服务迅速。服务员及时地走到顾客面前为其点菜,然后将加工好的菜点迅速送到顾客面前,在顾客就餐完毕后及时将账单拿给顾客,同时收拾好餐桌。在高级餐馆中,服务的目标要更高更复杂些,还往往具有一些特色服务,形成一种服务精神。服务员要了解菜单上菜点的原料及其制作方法,服务技巧十分重要,专业素养更是关键。

## 五、环境氛围

餐馆的氛围,指的是对顾客产生的艺术印象或情感情绪影响,包括装饰风格、灯管数量、音乐音响、主题、桌椅摆放、餐具菜单、服务方式和服务人员的素质品格,甚至包括用餐客人,所有这一切使人们对餐馆产生一种感觉或者认同的看法。也就是说餐馆的方方面面的各种要素的综合便营造出这个餐馆的氛围或者基调,即环绕气氛。经过专职设计人员设计打造的餐馆,其氛围是精心营造出来的,而绝非偶然的。餐馆的环境氛围通常可以引导顾客挑选餐馆。现代社会,很多顾客可能认为餐馆的环境氛围和餐馆的膳食同样重要,甚至更重要。

餐馆的环境氛围甚至可以提高顾客对其食物的滋味感。将船菜馆设在移动的游船上,或将水鲜馆建到水边,就都是在创设就餐的环境氛围,包括暗示顾客餐馆提供膳食的特点。

餐馆的氛围各不相同,有的明快鲜艳,轻松随和;有的则庄重精致,配有柔和灯光照明、干净洁白的桌布、精致陶瓷品和光亮的银餐具以及训练有素的职员;而那些意在吸引大学生的餐馆气氛一般就比较活泼、随意、喧闹，并且播放流行音乐；追求浪漫气氛的餐馆则会采用昏暗的灯光和柔和的背景音乐。连锁经营的各个餐馆如出一辙，原因之一就是帮助顾客认识到：所有连锁店的气氛都是相同的。2007 年肯德基召开规模盛大的新闻发布会，策划了卫星拍摄原型标识，就是进一步营造连锁门店的气氛，完善企业的形象。

2008 年北京奥运会定点餐馆供应商中唯一一家本土民营餐馆企业是北京俏江南餐饮有限公司。俏江南的环境气氛，可以说已经俏遍了大江南北。首家俏江南是由毕业于哈佛大学建筑系的美籍华裔设计师杰克(Jack)设计的，中西合璧的装修和精品改良川菜完美结合的俏江南现身北京。俏江南的装饰充满异国风情，优雅而韵味深长，其中点缀着竹林、小桥流水，增添了几许江南水乡风光，风格符合京城白领的审美情趣。上海俏江南选择与世界排名前十位的著名日本设计师山普荣合作，他的设计更简约、时尚，更符合引领上海国际大都市人的餐饮时尚，加上极富创意的即席表演，“摇滚沙拉”等富有感染力的美肴，又将俏江南俏到了江南。2005 年俏江南总投资 1 亿多元的“兰上品会所”(Lan Club)(见图 1－9)，由世界著名设计大师菲利浦·斯塔克(Philippe Starck)用两年完成设计，每一件作品都来自这法国人的神来之笔。俏江南的兰会所，各种形式的桌椅家具，令人眼花缭乱的灯饰摆设及碟盘餐具，把餐区演绎得非常戏剧化。全球浩室(House)音乐第一人大卫·库塔(David Guetta)在兰会所演唱，将传说的爵士变成 DJ 乐园，2 000 多人争相观赏，场面实在震撼。兰会所还被用来定期做艺术品展览，但其“不做交易，只是展示”。俏江南从味觉到听觉、视觉，就像变成了分享快乐的时间。兰会所开业以来，多位国家元首光临，吸引了欧美、日本众多的海外合作者。俏江南环境氛围正在走向全世界。

图 1－9　俏江南北京兰会所

## 小结

本章介绍了当今持续红火的餐饮业概况，同时对纷繁的餐饮业进行不同维度的归类，并介绍了具有代表性的餐饮业态，进而较系统地分析了餐饮产品的显著特征，最后有侧重地逐一讲述了餐饮经营与管理的五大要素——餐饮特色、菜品质量、餐饮价格、餐饮服务和环境氛围。

## 复习思考题

1. 简述食品服务的含义。
2. 餐饮“四有”产品特征指什么？

3. 餐饮业经营的关键要素是什么？

4. 为什么说特色在餐饮经营中是第一位关键要素？

## 案例分析

2008年6月19日，俏江南惠新东街的富盛店开业，成为俏江南集团继西单置地店后推出的又一中华顶级料理私房菜餐厅，该店和不久前成立的西单置地店一起，成为对外展示其以燕鲍翅为主的顶级私房菜的主要窗口。

俏江南集团执行总裁安永透露，此次开业的惠新富盛店位于惠新东街富盛大厦二三层，是俏江南在全国的第30家店，是在北京的第18家，营业面积达4 800平方米，可同时容纳700多人就餐，是俏江南品牌餐厅迄今为止面积最大的一家直营店。在惠新富盛店的二层大厅还设有散座，可满足大型商业宴请、聚会庆典、婚庆等多项功能需求。大厅中心区域10米长钢结构发光梯，连接到三层挑高近8米，钢梯悬挑以下水景配合发光悬浮舞台，可供乐队现场演奏。同时二三层还分别配备了酒水吧台。

惠新富盛店内设计以“秋”为主题，立意为成熟之美。主题色调为温馨的咖啡色，并以经典的北京“红叶”点缀其间。家具及配饰融合了众多中国古典的精华元素，如中国明代的官帽椅、唐朝的唐三彩、商汉的古代青铜，以及毛笔书法，同时又对这些传统风格加以现代化的全新演绎，营造出了简洁的艺术氛围，使用餐的顾客可在时尚的古典元素中品味中华顶级料理的魅力风情。

**思考题**

举例说明餐饮场所文化氛围的魅力。

# 第二章 餐饮组织管理

学习目标

- 知晓餐饮组织
- 理解餐饮组织
- 认识餐饮组织的特征
- 了解餐饮组织的作用
- 掌握餐饮组织结构设计原则等要素

关键概念

餐饮组织　餐饮组织特征　餐饮机构设置　餐饮人员管理

## 第一节　餐饮组织概述

### 一、组织及其要素

餐饮组织管理是酒店管理的重要内容。所谓组织，就是指一群人为了实现某个共同目标结合起来协调行动的集合体，并具有下列构成要素。

组织成员：任何组织都是一定数量的个人的集合体。

组织目标：组织目标是不同组织成员的黏合剂，因为他们需要实现某个依靠自身力量无法实现的目标。

组织活动：为了实现共同目标组织成员必须从事统一活动。

组织资源：任何活动的进行都需要利用活动中需要利用的资源，包括信息、物资条件、财务手段等。

组织环境：组织存在于一定的社会中，在追求目标实现的活动中必须会与外部环境发生各种经济或非经济的联系。

## 二、餐饮组织的特征及作用

### （一）餐饮组织的特征

第一，餐饮组织主要由饭店、宾馆的餐厅，相对独立的餐馆、酒楼等组成。是有特定目的机构。

第二，餐饮组织需要管理，有决策者，有人负责实现组织使命。

第三，餐饮组织具有独立性。

### （二）餐饮组织的作用

第一，组织能够形成一种新的合力。把许多单个劳动整合起来进行协作时，它所产生的生产力必须超过同样数量单个劳动者个人生产力的“机械总和”。

第二，有效组织能够提高效率并尽快完成确定的目标。有效组织必须是内部分工合理、职责明确，可以避免各环节、各部门之间互相推诿和扯皮。做到人员组织合理，各环节、各层次安排合理。

第三，组织能够满足人们的心理需要。人们在组织中可以获得安全感、满足社交需要和自我成就的需要等。

## 三、组织结构设计原则



### （一）统一目标原则

餐饮组织的存在都是由它特定的目标决定的。没有明确统一的组织就没有存在的意义。根据统一目标原则，在进行组织设计时，首先应当明确组织的发展方向、经营战略等。这些是组织设计的前提。

### （二）分工协作原则

分工就是按照管理的专业化程度和工作效率的要求，把组织任务、目标分解成各个层次、各部门以及各个人的任务和目标，明确各个层次、各个部门乃至各个人应当做的工作以及完成工作的手段、方式和方法。

协作是与分工相联系的，是做好餐饮业很重要的因素。它是明确部门与部门之间以及部门内部的协调与配合的方法。

分工和协作之间是相辅相成的，没有分工就谈不上协作。如果说分工是一门科学，那么协作则是一门艺术。

### （三）命令统一原则

命令统一原则，就是要求各级餐饮管理组织结构，必须服从上级管理机构的命令和指挥，而且非常强调只能服从一个上级管理机构的命令和指挥。只有这样才能保证命令和指挥的统一，避免多头领导和多头指挥。在一般情况下，各级管理机构都不应该越级指挥。如果事无巨细，把所有的权力都集中于最高一级领导层，不仅会使最高领导淹没在繁琐的事务堆里难以自拔，还会助长官僚主义、命令主义和文牍主义作风。

### （四）餐饮管理幅度原则

餐饮管理幅度就是某一特定的管理人员直接有效管辖的下属人员数量。之所以重要，是因为它在很大程度上决定了组织的层次和管理人员的数目。

（五）责、权、利相对应原则

权力是完成任务的必要工具。有责无权不仅束缚管理人员的积极性和主动性，而且使责任制度形同虚设，最后无法完成任务。有权无责必然助长瞎指挥和官僚主义作风。此外，利益也是按劳分配中必不可缺的激励机制。

（六）适当授权原则

当前餐饮连锁组织日益庞大，业务活动日益复杂，专业性强，专门分工日益精细。职责权力过分集中不能适应组织发展需要，必须实行授权，但不等于分权。它可将某些职能转交给下级，也可以针对某事把某项特殊任务的处理权交给下级，完成后将权力收回。

领导者可以把职权授予下级，但责任不可推。工作可以让下级干，但出了事领导者要勇于承担，要对自己的下级负责。当然接受权力的下级要对授予自己权力的领导负责。适当的授予，可以把领导者从日常事务中解脱出来，集中精力抓大事，也有利于调动下级人员的积极性，发挥下级领导者的聪明才智。

（七）餐饮效率原则

组织结构的运行应在达到目标的同时，花费最少的成本。无论是哪种管理组织形态，都必须把效率放在首要位置。高效的组织结构应当是组织目标明确，内部协调好，办事不拖拉、不扯皮，用最少的组织资源去完成组织任务等。现代餐饮管理的一个基本要求就是组织高效化。



（八）餐饮管理弹性原则

传统的组织理论强调组织结构明确、稳定和角色的不可替换性。而近代的组织理论则强调为适应市场不确定性环境的变化，提高竞争能力和提高效率，一个组织应具有弹性。餐饮管理弹性原则的具体措施如下。

1. 使部门结构具有弹性

重要措施之一就是根据任务和完成组织目标的需要，定期评估组织内任何一个部门存在的必要性，如无必要就应改组。另外，根据环境和任务的要求，成立若干工作小组，也是增强组织结构弹性的较好方法。

2. 使职位具有弹性

可以采用下面一些办法来实现职位弹性。

(1) 按任务和目标需要设立岗位，而不是按人设岗。一个人的职位责任不能一成不变，应根据不同时期的组织目标和分配给他的任务而改变职责。

(2) 干部的定期更换。实行干部任期制，目的是增加弹性，也给更多的人提供机会。

(3) 实行双重通道晋升制。管理人员可按职务层级晋升，而专业人员可按专业技术职称层级晋升。后者的功能主要是保证专业人员能专心从事技术研究，而不必为了得到较多的报酬去追求行政职务晋升。

(4) 将职位知识、贡献、报酬区别处理。报酬要综合体现职位、知识、贡献等因素。如酒店在开发新产品时，某个厨师的贡献可能比技师更大，报酬就应当更多，这样人们才会有更大的工作积极性。

# 第二节 餐饮管理机构设置

餐饮管理组织机构设置方法根据企业性质、规模大小、档次高低、接待对象不同而有所不同。其设置方法一般分为四个步骤。

## 一、确定组织领导体制

根据企业性质和投资机构，选派产权代表，确定组织领导体制。

餐饮业主要由饭店、宾馆的餐厅，相对独立的餐馆、酒楼等组成。在市场经济条件下，企业的组织领导体制主要是由投资结构决定的。因此，建立餐饮管理组织机构，首先要根据企业性质和投资结构选派产权代表，确定组织领导体制。这里分为两种情况：

第一，饭店、宾馆的餐厅。饭店、宾馆的餐厅不是一个独立的企业，而是企业内部的一个部门，尽管其规模、档次一般都是高于餐馆，但它们没有企业法人的资格。因此，饭店宾馆建立餐饮管理的组织机构，其产权代表就是饭店宾馆的总经理或董事长，由他们来研究、确定其餐饮管理的组织领导体制。一般来说，这种组织领导体制就是总经理或董事长领导下的部门经理负责制。

第二，餐馆。餐馆大都是一个独立的企业，根据投资结构不同，其第一投资人必然派出产权代表担任总经理或董事长，由他们来研究确定餐馆的组织领导体制。



## 二、确定组织规模和形式

根据规模档次和接待对象，确定餐饮管理组织机构的规模和形式。

在餐饮管理组织领导体制确定的基础上，饭店、酒店、餐馆的餐饮管理组织机构的大小和形式都是由其规模、档次和接待对象决定的。如中小型饭店，其餐厅数量往往只有 1—2 个，档次亦不高，座位数量也相对较少，因而内部机构必然简单；一般中型饭店，大多只有 2—4 个餐厅和配套厨房，因而其组织机构的规模和形式也较简单；而四星、五星级大型饭店和大型餐馆，其餐厅数量多达 7—8 个，甚至十几个以上，各种风味齐全、档次很高，其组织机构的规模和形式就复杂得多。

## 三、制定各岗位职责规范

根据专业分工确定部门划分和岗位设置，制定各岗位职责规范。

在组织机构的规模和形式确定的基础上必须做好内部的专业分工，根据各岗位的具体任务，确定内部的部门划分和岗位设置。如大型餐饮企业可以设餐厅部、厨房部、酒水部，有条件的大型饭店还可以设置独立的宴会部，然后再确定各部门的下级归属，设置各种岗位。小型饭店、宾馆则完全不必这么复杂，只要按餐厅的需要设恰当的岗位即可。

在部门划分和岗位设置的基础上，还应根据不同岗位的任务、职责、权限，分别制定出各个岗位的职责规范。其内容应该包括不同岗位员工的学历、资历、专业、经验、仪表、语言等基本条件和具体职责规范，以保证组织机构中的各岗位人员的选择和任用。

## 四、形成有效的组织管理

根据各岗位工作任务和职责规范选派人员，形成正式有效的组织管理。

现代企业组织机构的设置和建立，除组织形式管理体制外，关键在于各岗位人员的选择和任用。餐饮管理的组织形式一经确定，就要按照不同岗位的工作任务、任职条件和职责规范去选派人员，特别是高中层管理人员的选择和任用，直接决定酒店组织管理水平的高低，是能否做好餐饮管理的关键。因此，根据岗位任务、职责规范、任职条件选派人员，做到能级相应，对号入座，也是餐饮管理组织机构设置的重要工作之一。

# 第三节　餐饮组织与分工

餐饮涉及生产经营服务，职能多，管辖范围广，分工细，员工人数多，文化程度和年龄层次差异大。要将这样一个复杂的部门管理好，必须建立合理有效的组织网络，并进行科学分工，明确职责，使各部门人员各司其职，以保证餐饮部的正常运转。

## 一、餐饮组织结构



图 2－1 是一个较大型综合性酒店的餐饮生产经营服务组织结构，其厨房和餐厅都

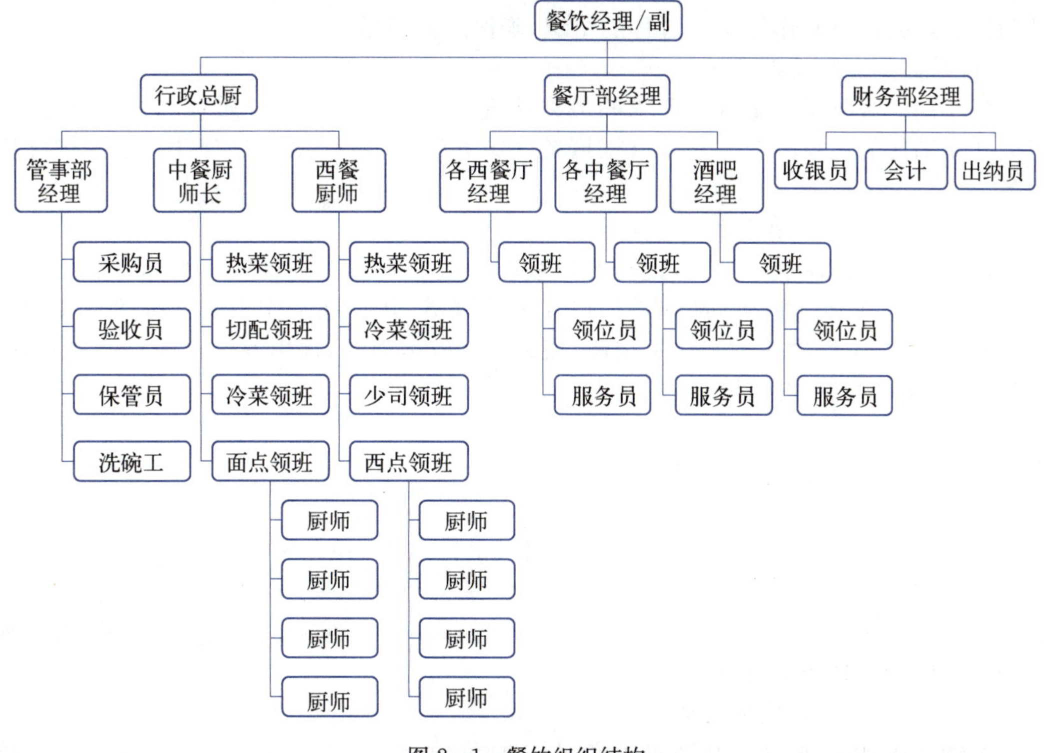


图 2－1　餐饮组织结构

实行三级组织管理。其他中、小型餐饮组织结构均是在此结构基础上简化设计而成的。

## 二、餐饮组织分工

餐饮管理是利用不同岗位、不同职务的各级人员的权力和职责来组织企业的业务经营活动。尽管各种类型的餐饮企业或部门的组织机构模式和设置方法各不相同，但为履行管理职能，各企业的内部人员分工却是基本相同的。可从五个方面做好人员分工。

### （一）组织决策工作

组织决策属于餐饮高层管理工作，以企业主管业务经理、餐饮总监或餐饮部经理为主。他们主要负责企业餐饮管理的经营方针、经营策略、管理目标的制定，全面组织业务经营活动的开展，控制企业经营方向。完成这些管理工作，要组织市场调查，搞好销售预测，制订经营计划，合理安排人员，做好资源配备，调动全体职工的积极性，保证计划任务的完成。

### （二）食品原材料供应

食品原材料供应主要由采购、验收、储藏部门负责。它要求根据餐饮经营计划和生产业务活动的需要，制订采购计划，组织采购业务，控制采购成本，做好入库验收、库房管理、领料，发货等日常管理工作，保证厨房生产的需要。



### （三）厨房生产过程组织

厨房生产是餐饮管理的中心环节，主要由行政总厨和厨师长负责。其任务是选择经营风味、特色，安排花色品种，制定菜单；合理安排生产任务，做好粗加工、细加工、炉灶制作、冷菜、面点制作等生产过程的组织，确保产品质量。

### （四）餐厅销售服务管理

餐厅销售服务是满足客人需求的最终体现。它直接影响服务质量和企业声誉，是扩大产品销售的重要环节。它要求根据餐厅服务程序，组织服务员有针对地提供优质服务。

### （五）餐饮成本核算与控制

成本核算是控制成本消耗，提高经济效益的重要手段。餐饮成本核算一般由财务部成本核算员负责。饭店一般在部门设成本核算员，其管理工作主要是按照管理层所提出的要求，制定标准成本和成本定额，核算实际成本消耗，提出改进措施，进而控制成本消耗，确保餐饮管理经济效益的实现。

## 三、影响餐饮人员编制的因素

人员是生产力中最积极、最活跃的因素。坚持以人为本、做好人员编制、合理选配人员是做好餐饮管理的前提和基础，也是搞好餐饮管理最重要的条件之一。餐饮组织人员编制以及内部管理人员分工受到多种因素的影响。在实际工作中影响餐饮人员编制的主要因素包括以下几项。

### （一）餐饮档次和座位数量

餐饮档次越高，服务质量要求越高，分工越细致，必然用人越多；反之亦然。因此档次高低和座位多少是影响餐饮人员编制的重要因素。

（二）市场状况和座位利用率

市场环境越好，用餐客人越多，必然提高餐厅座位利用率，影响服务员的劳动定额，即每位服务员看管的座位数必然相对减少，用人相对增加；反之，市场环境不好，餐厅的座位利用率低，也会影响人员编制。

（三）员工技术熟练程度和厨房生产能力

餐厅员工素质越高，操作技术越熟练，每个服务员能接待的客人数量可以相对提高；反之亦然。厨房生产能力应该与餐厅接待能力相适应。同时，厨房技术设备先进，科学合理，就能提高劳动效率，从而也能提高生产能力。

（四）餐饮经营的季节波动性

餐饮业务经营有一定的季节波动性，节假日季节不同，餐厅座位利用率的高低不同。从节约人事成本，相对合理编制人员考虑，餐饮人员可以以平季为基础。旺季人员不足时，可利用短期合同工或利用淡季安排员工休假，旺季不休假来调节；淡季人员富余时安排休假及开展员工培训，提升人员的综合素质水平。

（五）班次安排和出勤率

餐饮经营中，员工上班一般执行两班制，即早、晚班中间休息。如日夜餐厅则采用三班制。此外，每周工作天数和员工出勤率也是影响餐厅人员编制的重要因素，须做出合理的安排。



## 第四节　餐饮人员组织管理

餐饮管理的组织机构设置和人员编制为餐饮管理的人员组织和业务活动的开展提供了前提和基础。人员组织工作是具体的，是调动员工积极性、提高餐饮管理水平、服务质量和经济效益的根本途径。为此，在餐饮组织机构设置和人员编制的基础上，其人员组织工作的内容主要包括以下两个方面。

### 一、合理调配人员，优化员工队伍结构

现代餐饮业是一个劳动密集型行业。在酒店、宾馆业务管理中，餐饮部是第一用人大部，其员工人数要占全店总人数的35%—40%。酒楼、饭店等独立餐饮企业的劳动密集程度则更高。在餐饮组织机构设置和人员编制计划完成的基础上，只有做好人员调配与适时调整，不断优化员工队伍，才能保证各岗位人员的合理使用，提高工作效率。为此，要做好以下工作。

（一）做好关键岗位主要负责人的配备，坚持德才兼备的用人标准

酒店、宾馆餐饮管理的关键岗位即主要负责人、餐饮总监、餐饮部经理、行政总厨和采购供应经理。酒楼、饭店等餐饮管理关键岗位的主要负责人是企业总经理、厨师长、餐厅部经理、采购主管等人员。要做好这些关键岗位的人员配备工作，必须事先制定不同岗位的任职资格和用人标准，包括他们的学历、资历、专业、同等岗位工作年限、工作经验和能力要求等。然后由董事会招聘总经理或餐饮总监；再逐级按用人标准招聘配

备其他关键岗位主要负责人及其下属人员；最后通过逐级审核后最终确定和聘用。

### （二）配备好关键技术岗位的专业技术人员，不拘一格使用人才

餐饮经营的关键技术岗位的专业技术人员主要包括烹饪热菜的厨房、冷荤厨房、西菜厨房和面点厨房的厨师长和技术骨干。只有这些人员配备好了，才能保证各个餐厅的各种菜点的色、香、味、形、器等符合质量工艺和要求。这是现代餐饮经营管理能否成功的关键。做好这些专业技术人员的配备的关键是要坚持技术标准，不拘一格选用人才。厨师长要求人品正派、技术水平较高，有管好一种风味特色及多类菜点的能力和经验。技术骨干则要熟练掌握酒店菜点的制作能力。整个餐饮企业的技术人员配备要逐步形成专业技术梯队，既要能够保证其关键时候技术人员的需要量，又要保证专业梯队有发展后劲。

### （三）合理使用和有序流动相结合，不断优化员工队伍结构

现代餐饮管理在人员配备的基础上，不管在关键岗位的管理人员，还是技术人员或服务人员，都要通过人员组织、调配、使用、晋升、降级、流动等不断调整，优化员工队伍结构，也就是合理使用和有序流动相结合。其具体组织管理方法如下。

（1）按关键岗位和业务需要、预算目标，对主要负责人推行内部任期目标管理，对技术人员、服务人员则实行岗位责任制度管理。

（2）区别不同岗位，制定任期目标管理和岗位责任管理的考核标准、考核办法。

（3）管理岗位每半年、员工岗位每月按考核标准做一次认真考核评估。根据考核结果评出等级。



（4）推行末位淘汰制，制定保证有序流动的管理制度和具体措施，淘汰不合格人员，包括管理人员、技术人员和服务人员。同时，招聘合格人员。吐故纳新，不断调整，形成活力。既能在餐饮管理内部形成优良的人员组织的运行机制，又能不断优化员工队伍结构，提高酒店的管理水平。

## 二、做好激励考核，充分调动员工积极性

餐饮管理在以人为本、员工第一的原则指导下，加强激励考核，合理奖罚，充分调动员工积极性。主要有以下几个方面。

### （一）运用多种激励手段，激发员工热情和士气

激励是员工的心理需求，根据心理需求采用相关的方法和措施，激发员工的工作热情和工作主动性。

现代餐饮业以手工操作和现场服务为主，人的主动性、积极性和劳动热情尤为重要。因此，做好人员组织必须采取多种激励手段。具体内容包括：动机激励、情感激励、目标激励、表扬激励、榜样激励及奖金激励等。

### （二）定期做好员工考评，正确评价员工表现

做好考核评估既是餐饮管理人员组织和员工管理的重要工作内容，又是评价员工表现、发现人才落实奖罚措施的客观依据。

现代餐饮管理员工考核主要包括管理人员的考核和普通员工的考核两种类型。前者主要是指领班主管以上各级管理人员。对投资主体和投资人来说，重点是要做好对总经理、餐饮总监和各部门经理的考核。他们是决定餐饮企业管理好坏和经济效益优

劣的关键。必须每年或半年考核一次。后者主要是指领班以下的各岗位员工，应每月考核一次。对普通员工的考核要成为常态化的制度。

员工考核的基本方法如下。

（1）根据不同类型的人员，制定考核内容。主管以上考核要工作能力、工作业绩、专业知识与经验等内容为主。普通员工的考核则以工作热情、工作效率、行为规范、钻研业务等内容为主。

（2）制定和不断完善考核制度，形成定性和定量结合的考核量化指标。

（三）奖罚淘汰结合，形成良性管理机制

做好员工考核的最终目的是要充分调动员工积极性，形成良性互动的管理机制。也就是要在企业内部形成奖勤罚懒、奖优罚劣、有序流动的用人制度与既有动力、又有压力的良好气氛。保留优秀、良好的员工，淘汰不合格的员工，形成餐饮企业人员组织和员工管理的良性循环机制。

## 小结

本章依次介绍了餐饮组织的要素、特征、作用与原则，论述了餐饮管理机构的设置结构并注重讲述了餐饮组织与分工以及餐饮人员组织管理应掌握的主要实施关键。

## 复习思考题

1. 餐饮组织的要素有哪些？
2. 说说餐饮组织的特征和作用。
3. 简述餐饮组织结构设计的原则。

## 案例分析

### 必胜客的管理

● 必胜客的基本业务：以销售比萨为主；附带各类饮料、糕点、沙拉等。

● 必胜客管理的特点：以更美味的食品、更舒适的环境和更人性化的服务给消费者带来"欢乐餐厅"的新体验。

● 管理者对管理的认识：良好的道德品质，具有扎实的理论基础和丰富的管理经验，能够有效地解决问题。

● 该管理者的职位：助理经理。

● 该管理者的职责：监督服务员，处理客人的意见，随时为客人服务，还有为客人开门、送行，遇到熟客还得送小礼品，胜任该岗位所需的技能；要有顾客至上的服务意识，协调人员的意识（团结好自己的团队），做事有目标，危机公关的意识，敢于承担责任的意识，服从公司规定的意识，良好的人际关系意识，鼓励性能力，胸襟宽广，聪明能干，产



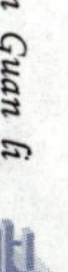

品质量意识，产品成本的意识；改革创新的意识，以身作则的意识，一颗进取的心，稳定的情绪，健康的身体，优良的品行，为人正直诚心诚意，充满热情做事有效率，能吃苦学习能力强，守约，公司的机密不要泄露。

该餐厅管理者一周的活动：

- 协助餐厅经理执行日常订货、排班等营运管理；
- 确保产品100%达到质量标准，不断提高顾客满意度；
- 配合公司推行，实施各种管理制度，保证餐厅的统一运作标准。

**思考题**

1. 试举例说明餐饮组织机构及分工。
2. 谈谈做好激励考核、充分调动员工积极性的重要性。

# 第三章 餐饮经营决策

## 学习目标

- 了解餐饮经营决策的要点
- 掌握餐饮经营决策的基本方法
- 熟悉计算机模拟决策的步骤

## 关键概念

餐饮经营决策要点　餐饮经营决策方法　计算机辅助决策



## 第一节　餐饮经营决策的原则及基本方法

随着时代的变迁，经济的发展，餐饮业也在不断发展、不断变化。餐饮经营者要在酒店林立、餐馆众多，竞争日益激烈的市场中，以占有份额来赢取利润。没有先进的理念和经营策略是不行的。特别是作为餐饮管理者更应该重视这一问题，采取相应对策，抓住机遇，赢得利润最大化。科学决策是建立在严密的理论分析和科学计算基础之上，遵守严格的决策程序，有基本成功把握的决策。

### 一、餐饮经营决策的原则

#### (一) 注重重大战略决策

餐饮管理人员要把注意力更多地集中在中长期计划、资金投向、扩大规模的重大决策上。同时必须立足当前，在经营上要能适应市场竞争变化，掌握市场动向，要对客源、人力资源开发、价格策略的制定、餐饮计划的更新等目标和重大问题进行正确的决策。

#### (二) 积极了解开发市场

决策是一个不断认识市场并不断作出判断的过程。了解市场的客源结构特点，了解餐饮管理、服务的最新理念和技术水平，密切关注市场的变化，力求做到饭店产品和客人的需求相适应，从而取得较大的经济效益。开发市场即是要努力挖掘新的市场潜



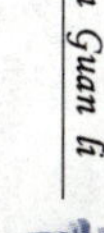

在需求和需求领域，引导消费使自己处在非常有利的竞争地位。

(三) 全面注意两个效益

餐饮部是赢利性部门，在其经营管理中，必须注意经济效益。但效益的含义绝非只是指经济效益，还要时刻想到社会效益，尽可能为广大客户提供有价值的产品，满足他们的物质和精神需要。

(四) 加强对信息的利用

信息是决策的物质基础，信息质量越高，决策的基础就越坚实。在当今的信息时代，餐饮管理人员要有高质量的信息工作能力，加强对信息源、信息通道、信息加工处理等方面的管理。可靠而及时的信息可为餐饮部带来利润。

(五) 把握时机拟定决策

"时间就是金钱"，时间是无形的财富。现代管理在制订计划时不但要注意到人力、物力、财力的利用，同时要注意时间的利用。决策尽可能做到正确及时。

(六) 加强市场调研与预测

餐饮经营者无论是在决策上还是在制订计划上都应面对未来。而未来的不确定性，虽可进行预测，但仍然存在一定的风险。故营销人员要加强市场调查、市场预测、获取尽可能多的市场信息，并制定多种方案和对策，从而应付未来的各种变化。对可能产生的风险做到胸有成竹、应对自如，提升化解风险的能力。

(七) 善于开发各种资源



餐饮产品尽管有较长的生命周期，但从竞争激烈的市场看，这个周期在不断地缩短。餐饮市场正在走向多样化，多层次发展。餐饮经营者要善于开发各种资源，不断推出新产品，扩大经营范围，增加服务项目，提升企业的吸引力、竞争力，以满足各类客人的消费需要。

### 二、餐饮经营决策的基本方法

(一) 确定决策目标

餐饮在经营活动过程中往往会同时面临很多需要解决的问题，其中选择什么问题作为决策的目标是首先要解决的问题。即决策目标的确定是餐饮决策的起点。确定决策目标可分为以下三个具体步骤：(1) 通过餐饮环境的调查分析和企业经营诊断，找出应达到的经营状态同实际经营状态之间的差距；(2) 根据存在的差距，找出主要问题及其产生的原因；(3) 根据主要问题确定初步目标，并对初步目标、多目标进行可行性分析，比较选择。

(二) 设计制订可行性方案

可行性方案要具备三个条件：(1) 能够保证经营目标的实现；(2) 餐饮企业的外部环境与内部条件都能与之相适应；(3) 方案的排他性，即多个方案有其各自特点。

## 第二节 计算机辅助餐饮经营决策

### 一、计算机在餐饮经营决策中的作用

餐饮企业日趋规模扩大、结构复杂、功能综合，经营环境瞬息万变，影响因素众多，

给餐饮经营决策带来了一些新的特点。

（一）复杂性

餐饮企业经营决策所处理的事项一般都是多目标、多变量、多约束条件，它们之间既相互联系又相互矛盾，使决策工作变得极其复杂。

（二）及时性

餐饮经营决策的过程中，需涉及大量信息的接收、传递、提取、加工处理以及输出。这些工作都必须在一定的时间内及时迅速地完成；否则，时过境迁，常会坐失良机。因此，只有在时效范围内作出的正确决策才有效益、才有意义。

（三）不可实验性

大多数科学技术问题可以通过重复实验鉴别各种不同方案的优劣。但餐饮经营决策绝大多数不能实验，或者实验的代价过于昂贵。

以上这些特点，加大了餐饮经营决策的难度。

近年来，决策科学和电子计算机技术的突飞猛进，使人们可利用计算机来协助决策者进行信息加工处理从而辅助决策，但还不可能完全代替决策者决策。

电子计算机辅助决策运用较多是计算机模拟技术。所谓模拟，就是用模型"模仿"实际系统和目标与环境及条件的关系来研究、分析，揭示事物发展的一种方法。

## 二、计算机模拟决策的步骤



在餐饮经营决策系统中，利用计算机模拟决策的步骤如下。

（一）提出问题

餐饮经营决策就是要解决餐饮经营中的问题。餐饮业的决策者必须对市场敏锐、深谋远虑，善于及时发现和提出餐饮业经营中必须要解决的问题，企业总是在不断解决问题的过程中生存和发展的。

（二）确定目标

围绕提出的问题通过系统的调查研究，从总体和长远的观点来确定经营决策的目标。目标要求具体、明确，并可衡量。复杂、重大的经营问题往往不止一个目标。如果属于多目标决策的问题，则应根据各个目标在系统中所处的地位，分清主次。

（三）收集信息，分析环境

经营决策的科学性建立在各种信息资料的完备和可靠的基础上。在完备准确信息的基础上要对实现目标的系统环境进行分析，并区分哪些因素是可以控制的，哪些因素是不可控制的。

（四）建立模型

模拟模型不是真实世界的简单"模仿"，它是真实世界复杂现象的高度抽象和概括。餐饮经营决策的模型应当反应系统中各种变量相互间的关系和在一定条件下运动变化的规律。建模后要利用过去的统计资料，对模型进行测试、验证和修正，反复多次，直到得出满足的模型为止。

（五）计算机模拟

将各种不同方案的变量按规定的程序输入计算机。计算机按程序运算后显示出模拟结果，求得一个满意解。

（六）决策

由餐饮经营决策者分析模拟结果并综合考虑其他非定量因素，最后作出经营决策。

## 小结

本章讲述了餐饮决策的要点和基本方法，也介绍了计算机在餐饮经营决策中的作用和正确掌握应用计算机模拟辅助决策的方法步骤。

## 复习思考题

1. 餐饮经营决策的要点有哪些？
2. 简述餐饮决策的基本方法。
3. 谈谈计算机在餐饮经营决策中的作用及其辅助决策步骤。

## 案例分析



### 浙江“顺旺基”快餐定价决策分析

在进行科学、合理预测的基础上，企业需要进行定价决策，以确定其所提供的产品和服务的价格，并据此确定销售收入。

因此，定价问题也是餐饮企业在追求利润的过程中不可忽视的一个方面，定价决策在企业经营决策中成为一个非常重要的部分。对于位居快餐业销售前列的顺旺基，采用以大众能接受的价格为导向的定价决策。作为一个企业，顺旺基的定价目标主要有以下两方面：(1) 市场占领目标，在原有的基础上提高市场占有率。据顺旺基销售数据显示，它在江浙快餐市场销售情况稳居前列，但是目前仅从全国看它的销售优势并没有表现得那么突出。(2) 信誉占领目标。注重保持良好的企业形象，主要体现在它的服务质量及运营管理等方面，如服务质量上米饭无限量免费续加、菜品保证新鲜、不销售隔夜食物、每日推新菜、每天供应特价菜。

总体上，就顺旺基具体的定价方法而言，是以大众能接受的以价格为导向的定价决策。

**思考题**

结合教材内容，你认为顺旺基的定价决策有哪些可取之处？

# 第四章 餐饮经营计划管理

学习目标

- 了解餐饮经营计划的特点、内容和编制依据
- 明确餐饮经营计划编制的任务
- 掌握餐饮经营计划编制的方法

关键概念

餐饮经营计划管理特点　餐饮经营计划内容　餐饮经营计划编制

## 第一节　餐饮经营计划管理的特点与基础工作

### 一、餐饮经营计划管理特点

餐饮经营计划是根据企业经营方针和经营决策的要求在分析企业内外客观环境和指标预测的基础上，对餐饮管理的任务和目标及其实施方案所作出的安排。餐饮经营计划管理又与日常的业务管理不完全相同，它有以下四个特点。

#### (一) 价值取向的外向性

餐饮经营计划是通过市场调查和预测来确定计划指标，其本质是提高经济效益。因此，餐饮经营计划管理就是向市场要客源、要经济效益，即通过计划而确定接待人次、人均消费、销售收入，最终确定完成利润额。

#### (二) 工作性质的导向性

计划管理的根本目的是确定企业和各部门的计划任务和经营目标。这些任务和目标又以预算指标的形式表现出来，因而必然具有导向性。导向性的重点表现在两个方面。

第一，计划目标的预测和制定要以市场为导向，市场环境好就应该提高计划指标，市场环境不好，风险大就该降低指标。

第二，各项计划指标一经确定，就具有明确的指导作用，是酒店和各部门在其计划

期内都必须完成的，所以具有导向性。

（三）指标安排的预见性

计划管理是以安排各种计划指标的确定为中心的。特别是各种销售指标的安排，既要以预测为基础，又要具有预见性，具有科学分析能力，立足现实，面向未来，既看到市场趋势，又要掌握酒店各部门的潜力。只有保证指标安排的准确性、前瞻性、可行性，才能做好计划管理。

（四）工作内容的综合性

餐饮经营计划管理工作内容设计面广，综合性强。既涉及全店和各部门的业务活动，包括原料采购、库房管理、厨房生产、餐厅服务等各项工作，又涉及店内各部门的收入、成本、费用、毛利、利润等各项指标的确定，以及贯彻、检查、考核等各项工作。这些既贯穿在餐饮管理的供、产、销等业务过程的始终，又体现在各部门的日常工作的各个方面。因此，餐饮经营计划管理必须以经济效益为中心，以销售预测为起点，以业务活动为主体，以经营措施为保证。

## 二、餐饮经营计划管理的基础工作

餐饮经营计划管理是一项复杂的过程，包括指标确定、指标预测、计划编制、计划执行与计划控制等各个方面。做好基础工作是餐饮经营计划管理的重要条件，对于新建企业来说更是如此。其内容主要有以下几个方面。



（一）合理的计划管理体制

计划管理体制既是餐饮财务管理的重要制度，又是计划管理的基础工作。饭店、餐馆、酒楼等企业餐饮管理专业技术性较强，餐饮经营有相对独立性。因此，需要建立由总经理负责，以部门为基础，由财务部主持计划编制，综合平衡和计划考核的企业计划管理体制。在这种体制下，酒店每年经营计划的编制都由总经理下达工作指令，财务部提出具体要求，各部门编制自己的经营计划，报企业财务部汇总平衡，形成计划决策方案。在计划执行过程中，餐饮会计人员提供信息反馈，并和业务管理人员一起监督、检查计划执行情况，发挥计划控制职能。与此相适应，酒店应建立健全全店级部门和各餐厅三级核算制度，以保证计划管理工作的顺利开展。

（二）健全的经营计划指标

餐饮经营计划是由一系列计划指标组成的。计划指标不健全，必定影响计划管理的科学性、系统性，无法为各级管理人员发挥计划控制职能提供决策参考。

假设一家饭店，宾馆餐饮部门只有餐厅营业收入、营业成本、折旧费用、人员开支等几个综合性计划指标，管理人员发现营业收入降低，营业成本不合理，他们无法根据这些综合性指标进一步分析营业构成，如食品、饮料人均消费，成菜成本消耗，采购成本变化，库存资金占用，水费、电费、燃料费、洗涤费用和茶、餐具消耗费等的具体数字。这样，也就不能发现餐饮经营计划管理在哪些环节、哪些项目上存在问题，因而也不能够有针对性地提出改进措施。所以，健全计划指标是计划管理最重要的基础工作之一。健全的计划指标要从细化计划管理和业务经营活动的内容需要出发，有利于分析各部门、各餐厅、各环节的各项业务活动的经营状况，便于管理人员有针对性地指导餐饮业务经营活动的开展。

（三）财务统计口径和费用分摊决策

财务统计口径和费用分摊决策是餐饮计划管理的重要基础工作。在餐饮流通费用中，哪些项目作固定费用处理，哪些项目作变动费用处理，物料用品中各项费用的划分标准，客用消耗用品、服务用品、清洁用品的区分界限等，在各部门的统计口径必须一致。

费用分摊决策是指为了考核各部门的实际经营效果，部分费用应采用什么办法分摊到各部门中去，直接影响各部门的计划指标和对实际完成结果的考核。所以，费用分摊工作事先应作出统一规定，以保证经营计划指标的科学性和实用性。

（四）原始记录制度和统计分析工作

原始记录和统计分析既是企业收集、积累计划资料的基础和预测确定计划指标的前提，又是执行计划、发挥计划控制职能的重要基础工作。在餐饮计划管理中，从原材料采购、储藏、入库验收、领料发料、厨房生产到餐厅销售，都必须做好原始记录，建立记录制度；财务部门将原始记录和统计分析结合起来，为餐饮经营计划提供原始资料，又提供信息反馈，成为管理人员加强计划控制，指导餐饮经营活动顺利开展的决策参考。

# 第二节　餐饮经营计划的内容和编制依据

## 一、餐饮经营计划的内容

餐饮经营计划的内容是根据餐饮市场状况、竞争态势和业务活动的需要来确定的。

（一）餐饮市场营销计划内容

餐饮市场营销计划内容主要包括四个方面。

1. 产品销售计划

产品销售计划是市场营销的本质表现和各种交易行为的反映。因此制订餐饮销售计划，它是根据市场需求，在确定产品风味特色的基础上，分析企业技术水平、能力、接待对象、接待能力来制定的。其指标主要包括餐厅接待人次的承受能力、人均消费、不同餐厅销售收入及总销售等。

2. 食品原材料计划

食品原材料是保证餐饮产品生产的需要，是完成销售计划的前提和保证。应根据以往销售的数据分析和经验来制定原材料的采购需要量。同时考虑到销售的不确定性，在确保供应的情况需设定采购原料数量的上限和下限，减少浪费。

3. 产品生产计划

厨房生产是餐饮工作的中心环节之一。生产计划、工作、流程的合理安排直接影响到产品的质量、人员的合理安排、能源的节省和生产速度，以及质量的保证。

4. 餐厅服务计划

餐厅服务过程是餐饮产品的销售过程。餐厅服务质量是一种无形商品，它直接关系到客人的需要和满足，能否提升产品的附加值和营业收入。计划内容包括服务程序

安排，有无特点服务产品。

（二）餐饮经营利润计划内容

餐饮管理的最终目的是在满足客人需求的前提下，获得良好的经济效益。

1. 营业收入计划

营业收入计划根据餐厅入座率、接待人次、人均消费来编制。餐饮营业收入的高低受不同餐厅等级规格、接待对象、产品欢迎程度、市场环境、客人消费结构等多种因素的影响，所以编制营业收入计划，需要区别不同餐厅的接待条件等情况来制订。

2. 营业成本计划

营业成本主要指食品原材料成本。餐饮管理中的其他各种消耗均作流通费用处理。营业成本是在食品原材料的采购、储藏、生产加工过程中形成的。编制成本计划应考虑标准成本率和成本降低率指标，以此作为食品原材料成本管理的依据。

3. 营业费用计划

营业费用是指食品原材料成本以外的其他各种合理耗费。按费用的内容分为人工成本和营业费用两大类。前者包括员工工资、奖金福利和社保费用等。后者指原料成本和人工成本以外的各种运行费用，如房租、税收、家具设备折旧、销售、管理、交际、水费、电费、燃料费等。营业费用就要确定这些费用指标及其费用率和变动费用率等。

4. 营业利润计划



营业利润是经济效益的本质表现。营业收入减去营业成本、营业费用和营业税金，就是营业利润。营业利润计划不只反映部门经营效果，还包括税金安排和利润分配。

## 二、餐饮经营计划编制的客观依据

（一）地区经济和旅游发展状况

地区经济和旅游发展状况和发展趋势直接反映市场需求和市场供给，必须成为编制餐饮经营计划的客观依据。因此，编制餐饮经营计划，必须调查分析地区经济状况、消费水平、生活习惯、本企业的主要目标市场、客户单位、客源机构能够给本企业提供客源的多少、可支付餐饮消费标准，以及社会消费能力等。将这些情况和本企业的接待能力、管理水平结合起来，做好预测分析，方能做好计划编制工作。

（二）酒店的市场环境和客源状况

餐饮企业的客源以近距离市场客人为主，这往往成为影响餐饮经营好坏的主要因素。酒店周围环境包括企事业单位数量、居民收入水平、消费习惯、地区的繁华程度以及流动客人的多少等。另外，周围餐饮企业的竞争状况等因素也必须进行综合考虑。

（三）酒店等级规格和接待能力

餐饮业的等级规格和接待能力，直接影响客源档次、价格水平、成本消耗，从而影响计划指标的确定。在编制计划时要以实际能力为依据，区别不同情况，分别确定合理的收入和利润，以提高计划的科学性和准确性。

（四）餐饮企业经营中的季节波动程度

餐饮业的季节波动性具有相对周期性规律，应对波动规律作出合理计划安排，做到不因波动性而影响产品、服务、质量。

## 第三节　餐饮经营计划管理的工作任务

餐饮经营计划管理从计划编制开始，经过计划分解、执行、督导检查到计划完成，是一个复杂的过程。它体现在业务管理过程的始终。餐饮经营计划管理过程的任务和步骤如下。

### 一、分析经营环境，收集计划资料

分析经营环境主要是指市场环境。在认真做好市场调查的基础上，掌握市场动向、特点、发展趋势和市场竞争状况，然后根据本企业的实际情况，分析企业客人类型、消费档次、消费水平、对产品的需求、价格水平、服务质量等同市场需求的适应程度，找出自己的优势和不足，为确定餐饮经营方向和计划目标提供客观依据。

### 二、预测计划目标，编制计划方案

预测计划目标，编制方案，要做以下五方面的工作。

第一，根据市场动向，特点和发展趋势，确定企业市场类型。

第二，分析食品原材料消耗，预测成本额、成本率，确定成本降低率指标。

第三，根据业务需要和计划收入，分析流通费用构成及其比例关系。

第四，分析营业收入，经营成本和营业利润的相互关系，预测利润目标。

第五，在上述预测分析的基础上，编制餐饮经营计划方案，初步确定各项计划指标。

### 三、落实综合平衡

综合平衡，落实计划指标。其任务是：审查收入、成本费用和利润的相互关系；审查采购资金、储备资金、周转资金的比例关系，使之保持衔接和协调；审查收入、成本、费用和利润在各部门之间保持协调发展。

### 四、发展控制职能

执行计划的过程就是发挥计划控制职能，完成计划任务的过程。要做好以下三方面工作。

第一，以餐厅、厨房为基础，分解计划指标，明确各级，各部门各月、各季的工作目标。

第二，建立信息反馈系统，逐月、逐季统计指标完成情况。

第三，根据各级、各部门计划完成情况，合理分配劳动报酬，奖勤罚懒，择优淘劣，保

证计划任务的顺利完成。

## 小结

本章讲述了餐饮经营计划管理的特点，介绍了餐饮经营计划管理的基础工作，较详细地论述了餐饮经营计划内容和编制依据，以及餐饮经营计划的编制过程和计划的实施、调控。

## 复习思考题

1. 什么是餐饮经营计划？
2. 餐饮经营计划有哪些特点？
3. 餐饮经营计划主要包括哪些内容？
4. 餐饮经营计划管理的工作任务主要有哪些？

## 案例分析



麦当劳：

- 执行战略规划——“赢的计划”
- 增长有利可图的业务
- 识别和发展多样化人才
- 提倡均衡的，积极的生活方式

塔吉特：

- 扩大有竞争力的定价产品的选择范围
- 小心管理存货
- 持续每几年就改进店面格局
- 十年后经营 2 000 家店面
- 持续获得市场份额

**思考题**

请你调查一家饭店餐饮部，列举其在编制年度计划时遵循的主要依据。

# 第五章 食品原材料采购及管理

## 学习目标

● 理解食品原材料采购的意义
● 了解食品原材料采购的程序和方法
● 明白食品原材料验收管理储存的方法

## 关键概念

原材料采购　原材料采购程序　原材料采购方法　采购合同　原材料管理



## 第一节　至关重要的食品原材料采购

### 一、食品原材料采购的意义

食品原材料采购是厨房食品生产加工和销售服务顺利进行的物质基础。组织好厨房食品原材料的采购供应工作，不仅能够使厨房食品生产加工和业务经营活动得以顺利进行，同时，对于保证菜品质量、降低厨房生产成本、加速资金周转、提高经济效益，都具有十分重要的意义。

为了保证菜肴质量稳定，不仅要靠技术过硬的厨师队伍，还要保证食品原材料的产地和质量始终如一。食品原料质量的好坏不是以价格的高低来定论的，而是以食品原料是否适用于某种菜肴的烹制。原料的适用度越高，其质量就越好。

### 二、设立专业人员采购原料

为了做好中、西餐厨房食品原材料的采购工作，确保采购业务活动顺利开展，饭店应设立采购部门，明确采购部门职责，确定采购方针和原则，制定相关的规章制度；根据采购业务量设计岗位，确定岗位职责和素质要求，配备符合要求的人员；要认真听取使用者的建议，深入厨房观察研究；加强对采购价格、数量、质量、时间和资金占用的控制，以期圆满完成食品原料采购工作任务。

### 三、食品原材料采购机构的形式

由于饭店、餐馆的规模大小各不相同，因而食品原材料采购机构的设置也有区别。一般情况下，食品原材料采购机构的形式大致有以下几种。

第一，饭店设立采购部。采购部负责饭店所有物品的采购，厨房和餐饮部根据业务经营需要提出食品原材料采购申请，由采购部负责定购和验收等工作。实践中，有的采购部隶属于财务部，这种形式适用于大型饭店。

第二，餐饮部附设采购部或采购人员。这种形式的采购部属餐饮部经理领导。厨房和餐饮部业务经营活动所需物品和食品原材料都由采购部负责。这种形式适用于中、小型饭店。

第三，餐饮部或厨房直接负责鲜活食品原材料的订货和验收，其余食品原材料和物品的采购由采购部负责。

### 四、根据原材料特点灵活采购



食品原材料采购是一项比较复杂的业务活动，厨房中需要的采购的食品原材料品种多、数量少、规格复杂、变质快、季节性强、货源渠道杂、价格变化频繁等特点。采购人员在原材料采购过程中必须能够熟悉掌握这些特点，根据具体的情况，运用多渠道的采购方式和灵活的采购方法，按需求的数量、规格和质量标准，以合理的价格，最少的流动资金占用，与有信誉的供货商合作，采购到各种食品原材料。

## 第二节　原材料采购的程序

为了确保食品原材料采购工作顺利进行，提高采购工作质量，餐饮部要根据原材料的特点、采购业务活动的规律，制定一个行之有效的工作程序和采购准则。

### 一、提出申购

首先由使用部门向采购部门(员)提交采购申请明细单。由于采购形式的不同，采购申请单的提交单者也就不同。通常中、小饭店的鲜活食品原材料由厨房提交申购单，可储性食品由食品仓库提交申购单，酒水由餐厅提交申购单。

### 二、联系采购

采购部把接到的申购单汇总后，一般原材料直接与供货商联系，询问价格，洽谈订购意向；干货原材料和冷冻水产品要索取样品，与厨师长一起检验质量、商定价格，再根据洽谈约定填写订购单等。订货单或订货合同签订后，应同时交给验收人一份，以备验收入库使用。零散原材料、鲜活原材料、蔬菜原材料等直接采购。

### 三、验收入库

对于采购员采购和供货商送货的原材料，验收人员要根据申购单验收，验收合格后，交给仓库保管员登记入库。采购员电话联系订购后自行提货的原材料，在提货现场就要对原材料进行初验，待原材料运回后再由验收人员复检后，仓库登记入库。鲜活原材料验收后，由使用部门办理申领手续直接发货。

### 四、审核付款

验收人员完成了食品原材料的验收、入库等工作后，应将自己填制的验收单和签字后的发票连同订购单交于财务部，同时告知采购部门原材料已验收入库。经财务部审核无误后，供货商或采购员即可提取现金或报销。

## 第三节　原材料采购方法及供货商选择



### 一、原材料采购方法

食品原材料的采购方法很多，采用什么样的采购方法，应该根据餐饮业务经营的要求、采购任务、食品原材料的种类及市场情况，选择最适宜的采购方法。常见的采购方法主要有以下几种。

#### （一）询价采购

询价采购是最常见、最原始的一种采购方法。通过采购员深入市场，了解行情，逐个询价，根据原材料价格和质量优劣情况，购买性价比高且能适用的原材料。但需自行解决运输工具并承担运输中出现的风险。

#### （二）比价采购

比价采购是采购人员将需要采购的某种食品原材料通过询问几个供货商的报价，或提取样品，从中选取质优价廉的货源作为采购对象的一种采购方法。

因目前货源充足，供货商较多，所以大多数食品原材料的采购均可采用这种方法。这种方法最适于一次性采购量大的食品原材料。

#### （三）招标采购

招标采购是现行采购常见的一种方法。这是一种由使用方提出品种、规格等要求，再由卖方投报价格，并择期公开当众开标，公开比价，以符合规定的最低价者得标的一种买卖契约行为。此类型的采购具有自由公平竞争的优点，可以使买者以合理的价格购得理想物料，并可杜绝徇私舞弊，不过手续较繁琐费时，不适用紧急采购与特殊规格的货品。

(四) 定点采购

定点采购是相对固定在一个或几个价格低、信誉好、品种多、供货足的供货商中采购的方法。这种方法多适用于购买烟酒、调料等,应防止假货,杜绝三无产品。

(五) 约定采购

约定采购是指采购人员根据厨房对某种原材料的需要情况,按一定的时间间隔,要求供货商把原材料送货上门。每次送的数量一般临时通知,每次送货不结算费用,一个月或一个季度结算一次。

(六) 托运采购

托运采购是将需要采购的食品原材料与供货商以书面合同或口头形式订货的采购方法,又称为期货订购。这种采购方法适于采购的批量大、异地供货和规格复杂的食品原材料,要求供货商一次或分批次供货。货到付款或先付款后发货均可。

(七) 联合采购

联合采购是指几个类型相似的餐饮企业为了降低进货成本,对某些共同需要的原材料凑成一大批数量,向供货单位进货。因为联合采购数量大,可以享受批发价格或优惠价,从而可以降低成本。

(八) 无选择采购



无选择采购是在餐饮经营中,厨房有时急需某种食品原材料,在当地仅此一家有货供应。在这种情况下,不论供货商如何索价,只能采取无选择采购。采取这种采购方法,由于某采购成本会失去控制,有时食品原材料的品质或规格难以保证,因此,只在不得已的情况下才使用。如果采购人员频频使用无选择采购法,说明食品原材料采购管理中存在着问题。

(九) 特殊性采购

采购员、管理员在市场调查、订货展览和采购过程中,发现在申购要求以外的时鲜货、奇缺货、紧俏货及新品种酌情采购的一种方法。这种方法能使厨师长及时了解市场信息,加速新菜品的开发。

另外,随着连锁饭店和饭店管理集团的出现,许多大型酒店都建立了自己的物流中心或原材料配送部门。配送中心以批量采购的方式,降低采购原材料,即能保证原材料的统一质量规格又可以有效降低原材料的成本。

## 二、供货商的选择

在众多供货商中,选择理想的供货商对于做好食品原材料采购工作,全面完成采购的任务,具有重要的意义。选择理想的供货商应着重注意以下几个问题。

(一) 供货商的资信

供货商的资信是指食品原材料供应商的经营资格和信誉度。采购部所需采购的食品原材料的特点决定着对供货商资信的要求。供货商具备法人资格和较高的信誉,可以提高采购工作的可靠性和稳定性,减少采购的风险。

(二) 供货商供货能力和价格

在选择供货商,应该优先选择中间环节少、供货能力强、能够持续供货和及时供货的供货商，尤其是可保证供应紧缺品种，供应高规格原材料的供货商。在其他条件相同的情况下，供货价格又是决定采购的关键因素，因为它直接影响着厨房生产成本和餐饮经济效益。

（三）供货商的销售服务

销售服务包括食品原材料的包装、运输工具、交货方法、交货地点、送货条件及市场信息的提供等。在采购食品原材料时，应该权衡上述销售服务的情况，择优选择供货商。

（四）供货商供货地点

在其他条件相同的情况下，供货商应该选择交通运输方便送货上门或供货地点的供货商，这样有利于食品原材料的交付和接收，节省运输时间和费用，减少食品原材料的变质，提高经济效益。

# 第四节　食品采购合同的签订

采购合同是经济合同的一种。它是饭店或餐饮部为了采购各种食品原材料与原材料供应商之间明确相互权利、义务关系的一种具有法律效果的协议文本。

## 一、合同主体

根据我国《中华人民共和国经济合同法》的规定，合同主体应是企业法人，其他经济组织和个体商户。企业法人是指从事生产、经营、服务等以盈利为目的，依法成立的独立享有民事权利和独立承担民事义务的经济实体。其他经济组织是指从事生产经营服务等盈利活动，但不能独立承担民事责任，而经工商行政管理机关核准登记的非法人性质的经济组织，如企业法人的分支机构（营业部、分公司）、外商投资设立的分支机构等。个体工商户是指有民事权利能力和民事行为能力的从事个体经营的人员。

## 二、合同签订程序

采购合同的签订分为两个步骤。第一是要约。要约是指一方当事人向对方提出订立经济合同的建议或要求。构成有约束力要约的条件有：一是要约必须表明要约人严肃的订约旨意；二是要约必须具有明确性和完整性。第二是承诺。承诺是指受约方对要约内容表示完全同意的答复。要约一经承诺，说明双方当事人就合同的内容已经达成协议，经双方签字、盖章后，合同宣告成立。

## 三、合同形式

采购合同的形式分为书面合同和口头合同两种。书面合同是指双方当事人以文字表述经协商一致而签订的经济合同。

书面合同可分为主体和附件两部分。主体是主要条款内容；附件是对主要条款内容所做的文字说明或实物样品。信件、电报、电传也是书面合同的组成部分，当事人应



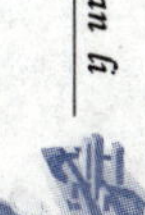

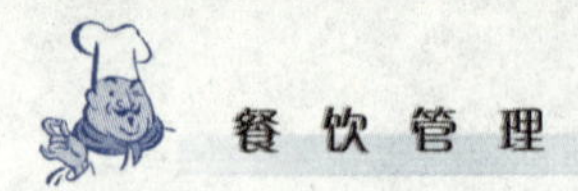


妥善保管。双方当事人通过对话方式形成的合同，称为口头合同。采用口头合同应限于即时清结合同的合同，口头合同发生纠纷时，当事人有举证的责任，如发票、欠条、收据和通信联系等凭证。

## 四、合同主要条款

采购合同的主要条款决定其合法性和有效性，是确定双方当事人权利和义务的依据，又是双方当事人产生合同纠纷进行仲裁的依据，因此，必须慎重对待合同的主要条款。其主要条款包括以下几条。

### (一) 标的

标的是双方当事人权利和义务所共同指向的对象。采购合同的标的是餐饮食品原材料，称为标的物。标的物必须明确、具体、肯定，否则无法履行。

### (二) 数量

数量是与标的直接联系的条款，使合同中的标的具体化。数量条款应写明计量单位和计量方法，误差幅度，毛重或净重。

### (三) 质量

质量也是与标的直接联系的条款，使合同中的标的具体化。质量是标的质的规定性。质量条款中质的规定性应该科学、全面、合理、明确，否则容易造成纠纷，甚至无法履行。所以，质量条款中应写明如下事项。



- 标的质量要求、等级要求、卫生要求。
- 标的质量标准名称、代号和序号。
- 对质量负责的条件和期限。
- 对质量提出异议的条件和时间。
- 抽样方法和比例。
- 实物样品数量、封存样品的时间、保存地点和方法。

### (四) 价款

价款是当事人方向另一方支付的货款。订立合同时，国家规定价格标准的，按规定执行；国家没有规定标准的，由双方议定。合同中明确规定给付货款的期限和结算方式，写明对方的开户银行和账号。

### (五) 履行期限

履行期限是指合同履行义务的时间界限。供货方的履行期限是指交货日期；采购方履行期限是指付款期限，应该明确、具体。

### (六) 履行地点

当事人一方履行义务，另一方接受履行义务的地方称为履行地点。采购合同中履行地点视约定的交货方式而定。需方自提的，在提货地履行；供货方代办托运的，在托运地履行；供货送货的，在需方接货地履行。

### (七) 履行方式

履行方式是指合同当事人怎样履行义务。履行方式条款必须明确，具体规定交付标的物和支付货款的方式。例如，标的款交付应该明确是一次履行还是分次履行，标的是自提、送货还是代办托运，是何种运输方式和运输工具等。

(八) 违约责任

违约责任是指合同当事人在违反合同约定时应承担的责任。根据我国有关法律、法规所规定的违约责任，主要采取违约金和赔偿金的形式。

(九) 争议的解决方式

在产生合同纠纷时采用什么方式解决协商，申请仲裁还是起诉？这种内容双方均应事先商定。目前，推行的统一合同文本均有“争议的解决方式”一款，在签订合同时应予写明。

# 第五节 食品原材料验收管理

食品原材料验收管理是非常重要的一个环节。餐饮部要设立专职验收员，挑选具有一定的业务水平，责任心强的员工担任此职。常规原材料由验收员验收入库，而其他原材料需要两人以上在场验收签字。特别是海鲜、蔬菜类每次验收都要在厨师长会同验收员、采购员一起验收。验收员负责品种数量，规格重量；厨师长负责检查品种产地，品种的真伪，品种的质量和鲜度等；采购员负责对品种，数量及分量验收过程对控制采购渠道和采购食品原材料的质量、数量、价格以及采购时间等方面均有重要意义。



## 一、食品原材料验收的要求

食品原材料验收工作，不仅要配备专职验收员，还必须配置相应的验收场所和验收设备与工具等硬件。

(一) 验收场所要求

餐饮部由于使用的原材料种类繁多，不能在一个固定的验收场所内对所有的原材料实施验收工作，因此验收场所因原材料不同而经常临时变动。一般酒水原材料的验收地应设在酒水仓库附近；干货类食品原材料的验收产地应设在食品原材料仓库附近；冷冻类原材料的验收应该设在冷库附近；新鲜原材料的验收场所应设在厨房初加工间附近；鲜活水产和禽类的验收场所应设在海鲜池和养殖箱附近。

一般饭店的固定验收场地设在厨房初加工间附近，因为新鲜原材料品种多，验收最为复杂。而其他原材料相对品种少且验收简单。并在验收场地旁设验收办公室，以方便验收员填写验收单或涉及有关票据保管等事宜。食品原材料验收场地的配置还要同时考虑到车辆是否方便，是否有利于卸车搬运，是否便于验收的堆放和使用搬运工具，是否符合食品卫生要求的环境等。验收场所的大小视验收任务量而定，以不影响验收工作为准。

(二) 验收设备要求

为了保证验收工作顺利进行，验收场所应配备验收工作需要的设备和工具。这些设备和工具主要有；符合计量要求的计量器具，搬运货物推车，盛装食品原料的专用箱、筐、袋等，开启包装的用具，以及常用的快速监测仪器和用具等。规模较大的酒店或有条件的餐饮企业应根据需要适当配备一些先进的检验检测设备和理化仪



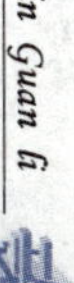

器等。

### (三)验收人员要求

原材料验收人员应该是受过专职培训的，或从厨师中挑选责任心较强，有较丰富专业知识的人来担任。食品原材料的验收涉及许多方面的知识，比如原材料的鲜度、品质、纯度、成熟度、原材料的产地、商标、卫生等。因此，必须对验收人员提出下列要求。

- 身体健康，讲究清洁卫生。
- 熟知本企业物品的采购规格和标准。
- 具有鉴别原材料品质的能力。
- 熟悉企业的财务制度，懂得各种票据处理的方法和程序，能加以正确处理。
- 做到验收后的物品项目与定购单项目相符，与供货发票相符；供货发票(包括验收单)开列的重量、数量要与实际的物品相符；物品的规格要与采购要求相符，物品的价格与企业所规定的限价相符。
- 有良好的职业道德，忠于职守，秉公验收。

## 二、食品原材料验收的一般程序



不同的饭店或者餐饮企业对食品原材料的验收程序都有具体的规定，特别是一些导入 ISO9000 质量管理体系的企业，对食品原材料的验收过程编制了作业指导书等文件，形成了严格的验收操作规程，使食品原材料的验收日益规范化。一般有以下几个验收环节。

### (一)根据订单核对原材料

首先要依据订购单或订购记录来检查货物，对未处理过订购手续的物品不予受理，以防止盲目进货或有意多进货的现象。不论何种方式采购的原材料，验收人员必须根据订购单或订购合同书，核验原材料品种，同时核验跟随的发票，核查票据上所载明食品原材料的品种、规格、单价、数量、金额、时间、供货商和印戳等内容是否与订购要求相符，对于订购单或订购合同书相抵或不符的内容，要求供货单位(或送货人)进行解释或进行必要的处理，如果两者的出入太大则不能对原材料进行验收和接受，并及时汇报上级。另外，还应该对随同食品原材料一起交付的，对原材料的运输、提货等必需的有关票据(如提货单、发货单、装箱单、准运证、品质证或合格证)是否齐全，否则另作处理。

### (二)检查原材料的质量和数量

如果第一个环节没有发现什么问题，接下来就要根据送货单验收原材料的质量。检查原材料的规格是否符合标准、检查原材料的质量是否优良、核对原材料的数量是否准确，以及对包装进行检验等，并对每一项目都要做好验收记录。

在检验质量数量时，要做到以下几点。

- 凡可数的物品，必须逐件清点，记录下正确的数量。
- 以重量计数的物品，必须逐渐过秤，记录下正确的重量。
- 对照采购规格书，检查原材料的质量是否符合要求。
- 对箱装、桶装原材料，采取抽样的检查方法。

● 发现原材料重量不足或质量不符需要退货时，应填写原料退货单，并由送货人签字，将其中一联退货单随同原材料退回供货单位。

(三) 受理货物(拒绝受理货物)开具单子

通过前面两道验收后，如果一切项目与订购单或订购合同书所规定的完全相符，并且完全符合验收要求，验收人员应根据验收记录填写验收单并在发票上签字。对于不符合验收要求的，如因质量、数量或价格等，如属供货商送货的，则应拒绝验收，办理退货手续，开具原材料退货单。

(四) 办理入库，分流物品

食品原材料验收合格后，应及时与仓库保管员根据食品原材料的品种办理入库手续，交由保管员分类入库保管或冷藏保管，及时填写双联标签注明进货、日期、名称、重量、单价及保质期等。对于部分鲜活原材料、蔬菜原材料可直接发放给使用部门，但申领手续要齐全。

(五) 填写相关表、单

验收人员在对食品原材料进行验收的过程中，除了需要在发货票上签字外，还应根据企业的规定对验收过的原材料填写相应的表格、单据等。如填写验收记录表，验收单(收货凭证单)、验收日报表，验收异议报告、验收汇总表、双联货品标签卡、退货通知单等。其中原材料验收日报表是验收人员将每天进货情况根据验收记录必须填写的项目，作为采购部、仓库或厨房等部门控制原材料使用的依据。对不能验收入库的食品原材料和验收中发现的问题，验收人员要及时向采购部或厨房以书面形式报告，并提出处理意见。



## 三、原材料验收的方法

食品原材料的验收一般有检查品种、规格、数量、质量、包装等常见的验收项目。具体方法如下。

(一) 品种验收

验收第一关，首先检查采购的食品原材料品种是否与使用部门的要求符合。由于食品原材料种类繁多，有些食品原材料的品种也不是验收人员都能够准确加以识别的，对有异议或辨认不清的原材料应请有经验的厨师帮助识别验收，以免出现验收失误。

(二) 数量验收

对于零散的食品原材料，按计件、计量的规格逐件验收。有些原材料以包、盒为单位，这就需要分别清点。对于大件原材料(特别是托运原料)要先清点件数。然后再开箱清点数量。

(三) 质量验收

对常见的蔬菜、水果、畜禽肉类，验收员要凭知识和经验通过原材料的色泽、气味、滋味、口感、手感、音响、外观来判别食品原材料的质量优劣。对于水产类原材料、验收员要凭知识和经验通过原材料的颜色、光泽、气味、外观、现货度来判别原材料的质量优劣。

对于包装原材料，验收员要查看包装是否完好无损、有无渗漏、破碎、标志标签是否完好，生产日期(保质期)、制造商(经销商)的名称和地址是否齐全。对于一些数量较

大、从外表又不能鉴定的原材料，就要采取抽样检查，从批量中提取少量具有代表性的样品，作为评定该批量食品质量的依据，如冷冻虾仁、冷冻鲜贝等。化冻后检查其重量和质量。抽样的方法一般有百分比抽样和随机抽样两种。

# 第六节　食品原材料库房管理

原材料的库房常见的有调料库房、酒水库房、粮食库房、冷冻库房、冰鲜、存放区、蔬菜保鲜房、水产养殖区和禽类养殖区等。这些区域的存储、发货、保质、保洁都属于原材料的库房管理内容。

## 一、干货原材料的储存

干货食品原材料的储存、领发是食品原材料控制的重要环节，如果控制不当，就会造成原材料变质、库存积压，甚至出现偷盗行为，直接影响到餐饮的成本，所以应明确储存和领发的管理制度。

### （一）干货储藏要求



分门别类地进行储存，确保原材料的质量。根据原材料的种类、特性等分类，按原材料的性质及在储存时所需的温度和湿度等进行存放，做到先进先出，防止霉变、虫蛀。加速库存周转，尽量缩短原材料的储存时间。

### （二）干货储藏制度

为了正确反映库存物品的进、出、存动态，仓库要建立严格的管理制度，要做到账（保管日记账）、卡（存货卡）、货（现有库存数量）相符。食品仓库的账要以每个品种为单位，分批设立账户，设立明细与完整的账单。一物必有一卡、存货卡要与账单相符，与存货相符。只有这样，才能防止差错、防止被窃与丢失。

仓库控制的另一种方法是：定期或不定期地进行盘点，发现有误差或有失效物品时要追查责任。

严格的仓管制度，还包括了库房，更不能将库房钥匙交与他人保管。有事离开，应随手将库门关好。仓库的钥匙在工作结束时应交饭店安全部，并办理钥匙保管手续。另外，仓库还应防盗监视系统及防火设备。

### （三）干货储藏需注意的事项

干货食品原材料虽然无须冷藏，但应放在干净、阴凉、干燥的库房内储存，应具备防潮、防蛀、防鼠、防闷热等必要条件。仓库气温控制在 10℃—20℃，温度在 50%—60%。所以干货仓库应安装性能良好的温度计和温度计，并定时检查仓库温、湿度是否适宜，防止仓库温度和湿度超出许可范围。一般干货原材料、米面类、烈酒类适用温度均在 10℃—20℃，适用湿度在 50%—60%。

### （四）干货仓库的管理要求

● 每一种原材料必须有其固定的存放位置，货架离墙壁至少 5 cm，离地面 15 cm，以便空气流动和清扫，要随时保持货架和地面的干净、防止污染。

● 入库原材料在其包装上注明进货日期以利于按照先进先出的原则进行发放，保证食品质量。

● 库房中的食物应有序地排列，分类放置，同类食品必须放在一起。使用频率高的食品，应存放在容易拿到的下层货架上，货架应靠近入口处。

● 仓库应定期进行清洁、消毒、预防和杜绝虫害、鼠害。

● 桶装或罐装原材料应带盖密封，玻璃器皿包装的原材料应避免阳光直接照射。

● 食品放置还要远离自来水管道、热水管道和蒸汽管道。

● 各种打开的包装食品，应储存在贴有标签的容器里，并能达到防尘、防腐蚀的要求。

● 分量重的食品应放在下层货架上，并且高度适中，较轻的物品可放在上层货架，由于体积的原因不能放在货架上的原材料，则应放在方便的平台或车上。

● 所有有毒的货物，包括杀虫剂、去污剂、肥皂，以及清扫用具等，不能进入食品仓库。

● 尽量控制有权进入仓库人员数量。职工的物品不应存放在仓库内。

● 仓库人员离岗时，仓库应加锁防止外人进入。预备钥匙应用纸袋密封，存放在经理办公室，以备急需之用。

## 二、冷藏、冷冻原材料储存要求



### (一) 冷藏原材料储藏要求

冷藏是将冷库或冰箱的温度控制在 1℃—6℃，使储存的食品保持低温而不结冻。这样既控制了微生物的繁殖，保证了食品的质量，又使食品不必解冻而取用方便。但由于冷藏对微生物只起抑制和延缓作用，控制微生物的效果只能在一定的时间内，保持食品质量的时间不能像冷冻那样长，所以要特别注意储存时间的控制。冷藏的食品既可以是农产品中的蔬果类，也可以是肉、禽，鱼、虾、蛋、奶和熟食品等。

为使冷藏效果达到最佳点，有条件的单位可将食品分别储入分类专用库中，库内温度可调节到标准温度(见表 5－1)。

### (二) 原材料冷藏需注意的事项

● 检查每件原材料质量后，尽快冷藏，减少耽搁时间。

● 新鲜动物原材料需经过初步加工，并用保鲜纸包裹，防止水分耗干及污染。

● 小包装食品不宜随意散放，应用合适的大筐或保鲜箱储存。

● 热食品应完全晾凉后再行冷藏，并要选用线底、大面积的有盖容器盛放，以利于加速冷却，防止食品脱水和污染，避免熟食品吸收冰箱气味。

● 原材料与原材料之间不可堆积过高，堆积过高，要留有空隙，使冷空气自由流动。

● 冷藏设备的底部及靠近冷却管道的地方一般温度最低，这些地方宜存放奶制品、肉类、禽类、水产类食物原材料。

● 容易腐烂的水果蔬菜要每天检查，发现问题时要及时处理。

● 鱼虾类原材料要与其他食品分开放置，防止串味；奶制品要单独存放，不要与有强烈气味的食物存放在一起，并加盖密封，防止污染。

**表 5-1　食品分类专用库库内温度标准**

| 仓库类型 | 原材料种类 | | 适用温度(℃) | 适用湿度(%) | 保存期限(天) | 备　注 |
|---|---|---|---|---|---|---|
| 冷藏库 | 畜肉类 | | 1—2 | 85—90 | 1—3 | |
| | 水产类 | | 1—2 | | 1—2 | |
| | 家禽类 | | 1—2 | | 1—3 | |
| | 乳制品类 | | 1—2 | | 1—3 | |
| | 禽蛋类 | | 1—2 | | 5—7 | |
| | 熟食类 | | 1—2 | | 1—2 | |
| | 一般蔬菜类 | | 3—6 | | 2—4 | |
| | 个别蔬菜 | 花椰菜 | 3—6 | | 2—4 | |
| | | 青菜 | 3—6 | | 1—2 | |
| | | 萝卜 | 3—6 | | 3—6 | |
| | | 茄子 | 4—8 | | 4—7 | |
| | 一般水果类 | | 3—6 | | 4—8 | |
| | 个别水果 | 苹果 | 3—6 | | 8—10 | |
| | | 橙子 | 3—6 | | 8—10 | |
| | | 香蕉 | 6—10 | | 5—8 | |
| | | 西瓜 | 6—10 | | 8—10 | |



● 存取食品时要尽量缩短冰库的开门时间，要减少开启的次数，以免冰库温度升高，影响储存效果。

● 随时和定期地关注冷藏的温度。制定清扫规程，定期打扫。

### （三）冷冻原材料储藏要求

冷冻食品原材料的温度应保持在－12℃以下，使食品完全处于冻结状态。餐饮业常用冷冻设备一般有低温库和低温柜，都可以提供这种条件。在这种温度下大部分微生物的生长繁殖都受到有效的抑制，少部分不耐寒的微生物甚至死亡，因而食品能长时间地储存。

速冻食品一般要保藏在－23℃——18℃的冷冻库内，在真空包装或保鲜膜包装的条件下，速冻食品可保藏的。

各种速冻食品的保质期限如下。

● 牛肉：6 个月

● 小牛肉：6 个月

● 羊肉：6 个月

● 猪肉：4 个月

● 家禽：4 个月

● 鱼类：3 个月

● 虾仁鲜贝(带水)：6 个月

● 速冻水果和蔬菜：3 个月

(四) 原材料冷冻需注意的事项

● 冷冻食品到货后应及时置于－18℃以下的冷库中储藏，储藏时要连同包装箱一起放入，因为这些包装材料通常是防水气的。

● 所有新鲜原材料妥善包裹后再进行存储，特别是肉类原材料，应该用抗挥发的材料包装，以免原料过多地丧失水分，引起变质或变色。

● 严禁原材料堆放在地面上或紧靠墙壁存放，而妨碍冷空气循环，影响储存质量。

● 取用时应实行先储存先提取的原则，做到先进先出，轮流交替存货。所存原材料必须注明入库日期及价格，密切关注，防止原材料储藏过久，造成浪费。

● 减少库门开启的次数，减少冷气的流失和温度的波动，并定期检查库房的温度情况。

● 要除霜时需将食品移入另一冷冻库内，以利于彻底清洗冷冻库，通常应选择库存最少时除霜。

● 冷冻食物一经解冻，特别是肉、鱼、禽类原材料，应尽快烹制。再次冷冻会破坏食物组织结构，影响外观，营养成分及食物香味等。

● 有些冷冻食物，主要是蔬菜，可直接烹烧，不需经过解冻，而且这样反而有利于保持其色泽和外形。

另外，现在酒店还有一种冰藏新鲜水产品的方式，称为冰鲜。所谓冰鲜就是把新鲜没有经过冷冻的海产鱼类，摆放到一个特制的冰床上，在鱼体的表面再覆盖上一层冰碴的方法。表面平坦，即为冰床。冰床要有漏水孔，防止原材料被水浸泡，至少每周要彻底清理一次，并进行消毒处理，使用的冰块要每天添加或更换，以确保原材料的新鲜。

## 三、水产品活养原材料的管理要求

随着广大餐饮消费者对新鲜食品原材料的需求越来越大，水产品运用活养的储存形式已广泛在酒店、餐饮业流行。可以说，水产品的活养是一种新型的原材料储存方法。

(一) 设备与工具要求

水产品的活养需要有大型的玻璃养鱼缸或养鱼池，所有活养的鱼缸内均要安装新水循环系统，温度调节系统与作氧使用的氧气泵。水产品在活养期间，必须保持 24 小时连续不断地供氧与新水循环。其他工具包括漏网、塑料筐、塑料袋、电子秤、温度计、盐度计以及小苏打、海水精等。所有用具、工具必须符合卫生标准，应干净无油腻、无污渍、无锈迹。

(二) 水产品活养环境要求

活养水产品的活养环境主要取决于水的温度与盐度以及水质的清晰度。各类活养的水产品对盐度、温度的要求略有区别。盐度由调兑咸水的加盐量控制，温度由鱼缸的制冷系统控制，常见水产品活养的环境标准如下。

● 海水鱼：水的盐度为21±2°，温度为18±1℃。
● 淡水鱼：水的温度为20±1℃，水质要干净，透明度高。
● 海蟹类：水的盐度为21±2°，温度为14±1℃。
● 贝壳类：水的盐度为20±2°，温度为16±1℃。
● 龙虾：水的盐度为25°—26°，温度为14℃—15℃。
● 金枪鱼：水的盐度为25°—26°，温度为20℃—23℃。
● 美国虹鳟鱼：水的盐度为21±2°，温度为14±1℃。

有些品种还有特殊要求，如龙虾、海参、鲈鱼喜欢水质干净，龙虾缸必须铺放干净的大颗粒砂石等。

活养水产品的水质过于浑浊，会影响其成活率，因此要经常更换新水，以保持水质的清洁。对水质的清晰度有特别要求的品种有龙虾、海参、鲍鱼、淡水鱼等，应根据水质的变化情况，及时更换新水。一般品种则要7—10天更新水一次。循环水池内容安装过滤设备，每周要把过滤网清洗一次，每半月对整个过滤设备彻底清洁一次。

养鱼缸内部要根据具体情况及时进行清洁。一般是随每次换新水同时进行。鱼缸清洁时首先要把鱼缸中的水产品捞出，放养在其他鱼缸中，放净水，再用抹布将鱼缸壁擦拭干净。最好放进与原来等量的浓度为0.3%—0.5%的高锰酸钾溶液，浸泡12小时进行消毒处理。然后排净溶液，用清水冲洗干净，再放入调兑好的咸水，加入大苏打进行养殖。如不加大苏打，则要将自来水净候24小时，等水中残留的氯散发后，才能养殖。



## 四、合理库存量的确定

食品原材料的库存量对于一个餐饮企业或酒店来说是一个非常重要的管理环节，库存量过多，不仅导致流动资金的积压，而且原材料由于储存时间较长，会降低食品原材料的质量，甚至因变质而失去食用价值，从而造成企业巨大的成本浪费。如果食品原材料的库存量过低，又会在经营状况较好时的短期内发生原材料短缺或供应不足的问题。因此，给酒店确定一个合理的库存量，是食品原材料管理中不可忽视的问题。

如何确定一个合理的食品原材料的库存量，是比较复杂的管理环节，这主要是因为餐饮经营的业务量是不可预测的，有时原材料的耗用量大，而有时原材料耗用量相应减少。因此，所谓合理库存量的确定，是一个动态的，是随着企业的经营情况可以随时调整库存量水平。一般来说，确定食品原材料的库存量，应做好两方面的工作。

### （一）食品原材料的库存决策

所谓食品原材料的库存决策是指为保证食品原材料供应，同时又占用尽可能少的资金和场地，而选择的一种最佳的合理库存方案。合理的库存量可以最大限度地减少原材料或资金积压降低食品原材料的储藏费用，同时也可以降低食品原材料的无谓损耗，确保食品原材料的品质，并能提高资金的周转率。

因此方法也较多，适合于餐饮原材料管理的库存决策，应该以简单为主。

由餐饮部办公室人员、厨师长、餐厅经理、采购部人员共同商量，根据原材料的使用量，原材料采购的难易度，进行合理分类（见表 5－2）。

**表 5－2　原材料分类**

| 原材料等级 | 存在因素 | 审批权 | 库存量 |
|---|---|---|---|
| A 级原材料 | 1. 价格高，占用资金大的原材料 | 餐饮部经理或餐饮部办公室决定 | 少量 |
| | 2. 采购困难、采购费用大的原材料 | | 适量 |
| | 3. 使用率不高的原材料 | | 少量 |
| | 4. 较易采购的原材料 | | 少量 |
| | 5. 需要比价比质的原材料 | | 适量 |
| B 级原材料 | 1. 价格适中、占用资金不大的原材料 | 餐厅经理、厨师长 | 适量 |
| | 2. 采购困难、采购费用大的原材料 | | 适量 |
| | 3. 较易采购的原材料 | | 少量 |
| | 4. 使用率一般的原材料 | | 少量 |
| C 级原材料 | 1. 价格低的原材料 | 使用单位、仓库保管员 | 适量 |
| | 2. 货源不能保证的原材料 | | 适量 |
| | 3. 较易采购的原材料 | | 少量 |
| | 4. 使用率较高的原材料 | | 适量 |

### （二）最低库存量

按等级标准再根据具体原材料制定最低库存量，提高进货时间。如 A 级，是需要比价比质的原材料（如虾仁、海蜇类），要各供货商送样品进行使用对比后，再确定进货的供应商和进货量。所以这类原材料的最低库存量要多一点。在能确保库存量使用半月有余时，就要提出采购方案。又如 C 级，是使用率较高、易采购的原材料，相对库存量制定得少点，如醋 30 瓶、番茄酱 20 听、海鲜酱 20 听；又如啤酒 20 箱、红酒 10 箱。同时要制定表格（见表 5－3），必须按要求执行。

**表 5－3　最低库存量表格样张**

| 类　别 | 原材料名称 | 最低库存量（提前量） | 通知进货时间 | 审批时间 | 备　注 |
|---|---|---|---|---|---|
| | 红醋 | 30 瓶 | 当天 | 仓库保管员 | |
| | 番茄酱 | 20 听 | 当天 | 仓库保管员 | |
| | 海鲜酱 | 20 听 | 3 天 | 仓库保管员 | |
| | …… | …… | | | |
| 冷冻水产 | 虾仁 | 150 斤（每天使用量 15 斤） | 10 天 | 办公会决定 | |
| | 鲜贝 | 50 斤（每天使用量 5 斤） | 10 天 | 办公会决定 | |

# 第七节　原材料发放与盘存管理

一个饭店的食品与酒水等原材料使用量是很大的，而仓库原材料进出的流动量又是实际使用量的一倍，虽然直接进入厨房的原材料不进库房，但这些原材料的领用手续还是齐全的，所以仓库管理员不仅要负责进货发货工作，而且还要保证原材料在保管和发货的过程中，不短缺、不变质、无差错，并每月一次或每旬一次要对仓库进行盘点存货，确保物品的准确性。

## 一、原材料的申领

在餐饮企业中，申领原材料是厨房、酒吧向食品原材料库房申请领用所需的原材料的过程。申领原材料是餐饮管理的重要环节，加强食品原材料的申领管理，使食品原材料有计划、有程序地申领，对厨房菜点的生产和餐饮成本控制具有重要的意义。原材料的申领需要填写原材料领料单（见表 5－4）。

**表 5－4　酒店食品原材料领料单**

NO. 001　　年　　月　　日

| 品　名 | 规　格 | 单　位 | 数　量 | | 单　价 | 金　额 | 备　注 |
|---|---|---|---|---|---|---|---|
| | | | 申领数 | 实领数 | | | |
| | | | | | | | |
| | | | | | | | |
| | | | | | | | |
| | | | | | | | |
| | | | | | | | |
| 合计 | 仟　佰　拾　元　角　分　¥ | | | | | | |

保管员：　　　　领用部门负责人：　　　　领用人：

注：此单一式四联



领料单的使用能有效地控制成本，也能较快地计算出某生产部门当日食品原材料成本。领料单使用时应注意以下几点。

第一，填写领料单时，字迹要工整、清楚、不得随意涂改。

第二，各项内容应填写完整，写明领用品名、数量、领用部门、领用岗位、领用时间和领用人。

第三，领料单一式四联，其中一联留存，三联交仓库领料；三联中有两联仓库要在当天交给财务处，另一联交给原材料成本核算员。

第四，审批签字。根据原材料和酒水的使用性质，要预先制定申请范围和审批权限。各岗位、各部门在填写好领料单后，要经专人审批。审批要求：审批人员在审批领料单时，一定要审核内容，特别是数量的控制。要能起到控制的作用。审批领料单时应注意签字笔迹的一致，不能随意变换字体。另外，还要将领料单上原材料最后一项下面的空白划去，防止他人添加后领取其他原材料。

## 二、原材料的发放管理

原材料的发放则是原材料仓库根据原材料申请部门填写的领料单发放的过程。食品原材料库房管理员不仅要做好发放的工作，而且还需对发放的食品原材料进行控制。

### （一）原材料的发放要求

● 任何原材料的发放都必须通过规定的手续进行。发料人要坚持原则，无领料单不发货，如需审批原材料，领料单没有经过签字不发货；领料单上有涂改或不清楚的不发货，腐败变质的原材料不发货。

● 原材料库存的发货人员，必须熟悉本饭店管理者签名笔迹，也可将各部门审批人的签名笔迹张贴在墙上，以便核对。发料人必须在领料单上签字，如有发料差错可迅速查出。

● 发料应做到及时、准确地供给。在大型宴会时为了确保货源，各使用部门应根据需要的原材料提前通知仓库，便于及早发现特殊物品是否缺货断档，以便及时采购。

● 在发放原材料时，如遇到仓库缺货时，应在领料单上这种原材料的旁边注明“缺货”二字，发料人员不得随意涂改领料单。

● 根据领料单内容，做好食品原材料的发放记录和存货记录，使库中的实物与账目一致，使仓库的账目与成本核算员的账目一致。

● 每天直接进厨房的鲜活原材料，库房发料员必须在原材料验收完毕后，现场办理入库和领用手续，申领原材料的一切手续都不能简化。

### （二）鲜活原材料发料程序

餐饮生产的鲜活原材料，如活禽、鲜肉、蔬菜及厨房急用的调料和物资，由采购员购入，经食品验收员验收合格后，直接通知厨房领用，而不再进入仓库，这种领发方式叫“直发”。具体操作程序如下。

第一，根据请购单提供的信息，通知领用部门负责人（厨师长、餐厅经理等），在规定时间内派专人取货。

第二，根据发票和请购单提供的数量，由领料员填写领料单，写明重量，数量等，核对无误后，需领料员在收料报告或发票上签字认可。

第三，所有货物按进价发出，同一商品若有不同进货价，按平均价发出，调出饭店的，应在进价或平均价的基础上加上手续费，管理费用重新作价。

第四，凡直发原材料的价格按进料价格直接记入当日的食品成本。有时一批直接采购原材料当天未用完，但作为原材料的发放和成本的计算按当天厨房的进料额计算。

### （三）库存原材料发料程序

1. 审核单据

库房管理人员应对领料单进行验证、验印、核对。看是否是领料部门开出的正式领料凭证；领料单的印鉴、印章是否齐全；领料单所列编号、品名、规格、单位、数量是否错开、漏开，有无涂改痕迹。发现差错应由领用部门办理更正手续。

2. 凭单发货

保管员要严格按照付货要求办理付货手续。

(1) 发货要求

第一,凭正规领料单发货,认真审核单据。

第二,发出的物品要保证数量准确,质量完好,包装牢固,标记清楚。发货以后,在货卡上注明发货数量(即销卡),以保持存货数量的准确性。

(2) 发货程序

第一,理单。根据领料单所载明的物品货位,将领料单按顺序排列,按此顺序取货、发货。

第二,核对。找到物品后,要以单对卡,以卡对货(单、卡、货三核对)。按单逐项核对。防止遗漏。

第三,销卡。销卡就是在货卡上记载发货日期、领料单号码、发货数量和结存余量。发货时,应先销卡,后发货。

第四,点数。仔细清点应发物品的数量,谨防差错。发货是要坚持:“人不离垛,件件过目”。并且随时发货随时销卡。

第五,签单。按单发货后,要逐笔在出库凭证上签章和批注结存数,前者用以明确责任,后者供记账员登账时核对用。



## 三、原材料的调拨管理

有时由于各厨房的生产经营需要,不免发生原材料酒水的相互调拨。为准确核算各部门的食品原材料成本,应使用“食品原料内部调拨单”,记录各分厨房或生产班组之间原材料调拨的时间、品名、数量、单价、金额等内容。调拨单为一式四份,调入和调出部门、财务部门、仓库各一份,以便各部门正确统计实际原材料消耗,确保各餐厅,厨房成本核算的真实性和准确性。食品原料内部调拨单见表5-5。

**表5-5 某某饭店食品原料内部调拨单**

NO. 0001 调出部门　　　　　　　　　　年　　月　　日

| 品 名 | 规 格 | 单 位 | 数 量 | | 单 价 | 金 额 | 备 注 |
|---|---|---|---|---|---|---|---|
| | | | 申拨数量 | 实发数量 | | | |
| | | | | | | | |
| | | | | | | | |
| | | | | | | | |
| | | | | | | | |
| | | | | | | | |
| | | | | | | | |
| 合 计 | 仟　佰　拾　元　角　分 | | | | | ¥: | |
| 调出部门审批 | | | 调入部门审批 | | | | |

调入经手人:

餐饮部门与其他部门之间的调拨，也可用此单。但最好在颜色上或大小规格上有所区别。

## 四、原材料的盘存管理

每月一次或每旬一次要求对仓库进行盘点存货。这是仓库保管员工作的一项重要内容，也是厨房食品原材料管理中的一项重要工作。它有利于保证账、货、卡相符，纠正入库验收和发放中发生的差错，有利于保管员熟悉库存物品，及时发现储存中原材料的质量变化、短缺和丢失等问题，调整养护措施，有助于核查库存额和食品原材料消耗，进行成本核算。因此，饭店必须重视库存盘点工作。

### （一）原材料库存的盘点方式

库存盘点按目的和要求不同，可分为日常盘点、定期盘点和临时盘点三种方式。

1. 日常盘点

日常盘点是一种经常性随时盘点，是保证库存原材料账货相符的基本方法。日常盘点主要是原材料验收入库和发放申领后，核对账、卡、货的库存量；保管员在进行养护时对原材料堆放整理与倒垛过程中，核对卡货的库存量；保管员在仓库巡回检查中，对发现的异常情况所进行的核查等。

2. 定期盘点

定期盘点是每月对库存原材料的全面盘点工作。盘点前应明确要求，做好充分准备工作。盘点时至少应有两人共同作业，为防止遗漏，要按分区分类货位编号对每件原材料进行清点，以货对卡，以卡对账，使货、卡、账相符；对不相符的，逐批做好记录。

对以小包装计数的原材料，应逐个清点。对有定量包装的原材料，没有开封包装的，可只清点件数计量；对已开封包装的，应进行计量后记录核对。

月末盘点不仅是实际库存量的盘点，还应计算出月末实际库存额，为编制餐饮成本月报和营业分析表提供依据。由于报告期内某些食品原材料价格发生变化，可采取实际进货计价法、平均数计价法、加权平均数计价法等。库存原材料盘点完后，由仓库记账务员及时填送仓库库存汇总表（见表 5－6），并以实际库存额为准，与账卡库存额进行

**表 5－6　餐饮部仓库月 月末(旬)库存汇总表**

______年______月

| 品　名 | 单　位 | 上期库存量 | 本期库存量 | 本期发料量 | 本期结存 | | | 备注 |
|---|---|---|---|---|---|---|---|---|
| | | | | | 数　量 | 单　价 | 金　额 | |
| | | | | | | | | |
| | | | | | | | | |
| | | | | | | | | |
| | | | | | | | | |
| | | | | | | | | |

制表：　　　　　　　　仓库：　　　　　　　　成本核算员：

对照，其差额在规定的1%范围内，则按规定办法处理；若差额超出规定的1%范围，则应分析原因，报告经理处理。

3. 临时盘存

因保管员工作调动，进行工作交接而盘点；仓库收发业务发生差错或责任事故而盘点；财务部与餐饮部为检查工作或其他因素而临时性盘点。临时盘点根据需要可对部分原材料进行盘点或全面盘点，其盘点作业如同定期盘点。

### （二）库外存货盘点

每天厨房各加工间的厨房冷库（冰箱）内部或多或少存留着原材料、半成品和成品，餐厅和酒吧存留着未销售完的酒水和食品，这些未及时消耗的存留，称之为库外存货。库外存货是未耗用成本，月末应盘点统计，以利于毛利率的准确性。

对吧台的整瓶、整罐存货应要求酒水员另做账本，每日销账，保证账物务统一。但对零散酒水和厨房的库外存货，则难以准确计量，通常是每旬或每月进行一次全面盘点。

### （三）活养、冰鲜原材料盘点

无论活养还是冰鲜的原材料，如果销售时是按整只出货的，盘点则必须按实有剩余只数清点，按不同的种类分别进行登记列表，经盘点养殖员签字后报仓库保管员备查。如果销售时是按称重的方式出货的原料，盘点时则必须将剩余的原材料逐一进行称重，并将所称得的数量进行登记。活养、冰鲜原材料根据饭店的不同，有些饭店把它归于库存原材料，有些饭店把它归属于库外存货。因活养、冰鲜原材料存在死亡变质的因素，故大多数饭店不计入库存。但养殖员必须每天将盘点表报行政总厨和成本核算员备查。

## 小结

本章讲述了食品原材料采购的意义、程序和方法，详细介绍了食品原材料验收管理储存，确保其质量的各种方法。

## 复习思考题

1. 简述食品原材料采购的意义。
2. 食品原材料采购管理的工作内容是什么？
3. 食品原材料采购合同的主要内容有哪些？
4. 食品原材料库房有哪几种？其库房管理特点和任务是什么？

## 案例分析

### 沃尔玛公司采购战略

几十年来，沃尔玛一直恪守薄利多销的经营战略。沃尔玛之所以能够做到天天低价是因为它比竞争对手成本低，商品周转快。沃尔玛绕开中间商，直接从工厂进货。监视沃尔玛整个产业链，其物流配送堪称世界上最先进的一张零售大网，它的海量数据使它使用一颗卫星来中转，实现了全球联网，全球 4 000 多家门店通过全球网络可在 1 小时之内对每件商品的库存、上架、销售量全部盘点一遍，并通知货车司机更新路况信息，调整车辆进货的最佳线路。

沃尔玛领先于竞争对手，先对零售信息系统进行非常积极的投资，最早使用计算机跟踪存货(1969 年)，全面 S. K. U. 单品级库存控制(1974 年)，最早使用条形码(1980 年)，最早使用 CM 品类管理软件(1984 年)，最早使用无线扫描枪(1988 年)。在信息技术的支撑下，沃尔玛能够以最低的成本、最优质的服务、最快速的管理反应进行全球运作，使得沃尔玛可显著降低成本，大幅提高资本生存率和劳动生存率。

**思考题**

举例说明食品原材料的采购战略。

# 第六章 厨政管理

学习目标

- 了解厨房管理的内容
- 理解厨房布局设计及设备选择的方法原则
- 知晓厨房设备的使用管理方法
- 懂得厨房各部门的生产管理方法
- 熟知厨房的安全卫生管理方法

关键概念

厨房管理　厨房布局　设备管理　人员管理　食品安全

## 第一节 厨房设计

### 一、厨房功能与规模设计

#### （一）厨房功能的确定

厨房是餐饮产品的生产场所，是实现餐饮功能的核心区域，一个设计合理的厨房，不但可以让厨师与相关部门人员密切配合，井然有序，而且为制作美味佳肴提供了方便舒适的环境。反之，一个粗制滥造的设计，可能由于功能不合理、不全面，设备、器具安排不合理，导致厨师使用时不顺手，无法发挥其烹饪技术，不能生产出需要的产品，或者影响出品质量，长期如此必然影响餐馆或酒店的经营声誉。因此，我们在进行厨房设计时，在符合消防安全、卫生管理等相关法律法规的基础上，要充分了解企业的产品定位和既定菜式，功能布局设计均要以此为中心。

餐饮企业厨房分为中餐厨房、西餐厨房两大类。在我国，以中餐厨房占绝对多数，少量的西餐馆和一些高星级酒店才设有西餐厨房，而且规模相对较小。中餐厨房根据生产产品种类不同，又分为中式正餐厨房、休闲餐饮厨房、特色餐饮厨房；根据经营菜系不同，又分为粤菜厨房、淮扬菜厨房、川菜厨房、北方菜厨房、多菜系综合厨房等。不同厨房需要的功能间、面积大小、选用设备等都是不一样的。中餐厨房和西餐厨房的设备不同这是人所共知的，而不同菜系的中餐厨房的区别往往会在设计时被忽略。同样是中式正餐，粤菜需要烧腊间、鲍翅间及其设备，炉灶要选用大口径旺火广式炒灶；淮扬菜厨房则需要带辅助火眼的烧炒灶，才能发挥淮扬菜擅长炸、熘、爆、炒、烧、煮、焖、煨多种烹调技法的特长。只有第一步先确定了经营方向、菜品品种，确定了需要设置的功能间之后才能进行下一步规划。

我国《餐饮服务许可审查规范》规定：厨房应设置与食品供应方式和品种相适应的粗加工、切配、烹饪、面点制作、餐用具清洗消毒、备餐等加工操作场所。一个功能齐全的厨房，根据其产品和工作流程，一般可以分成三个区域，即：原材料接收、储藏及加工区域；烹调作业区域；备餐、洗涤区域。这三个区域是不同规模餐饮生产所必需的。布局时应形成相对独立而功能清楚的格局，保证厨房有一个通畅的生产流程。第一区域的布局应靠近原料入口，备有干货库、冷藏库、相应的办公室和适当规模的加工间。加工间布局在这个区域是比较方便的，可以根据加工的范围和程度，确定其面积大小。第二区域的布局应包括冷菜间、点心间、配菜间、炉灶间以及相应的冷藏室和小型周转库。这个区域是形成产品风味、质量的集中生产区域，因此，不妨设置可透视监控厨房的管理者办公室。冷菜间、点心间、办公室应单独隔开，配菜间与炉灶间可以不作分隔。第三区域的布局应包括备餐间、餐具洗涤间和适当的餐具储藏间。小型厨房可以用工作台等作简单分隔。大型餐饮企业因为就餐区域较大，在不同的楼层，可能设置多个厨房，但不一定每个厨房都需要三个功能齐全的区域，只要有一个以上厨房功能齐备，作为主厨房，其他厨房可以从主厨房领用经过处理的原材料。现今很多的大型餐饮企业将原材料粗加工这个环节从厨房中独立出来，专门建立一个粗加工的厨房，所有其他厨房都从这个粗加工厨房领用原材料，这个厨房也被称为中心厨房或加工厨房。

### （二）厨房面积的确定

国家食品药品监督管理局制定的《餐饮服务食品安全操作规范》（见表 6－1）要求：不同类型的餐饮企业，厨房面积与就餐区面积之比在 1∶2—1∶3，加工经营场所总面积小于 150 $m^2$，厨房面积与就餐区面积之比应大于 1∶2，加工经营场所总面积大于 3 000 $m^2$，厨房面积与就餐区面积之比可以下降到 1∶3，如果大量使用半成品原材料的，厨房面积还可适当减小；另外，餐饮企业也常以供餐人数确定厨房面积。

**表 6－1 《餐饮服务食品安全操作规范》推荐的各类餐饮服务场所布局要求**

| | 加工经营场所面积（$m^2$） | 食品处理区与就餐场所面积之比 | 切配烹饪场所累计面积 | 凉菜间累计面积 | 食品处理区为独立隔间的场所 |
|---|---|---|---|---|---|
| 餐 馆 | ≤150 | ≥1∶2.0 | ≥食品处理区面积 50%且≥8 $m^2$ | ≥5 $m^2$ | 加工烹饪、餐用具清洗消毒 |
| | 150—500（不含 150，含 500） | ≥1∶2.2 | ≥食品处理区面积 50% | ≥食品处理区面积 10% | 加工、烹饪、餐用具清洗消毒 |
| | 500—3 000（不含 500，含 3 000） | ≥1∶2.5 | ≥食品处理区面积 50% | ≥食品处理区面积 10% | 粗加工、切配、烹饪、餐用具清洗消毒、清洁工具存放 |

（续表）

<table>
<tr><th></th><th>加工经营场所面积(m²)</th><th>食品处理区与就餐场所面积之比</th><th>切配烹饪场所累计面积</th><th>凉菜间累计面积</th><th>食品处理区为独立隔间的场所</th></tr>
<tr><td>餐 馆</td><td>>3 000</td><td>≥1∶3.0</td><td>≥食品处理区面积50%</td><td>≥食品处理区面积10%</td><td>粗加工、切配、烹饪、餐用具清洗消毒、餐用具保洁、清洁工具存放</td></tr>
<tr><td rowspan="2">快餐店<br>小吃店<br>饮品店</td><td>≤50</td><td>≥1∶2.5</td><td>≥8 m²</td><td>≥5 m²</td><td rowspan="2">加工、(快餐店)备餐(或符合本规范第七条第二项第五目规定)</td></tr>
<tr><td>>50</td><td>≥1∶3.0</td><td>≥10 m²</td><td>≥5 m²</td></tr>
<tr><td>食 堂</td><td colspan="3">供餐人数100人以下食品处理区面积不小于30 m²,100人以上每增加1人增加0.3 m²,1 000人以上超过部分每增加1人增加0.2 m²。切配烹饪场所占食品处理区面积50%以上</td><td>≥5 m²</td><td>备餐(或符合本规范第七条第二项第五目规定)、其他参照餐馆相应要求设置</td></tr>
</table>

注：(1) 上表中所示面积为实际使用面积或相对使用面积。

(2) 全部使用半成品加工的餐饮业经营者以及单纯经营火锅、烧烤的餐饮业经营者，食品处理区与就餐场所面积之比在上表基础上可适当减少。

(3) 表中“加工”指对食品原材料进行粗加工、切配。

(4) 各类专间要求必须设置为独立隔间，未在表中“食品处理区为独立隔间的场所”栏列出。



许多因素会影响厨房的面积需要量。餐饮经营的类型和特点、餐饮规模、食品生产和加工的复杂程度、生产的方法和使用设备的不同、建筑结构的不同都会影响厨房面积的需要。实际情况下，大多餐饮企业的厨房面积比例都低于国家最新的相关标准。在房屋面积允许的情况下应适当增大厨房面积，对经营是有利的，同时还可以为企业发展留有余地。但现在规模较大的餐饮企业，特别是连锁经营企业，会对原材料进行集中加工，经营者可以根据情况作适当的调整，这样，每个单店的厨房面积可以缩小，很多专家认为这是企业发展的趋势。

## 二、厨房布局设计

### （一）厨房总体布局

厨房布局就是规划厨房与餐厅的相对位置、厨房各功能间的具体位置，同时把根据生产需要所选定的各种设备合理地组合成功能各异的操作点，并分布在厨房内的过程。厨房的实际布局过程很复杂，受许多因素的制约和影响，因此，在对具体厨房进行布局时，必须由生产者、管理者、设备专家、设计师共同参与研究决定，并反复调整到尽可能合理。在进行布局设计时，一般是从整体到局部，依次规划其布局。首先是进行厨房总体布局，厨房总体布局主要考虑以下三个方面因素。第一是厨房与餐厅的距离。厨房与餐厅的距离要尽量短，以便能在最快的时间内将菜品传送至餐厅。厨房可以设置在餐饮中心，也可以围绕餐厅周围，或者厨房的长边与餐厅相邻。第二是厨房的物流量。

要保证厨房的物流量尽可能小，所谓物流量是指货物的重量与运输距离的乘积。第三是保证厨房的布局符合餐饮业卫生规范。厨房的原料处理区、加工区、冷菜及成品区要独立分隔，按顺序排布。通常中小型饭店的厨房是一个具有多种功能的综合性大厨房，而大型饭店的厨房是由若干个不同功能的分点厨房组成的。一般大型酒店厨房整体的设计是以一个原材料处理和初步加工的中心厨房和多个热菜制作、面点制作、冷菜制作等功能不同的厨房组成一个有机的整体，协同完成全部生产加工。而中小型餐饮企业则是通过一个功能齐全的生产性厨房完成冷菜、热菜、面点等不同产品的生产。

### （二）厨房设备布局类型

厨房布局应依据厨房结构、面积、高度以及设备的具体情况来进行。尽管有些类型在实际厨房布局中被广泛地采用，但作为新设计的厨房，也很难就认准哪种类型依样照搬，只能用作参考。因为在作具体厨房布局时变化因素太多。下面介绍几种常用的厨房作业区布局方法。

1. 直线型布局

直线型布局适用于高度分工合作、场地面积较大、相对集中的大型餐馆和饭店的厨房，在这种布局中，所有炉灶、炸锅、蒸炉、烤箱等加热设备均作直线布局，通常是依墙排列，置于一个长方形的通风排气罩下，集中供应制作，集中吸排油烟。每位厨师按分工专门负责某一类菜肴的加工烹制，所需设备工具均分布在左右和附近，因而能减少取用工具的行走距离。与之相应，厨房的切配、拣菜、出菜台也直线排放，整个厨房整洁清爽，流程合理、畅达。但这种布局相对餐厅出菜，可能走的距离较远。因此，这种厨房布局一般均服务于两头餐厅区域，两边分别出菜，以缩短餐厅跑菜距离，保证出菜速度。

2. 相背型布局

相背型布局是把所有主要烹调设备背靠背地组合在厨房内，置于同一通风排气罩之下、厨师相对而站，进行操作。工作台安装在厨师背后，其他公用设备可分布在附近地方。相背型布局适用于方块型厨房，厨房分工可能不很明细。这种布局由于设备比较集中、只使用一个通风排气罩，比较经济；但另一方面却存在着厨师操作时必须多次转身取工具、原料，以及必须多走路才能使用其他设备的缺点。

3. L型布局

L型布局通常将设备沿墙壁设置成一个转角。当厨房面积、形状不便于设备作相背型或直线型布局时，往往采取此类型布局，通常是把煤气灶、烤炉、扒炉、烤板、炸锅、炒锅等常用设备组合在一边，把另一些较大的如蒸锅、汤锅等设备组合在另一边，两边相连成一转角，集中加热抽烟。这样厨师也能便利地使用每一组设备，加热和切配加工之处也有了相应的集中和分工。这种布局方式在一般酒楼或包饼房、面点生产间等厨房得到广泛应用。

4. U型布局

厨房设备较多而所需生产人员不多、出品较集中的厨房部门，可按U形布局，如点心间、冷菜间。将工作台、冰柜以及加热设备沿四周摆放，留一出口供人员、原材料进出，出品亦可开窗从窗口接递。这样的布局，人在中间操作，取料操作方便，节省跑路距离；设备靠墙排放，既平稳，又可充分利用墙壁和空间，显得更加经济和整洁。

## 三、厨房的环境设计

厨房的环境设计，主要是指照明、噪声、温度、通风及排污等工作环境，良好的环境设计可以提高厨房的工作效率，为厨房的环境卫生和厨师的身体健康提供保障。

（一）厨房照明

厨房光线不足，容易使员工产生疲劳感；足够的光亮，不会使员工产生眼睛疲劳，不仅增加了操作的安全系数还可以有效提高工作效率。照明应考虑光的方向、颜色、覆盖面和强度。另外，光的稳定性要好，要有保护罩，保证作业区能看清楚食品，同时颜色不失真，无阴影。而且还要与餐厅照射菜点的灯光保持一致，才能使厨师调制时追求的菜点色泽与客人感受到的色泽保持一样。同时还要注意光的反射，有些厨房由于照明位置设置不当，造成一定的反射光，特别是不锈钢台面、柜侧面板以及一些镀锌设备，强烈的反射光易导致眼睛疲劳，还可能导致头晕。但也有些反射光能给厨房带来明亮之感，如白色的天花板和白色的墙壁的反射光以及地面的反射光等。灯光的颜色要自然，厨房生产需要较柔和的自然光，所以厨房通常都是选用白色荧光灯照明。白色荧光不失真，光源较稳定，产生阴影较少。



厨房在布局照明时，最好采用两根荧光灯管为一组，可有效地防止炫光。厨房内的照明灯，都必须安装保护罩，一可以防止油烟灰尘吸附在灯管上；二可以避免因灯管爆裂而出现不安全事故；三便于厨房的清洁卫生。将灯管安装在吊顶上，灯管下用透明塑料板隔挡，既平整、光滑，又美观。照明度的强弱与厨房吊顶的材料、地面砖的颜色以及墙画所贴瓷砖的颜色均有关系。

（二）厨房噪声

厨房里噪声主要来自各种设备发出的声音。特别是在经营高峰期，所有炉灶设备和排风系统全部开启，加上工具设备撞击声，人员相互沟通叫喊的声音，此时的噪声往往很大。强烈的噪声不仅破坏人的身心健康，还容易使人性情暴躁，工作不踏实，从而影响产品质量。因此，对噪声的处理也是一件很重要的工作。解决厨房噪声的方法如下。

（1）选用先进的厨房设备，减少噪声。特别要减小炉灶鼓风机和抽油烟机产生的噪声。

（2）厨房吊顶和隔断可以有效降低噪音。厨房吊顶的高度要在 3.2 m 以上，最好选用石棉纤维板吊顶，既吸音，又防火。还要以用隔音屏对厨房空间进行分隔，可以有效地封闭和吸收噪音。

（3）维护保养设备减小噪音。陈旧和不经常维护的设备会产生巨大的噪音，要对炉灶风机、餐车、运货车，冷藏设备定期进行维护。

（4）减少人为噪音。工作期间锅、灶、勺的撞击声，呼叫、对讲等设备产生的声音虽然不可避免，但加以注意，完全可以减小。

（三）厨房的温度和湿度

1. 温度

由于受生产工艺的影响，绝大多数饭店、餐馆的厨房内温度太高。在闷热的环境中工作，不仅员工的工作情绪受到影响，而且员工经常需要休息，工作效率也会变得低下。饭店一般在厨房安装中央空调系统，可以有效地降低厨房环境温度。在没有安装空调系统的厨房，也有许多方法可以适当降低厨房内温度。例如：在加热设备的上方安装排风扇或抽油烟机；对蒸汽管道和热水管道进行隔热处理；散热设备安放在通风较好的地方，及时关闭加热设备；尽量避免在同一时间、同一空间内集中使用加热设备；通风降温（运用送风系统或排风系统降温）；厨房内较适宜的温度应控制在冬季 22℃—24℃，夏季 24℃—28℃。

2. 湿度

湿度是指空气中含水量的多少；相对湿度是指空气中的含水量和在特定温度下饱和水汽中含水量之比。在正常潮湿的环境中，温度越高，相对湿度会越高，当环境温度超过 30℃时，相对湿度会超过 70%。湿度过高，易造成人体不适。人体较适宜的湿度为 50%—70%。厨房中的湿度过大或过小都是不利的。湿度过大，人易感到胸闷，有些食品原料易腐败变质；反之，湿度过小，厨房内的食品原料（特别是新鲜的绿叶蔬菜）易失水、变色。通常情况下，由于厨房内经常冲洗工作台面和地面，用水较多，温度也比较高，容易引起湿度过高。一般控制的方法是通风降温、地面、台面尽量用干燥的抹布清洁，部分干制品仓库可以加装除湿机。

（四）厨房的通风

厨房在工作期间会产生大量的水蒸气和油烟，产生大量的热量，如果通风不好，厨房环境就会闷热、潮湿、烟雾缭绕，不堪忍受。厨房通风的方法可以分为送风和排风两大类，传统的厨房大多采用排风系统，好的排风系统可以排除大部分油烟，但不足以保证厨房空气良好，随着技术的发展和厨房工作条件要求的提高，在实际工作中，可以采用送风系统和排风系统相结合的方法。

1. 排风系统

厨房的排风是指利用排风设备将厨房内受到污染的空气排出，使厨房内充满新鲜、无污染的空气。厨房的排风形式有两种：一是局部排风。即只在厨房的主要加热设备上方安置排风设备以及在厨房的墙体上安置排风扇等，以达到局部排风的目的。这是一种较为简单的排风方式，也是运用得较早的一种排风方式。如果厨房面积较小，只在厨房主要的加热设备（炒灶、蒸灶、蒸箱、炖灶、油炸炉、烤炉等）上方安装排油烟罩是可行的；油烟罩的排气量应以所有厨房设备使用时的发热量为依据计算；如果厨房较大，就不能保证所有区域的空气质量。排油烟罩以运水烟罩较为先进和方便，它具有自动控制、有效过滤油烟、降温、安全防火等功能，适合用于油烟较大的炒灶上方。滤网式烟罩结构简单，也较经济，其缺点是油污容易吸附在过滤网及其管壁上，给清洁带来很大的麻烦。因此，该排烟罩适合用于蒸灶和烤炉等上方。不同烟罩的投资和性能有较大的差别，应注意区别选配。二是全面排风。即在排烟罩之外，与空调系统、新风系统结合，设罩专门的排风系统，对厨房各个区域全面排风，全面排风的排风量一般应满足为厨房换气 3—5 次/小时。在安装全面排风系统的同时，必须还要在炉灶上方安装专用的排油烟装置，以快速排去加热所产生的浑浊、湿热空气。

2. 送风系统

大型餐馆企业，要保证厨房较好的空气环境，一般要设置送风系统，送风系统通常与全面排风配合设置，特别是有些酒店将厨房设在地下的，厨房与外界不直接相通，必

须安装送风系统。送风系统分为全面送风和局部送风两部分，全面送风是将室外新风使用风机送至厨房各个区域；局部送风一般是配合中央空调系统，将经过温度调节的空气送至厨师工作的部分区域，又叫岗位送风。局部送风一般与全面送风配合使用，是对全面送风的补充，由于厨房发热量较高，换气频繁，如果全部采用外界新风经中央空调处理送风，必定使空调负荷过高，效果不好。一般用全面送风系统送全部排风量的65%左右新风，再在厨师工作的区域用空调进行局部补充送风，就能保证厨师具有舒适的工作环境。

厨房通风，不仅是保障厨房工作人员身体健康的需要，同时也是环境保护的需要，还是保证菜品质量的需要。尤其在夏季，良好的通风系统可减轻厨房高温，方便厨师判断菜肴气味。厨房通风与建筑物的结构、厨房的布局和设备的种类等诸多因素有着密切的关系，也是个比较复杂的问题，尤其是大型厨房，还应借助专业的厨房设计工程公司来科学的设计与施工。

（五）厨房排水

厨房排水是厨房建设最重要也是最头疼的问题之一，厨房排水不好不仅会造成厨房卫生环境差，也会污染周边公共卫生环境。要解决这个问题关键在于厨房设计时就要全面、科学、合理地进行规划。这个问题在厨房设计阶段往往得不到高度重视，待厨房建成后装修时就成了难题。

厨房的排水沟应在厨房地面浇灌水泥之前，将排水沟位置留出，而不应将地面砖铺设结束后再考虑排水问题。厨房排水可采用明沟或暗沟两种方式。明沟是目前大多厨房普遍采用的一种方式，特别是厨房的初加工间适宜用明沟。明沟的优点是便于排水、便于冲洗、防堵塞；缺点是排水沟里可能有异味散发在厨房内，有些厨房的明沟还是虫、蝇、鼠害的藏身之地，明沟处理不好，还会导致厨房地面不平整，造成摆放厨房设备的困难。暗沟的优点是地面光滑平整，不影响地面物品的摆放布置，不会散发异味；缺点是，如果管理不善，容易造成堵塞，而且堵塞后不易疏通。厨房的冷菜间、备餐间等清洁区域适宜用暗沟。

厨房明沟应尽量采用不锈钢板铺设而成，明沟的底部与两侧均采用弧形处理，水沟的深度在15—20 cm，明沟宽度在30—38 cm，要有1%以上的排水坡度。明沟的盖板可以采用防锈铸铁板，亦可采用不锈钢板，呈细格栅或网眼形。盖板要与厨房地面高低一致，紧密连接，保持地面平整光滑。排水沟出水端应安装网眼小于1 cm的金属网，防止鼠虫和小动物的侵入，这是防治厨房鼠害、虫害的根本措施之一。

暗沟是厨房排水的另外一种方式。暗沟多以地漏与厨房地面相连，厨房地漏直径应不小于150 mm，径流面积不宜大于25 $m^2$、径流距离不宜大于10 m。为了防止厨房暗沟堵塞，可以在暗沟的某些部位安装高压热水龙头，每天开启1—2次水龙头，就能将暗沟中的污物冲洗干净，这是很可取的。

另外还有一些值得注意的问题。厨房排水系统既要能满足生产中最大排水量的需要，还要将明沟和地漏设置在适当的位置才能保证排水及时、畅通。一般厨房用水布位应相对集中，在用水区与不用水区域之间，紧邻用水的地方设置明沟或地漏，可以保证排水及水，可持不用水的区域干燥；其次，厨房污水中往往混杂油污，必须经过处理才能排入公共下水道，处理的主要方法，就是厨房排水通往公共下水道之前设置隔油池，经过隔油池的过滤，可以将厨房污水中大部分油脂在排入公共下水道之前清理出来，从而保证周边环境卫生。当然，隔油池要定期进行处理才能达到预期的效果，保证排水管道的畅通。

# 第二节 厨房设备选择与管理

厨房设备，是指为满足生产需要，为厨房配置的烹饪设备、工具及其他相关设备的统称。厨房设备通常包括烹饪加热设备、加工处理设备、消毒和清洗设备、储存设备及其他配套设备。合理配置厨房设备可以有效提高厨房工作效率、降低生产成本和设备成本、为安全生产提供保障。配置厨房设备前首先要熟悉各种设备的规格性能，然后根据所在厨房的生产要求配置相应设备。

## 一、厨房设备的选择

### （一）常用厨房设备的种类规格

1. 中餐炒炉

中餐炒炉是一般中餐厨房的必备设备，通常分为中式和港式，其主要区别是：港式炒炉口径较大，为斜口；中式口径较小，为平口。双头炒灶的长宽一般为 240 mm×120 mm左右，根据所用燃料不同分为燃气、燃油和电磁炉三种，其中燃气灶目前使用最多。

图 6-1 中餐炒炉

图 6-2 煲仔炉

2. 煲仔炉

煲仔炉的形式很多，根据燃料不同可为分为燃气煲仔炉和电热煲仔炉；根据放置方式分为台式煲仔炉和立式煲仔炉；根据灶头数量分为：单头煲仔炉、双头煲仔炉、四头煲仔炉（见图 6-2）、六头煲仔炉、八头煲仔炉等。因此，其大小、形式不一，酒店可根据其需要灵活选择。需要注意的是，电磁煲仔炉不能用于加热砂锅。

3. 矮身炉

矮身炉因其形状较矮而得名，主要用作制汤的炉灶，方便放置汤桶，常见的有燃油、燃气和电磁三种，目前在用的以燃气居多，电磁炉正成为许多用户的选择目标。单头矮

身炉(见图 6-3)大小在 600 mm×650 mm 左右,双头矮身炉大小在 1 100 mm×650 mm 左右;电磁矮身炉单灶头功率有 5 kW、10 kW、15 kW 等不同规格。

图 6-3 矮身炉

图 6-4 烤鸭炉

4. 烤鸭炉

烤鸭炉又称啤酒烤鸭炉、旋转烤鸭炉,是根据市场需求设计制造的新型节能型烤禽、烤肉设备。根据燃料不同分为用电、用气和木炭烤鸭炉三类,从外形上看有圆桶形(见图 6-4)和柜式两类。圆桶形的大多为燃气、用炭手动控温型的,柜式的以用电、自动控制的居多。圆桶形的内径一般为 800 mm 左右,柜式的一般为 1 100 mm×650 mm×1 100 mm 左右,每次可烤鸭 15—20 只。



5. 中式蒸灶

传统中式烹饪蒸制菜肴、面点或进行原料初步熟处理一般使用蒸灶(见图 6-5)。蒸灶与炒灶的区别是蒸灶一般配口径较大的汤锅,传统蒸灶既可以配合蒸笼使用蒸制原材料,也可以用作制汤的汤锅,其灶台外形尺寸与炒灶相似,过去一般以柴油、煤气为燃料,现在市场上也有很多品牌的电磁蒸灶。

图 6-5 中式蒸灶

图 6-6 蒸柜

6. 蒸柜

蒸柜(见图 6-6)是用于蒸制菜肴、面点以及原材料初步熟处理的设备,为方形柜状,它由蒸汽蒸笼发展而来,有双层、三层、多层的,多层蒸柜容量较大,一次可蒸数千馒头，最早是广式厨房使用。蒸柜根据加热方式不同分为汽蒸和水蒸两类。汽蒸不能在蒸柜边烧火，只要导入蒸汽就可以了；火蒸则需要加热蒸柜下部的水来获得蒸汽。

7. 扒炉

扒炉(见图 6－7)又称铁板烧，即将铁板加热，用于煎制各种食物、肉制品等，是西餐的专用设备。根据加热方式不同有煤气加热和电加热两类；根据其作用和用途分为平板扒炉、凹坑扒炉和半平半坑扒炉；根据安放方式可分为台式扒炉和立式扒炉，台式扒炉外形较小，约 600 mm×500 mm×250 mm，立式扒炉与普通炉灶高度一致，下方为储物柜或火局炉，扒炉的功率为 3 kW—5 kW。

图 6－7 扒炉

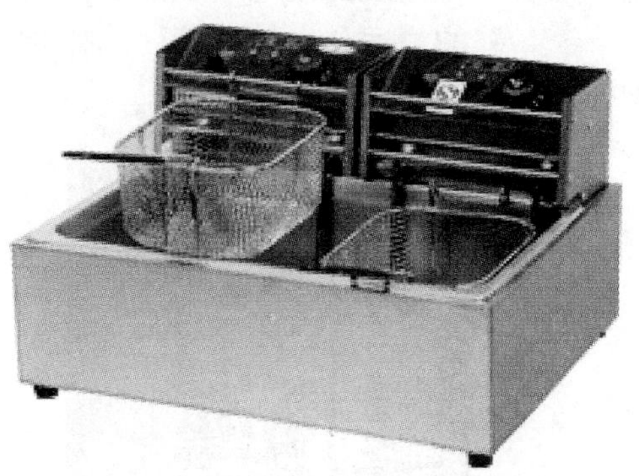

图 6－8 炸炉



8. 炸炉

炸炉(见图 6－8)原是西餐厨房专门用于油炸食品的设备，分为电炸炉和燃气炸炉两类，因电炸炉一般为自动控温，因此目前普遍被使用。炸炉根据形状可分为：立式电炸炉、台式电炸炉；根据功能和生产能力可分为：单缸炸炉、双炸炉、三缸炸炉，还有水没混合型炸炉。因炸炉需要用油量较大，每次用油量从几千克到几十千克不等，因此企业要根据生产量的需要选择型号。

9. 烧烤炉

烧烤炉(见图 6－9)是一种烧烤设备，从西餐设备发展而来，中餐厨房多用来做羊肉串、烤肉等。烧烤炉分为碳烤炉、气烤炉和电烤炉，其中气烤炉和电烤炉以无油烟、对产品无污染而备受欢迎。

图 6－9 烧烤炉

图 6－10 烤箱

10. 烤箱

烤箱(见图 6-10)西餐设备发展而来,多用于烤制面包、蛋糕和各种饼类食品,也可用于烤制鱼、肉类菜肴。烤箱有燃气烤箱和电烤箱两大类,有单层、多层、台式、立式等多种形式,电烤箱因自动控制功能被广泛使用。根据生产能力不同,大小和功率相差很大,小功率的 3 kW—4 kW,大功率的几十千瓦,需要根据实际情况选用。

11. 面包醒发箱

面包醒发箱(见图 6-11)是根据面包发酵要求的温度和湿度环境设计而成,它是利用电热管通过温度控制电路加热箱内水盘的水,使之产生相对湿度为 80%—85%、温度 35℃—40℃的最适合发酵环境。选择时首先根据生产需要,选择容量大小,其次看其自动控制温度、湿度是否准确。

图 6-11　面包醒发箱

图 6-12　工作台



12. 工作台

工作台(见图 6-12)为厨房必备的设备,主要用于点心制作和菜肴制作中的食材切配等。根据材质主要有木质和不锈钢两大类,不锈钢工作台因清洁卫生、美观实用被广泛使用,只有面点等部分特殊工艺要求会选用木质工作台。常用工作台的规格一般为 2 200 mm×800 mm×800 mm,也可以根据需要定制。不锈钢工作台造型很多,大体分为连柜式和简洁式的两大类,部分连柜式工作台还有冷藏功能。

13. 冰箱

冰箱(见图 6-13)是酒店必备的制冷保鲜的设备之一,大型冰箱常用于 0℃—5℃的保鲜,一般为立式柜形。因存取食品方便,受厨师喜爱,很多厨房也用作冷冻贮藏的设备,但保藏性能稍差,能耗大。冰箱根据大小形状又分为单门、双门和多门的,根据酒店厨房的贮藏量需要购置容量适当的冰箱。

14. 冰柜

冰柜(见图 6-14)也是酒店必备的冷冻保藏的设备,冰柜主要用于鱼、肉类原料的冷冻贮藏,因冰柜密封性能好,冷冻温度低,适宜长时间冷冻藏原料。但因其先放置的原料在下面,后方置的在上面,相互堆压,不方便取用,所以,现在很多厨房在冷冻要求不高时多用冰箱取代。

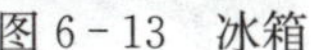
图 6－13　冰箱

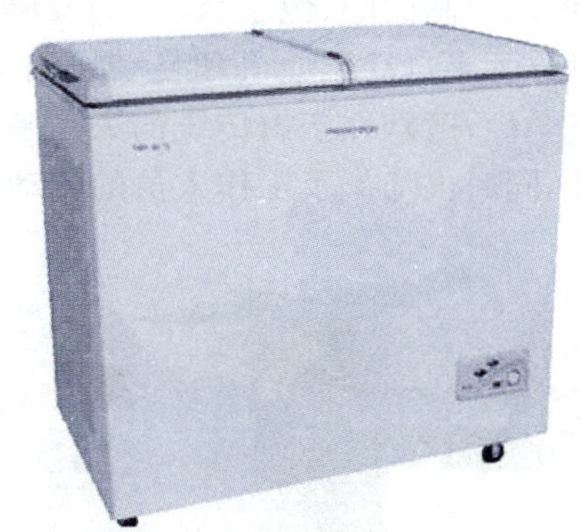

图 6－14　冰柜

15. 和面机

和面机(见图 6－15)是厨房面点间必备的面点机械设备,其作用是将面粉和水就均匀的混合、搅拌,形成面筋网络。根据形状和传动轴的方向,面机分为卧式、立式两大类。卧式和面机一般为低速和面机,容量范围较大,一次和面量有几千克到上百千克不等;立式和面机搅拌速度范围可以变化很大,制作面包等高筋面包制品必须选用立式和面机。选择和面机主要看其容量、搅拌速度及电动机性能。

图 6－15　和面机

图 6－16　多功能搅拌机

16. 多功能搅拌机

多功能搅拌机(见图 6－16)外形类似立式和面机,其最专业的用途是用于制作蛋糕时鸡蛋及奶油的搅打发泡,因为拌打需要较高的速度,必须这种设备才能实现。其多功能体现在,它还能用于多种物料的混合搅拌,如:馅心、酱汁、小块面团的调制等。很多多功能搅拌机标注具有调制面团的功能,要注意,多功能搅拌机只能用于调制小块面团,不能完全取代和面机的功能。

17. 压面机

压面机(见图 6－17)为面点制作的专用设备,可以用来压制面条、水饺、云吞的面皮,同时可以压制面团、包子、馒头的发酵面团,使面团紧实,形成均匀的面筋网络。从功能上可分为半自动压面机和自动压面机两种,全自动和半自动的压面机相比大大地提高了安全性;区别在于由传统的人工喂面,改为传送带自动送面,大大提高了压面机的安全性,同时也降低了工作人员的劳动强度。

图 6－17　压面机

图 6－18　绞肉机



18. 绞肉机

绞肉机(见图 6－18)是厨房常用的机械设备,其作用是将肉类原料按不同工艺要求加工成规格不等的颗粒状肉馅,可大大提高手工剁制肉馅的速度。不同生产能力的绞肉机大小不一,小型绞肉机为台式,大型绞肉机为立式,其加工能力从每小时几十千克到几百千克不等,要根据生产量进行选择。

19. 洗碗机

洗碗机(见图 6－19)是大型酒店必备的餐具自动清洗消毒设备,可以自动清洗碗、筷、盘、碟、刀、叉等餐具,按结构可分为传送带式和箱式两大类。传送带式洗碗机一般为连续清洗,工作效率较高,每小时可清洗碗盘 5 000—8 000 只,适用于大型餐饮企业或集体食堂,箱式洗碗机一般为间歇式工作,体积较小,每小时可清洗碗盘 2 000—3 000 只,它不仅能为酒店洗碗人员减轻了劳动强度,还提高了工作效率,增进清洁卫生。

图 6－19　洗碗机

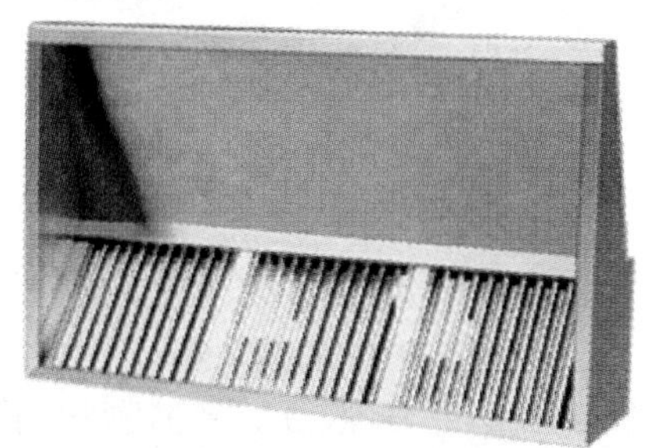

图 6－20　排烟罩

20. 排烟罩

排烟罩(见图 6 - 20)虽然不是直接用于加工的设备,但它是每个厨房必备的配套设施。排烟罩一般用不锈钢制成,安装在厨房加热设备的上方,用于收集排出厨房油烟。在油烟量比较大的炒灶上方,应该选择运水烟罩,对油烟进行过滤净化,再排出室外。

(二) 厨房设备的选择原则

1. 周密计划原则

厨房设备的选择一定要提前做好周密的计划。如果是新建厨房,则应该在厨房建筑设计前就请专业人员设计设备配置计划,这样才能在厨房设计时预留设备的空间、管道、电源和各种线路,使厨房设计的空间结构、其他基础设施与设备的安放浑然一体。

2. 先进实用原则

厨房设备的选择要与经营产品和经营规模相适应,不同菜系风格和制作方法的菜品要选择相应的工具设备,设备的生产能力要与计划供应量相匹配,既不能生产能力小于供应量,满足不了供应,也不能使设备生产能力过剩,造成资源浪费。设备既满足发展的需要,又要保证其实用性和经济性。

3. 安全卫生原则

厨房设备在选择及安装时首先要保证其符合用电安全、防火安全的要求。设备生产及安装时所使用的绝缘、阻燃的材料要符合相关标准;设备要有抗污染、易清洁、无卫生死角、防止蟑螂、老鼠、蚂蚁等污染食品的功能。

4. 方便操作原则

要选择符合人体工程原理的厨房设备。厨房内操作台面的高度、宽度,灶台的高度要适当,使人操作舒适,符合劳动保护的要求;设备的摆放流程合理,有利于降低劳动强度。

5. 美观原则

厨房设备不仅方便实用,也要求外观、造型、色彩赏心悦目,有利于营造良好的工作环境。

(三) 厨房设备选择的技巧

1. 充分调研

厨房设备的发展日新月异,新的生产厂家、新的功能设备不断出现,在进行选购时一定要事先经过充分调研。比较有效的方法有以下几种:参观一些大型的设备展销会,有利于了解新型的先进设备;考察较大的综合性厨房设备供应厂商,可以集中看到多种品牌和各种配置成套设备;在网络上搜集资料,可以搜集零散的不易搜集的信息;参观典型的酒店成功案例,既能看到完整的成套设施,又能了解其存在的设计缺陷和不足。

2. 品牌与质量选择

设备选择的第一标准是质量。厨房设备的种类较多,不是每种设备都能凭肉眼看出质量的好坏,特别是一些电器产品,其质量存在一些偶然性。因此,选择厨房设备时可以用质量与品牌相结合的方法。一些简单的设备,可以看其质量,如操作台、厨柜等,只要板材厚实、结实耐用、外形美观就行;一些自动化程度高的机械电器设备,可以选择价格适当高的、比较大的、成熟的品牌,这样即使设备出现故障,也能得到较好的售后服务。

## 二、厨房设备的管理

厨房设备种类繁多，投入较高，是餐饮产品不变资本的重要部分，设备投入和使用的费用影响餐饮成本的高低，设备能否正确使用，影响工作效率和安全生产。设备管理主要包括设备的财务管理、设备的使用和维护，这些工作需要酒店财务部门、工程技术部门和厨房员工共同完成。

### （一）厨房设备的财务管理

1. 厨房设备编号入账

对厨房的器具、设备要进行科学的分类，系统的进行编号、入账。设备编号中应含有财务固定资产分类号。如以四级编码为例：第一位编号用大写英文字母代表该设备在公司固定资产设备中的分类号；第二位至第三位用阿拉伯数字代表该设备在企业的部门位置；第四位至第五位代表该设备的分类号；第六位至第七位代表该设备在其所属设备分类中的顺序。编号为 A031202 的含义是：第一位编号"A"代表这是一台价值 1 万元以上的固定资产；第二位至第三位"03"代表该设备在厨房部门的面点间使用；第四位至第五位"12"代表该设备为电热设备烤箱；第六位至第七位"02"代表该设备在其所属设备中是第二台。在确定好编号以后，就要用标牌或油漆在器具与设备上标明，同时，在账、卡及技术资料上注明，这样做既便于清点维修，又可防止丢失或混淆。



2. 建立设备技术资料档案

在分类的基础上，建立设备技术档案，将设备的品种、名称、数量、价值、使用部门和使用技术说明等技术资料统一分类归档，为管好用好设备提供了基础数据。每台设备在正式移交使用后，都应建立设备档案资料。设备档案资料的内容包括：设备出厂合格证和检验单，装箱单和随机附件工具明细表，设备的原文及中文说明书，设备进店开箱验收单，设备安装质量检验单及试车记录，设备检查记录表，设备事故报告及事故修理记录，设备的维修、保养、修理记录表，设备改进及改装和大修的完工报告，设备报废申请报告及批示等。还包括设备基础安装施工图纸，给水、蒸汽、压缩空气管路图，供配电线路图，设备维修备件和易损件清单、图纸和关键尺寸，设备操作使用维护规程，设备零件明细表及组装图，设备特殊零件加工图，设备改进或改装的设计图纸等，以备故障维修。

3. 做好设备的折旧

目前餐饮设备使用的折旧方法主要有两大类：普通折旧法和加速折旧法。

普通折旧法包括平均年限法和工作量法。平均年限法是将固定资产的折旧均衡地分摊到各期的一种方法，其公式为：折旧率＝(1－预计净残值率)/预计使用年限×100%。工作量法是根据实际工作量计提折旧额的一种方法，其公式为：每一工作量折旧额＝[固定资产原价×(1－残值率)]/预计总工作量。平均年限法和工作量法是将固定资产的折旧均衡地分摊到各期的方法，虽然简单，但也有一些局限性。如固定资产在不同使用年限提供的经济效益不同；又如固定资产在不同使用年限发生的维修费用也不一样。于是就需要使用加速折旧法(也称快速折旧法或递减折旧法)来补充。

加速折旧法又可分为双倍余额递减法和年限总和法(两个公式都要分三步，较复杂，一般在财务管理中有详细论述，此处不再细述)，其特点是在固定资产有效使用期限的前期多提折旧、后期少提折旧，从而相对加快折旧的速度，以使固定资产成本在有效使用期限中加快得到补偿，还可以采用将平均使用年限数减半以提高折旧额，具体则需视情况按有关财务规定办理。设备年限到期，或使用一定时间后存在故障，维修后仍不能使用的，填写设备报废单，申请设备报废。

（二）厨房设备的使用与维护管理

1. 制定设备的使用、维护规程

凡是安装在用设备，必须做到台台都有完整的技术操作方法。酒店工程部门在设备购置安装使用之前，必须会同设备使用部门根据设备厂商提供的技术资料制定出使用、维护规程，并下发执行。设备使用规程应包括以下内容：设备技术性能和允许的极限参数，如最大负荷、温度、转速、电压、电流等；设备交接使用的规定，岗位人员交接班时必须对设备运行状况进行交接，内容包括设备使用的异常情况，故障及处理情况等；操作设备的步骤，包括操作前的准备工作和操作顺序；紧急情况的处理方法；设备使用中的安全注意事项，非本岗位操作人员未经批准不得操作，任何人不随意拆除或放宽安全保护装置等；设备运行中故障查询及排除方法等。

2. 做好设备使用培训工作

新设备投入使用前，要由主管工程部的副总经理布置贯彻执行设备使用、维护规程。规程要发入到有关部门、岗位操作人员以及维修人员手里，并张贴明示；生产部门要组织设备操作人员认真学习规程，要由规程制定人员或设备厂商工程技术人员向操作人员进行规程内容的讲解和学习辅导；酒店须组织设备操作人员对规程内容进行考试及实际操作考核，合格后方能上岗；生产部门每月都要组织班组学习规程，酒店安全、技术主管部门及设备管理部门，每年要对生产班组规程学习情况进行定期或随机抽查，发现问题及时解决，抽查情况纳入考核。

3. 建立设备日常责任制度

厨房器具与设备很多，为了管理好器具与设备，需要建立相应的岗位责任制。厨房应按照“分级归口，划片包干”的管理原则对器具与设备实行管理。各工作部门既有使用器具与设备的权利，又有管好、用好设备的责任。厨师长应将所有的器具与设备根据工作需要进行分工，固定某一工作间使用，实行责任制。如把蒸笼、和面机、电烤箱等承包给点心间；将刀具、冰柜等承包给配菜间；将炉灶、燃油炉灶或液化气灶、炊具、吸风罩等承包给炉灶间，做到用、管、养合一。谁使用，谁就负责维护保养。

4. 做好设备定期维护及维修

尽管厨房器具与设备很多，用途与使用方法不一样，维护和保养工作的具体内容也不尽相同，但是，器具与设备的维护的基本要求是相同的，即要遵循“清洁、安全、整齐、润滑、防腐”维护方法。即：厨房各种器具与设备都是为制作菜点等食品所用，都应该做到洁净无灰、无虫害、无味、无垢；各种器具与设备都应该合理摆放，使用后整理归位，设备的各种保护装置要配齐，同时，对各种安全防护装置要定期进行检查，使设备达到不漏水、不漏电、不漏气、不漏油，保证安全，不出事故；各种器具与设备及附件的放置要整齐，地点固定，线路管道要通畅通。对设备的运转部位，必须定时、定位、定量加油，保证润滑面的润滑和运转正常；厨房器具与设备一定要防腐抗腐，才能防止接触时污染食品，延长器具与设备的使用期，节约资金，降低厨房的成本。厨房设备的维护与维修要遵循日常维护和定期维修相结合的原则，在做好日常维护的基础上，根据不同设备，制

定定期的维修计划，并严格执行。

## 第三节　厨房生产管理

### 一、人员管理

#### （一）岗位设置与人员配备

厨房生产和管理是通过一定的组织形式来实现的，厨房工作人员一般可以分为三种类型：管理人员、生产操作兼管理人员和生产操作人员，由此可以形成一般厨房的三级管理建制。厨房岗位设置和人员配备是否科学合理，意义重大。科学、完善的厨房机构设置，可以清楚地反映不同类型的厨房工作人员之间的关系；避免工作遗漏，或重复安排工作；避免越级、多头或横向指挥；使每个员工清楚自己在厨房中的位置和发展方向，提高了工作的积极性和主动性。

中餐厨房设置的管理岗位有厨房经理、行政总厨；兼职管理人员为各厨房厨师长、各部门主管或领班；各岗位生产操作人员，工种一般分为临灶、砧板、切配、面点、水案、蒸炖、打荷、杂工等，不同菜肴风味厨房的岗位分工有所不同，名称叫法也不同，应结合本地的情况学习运用。



确定厨房人员数量，较多采用的是按比例确定的方法，即按照餐位数和厨房各工种员工之间的比例确定。档次较高的饭店，一般 13—15 个餐位配 1 名烹饪生产人员；规模小或规格更高的特色餐饮部门，7—8 个餐位配 1 名生产人员。5—8 名生产人员配件 1 名领班，3—5 名领班配 1 名主管或厨师长，3—5 名厨师长配 1 名总厨师长。厨房人员，因饭店规模不同、星级档次不同、出品规格要求不同，数量各异。在确定人员数量时，还应综合考虑以下因素。

- 厨房生产规模的大小，相应餐厅、经营服务餐位的多少、范围的大小。
- 厨房的布局和设备情况，布局紧凑、流畅，设备先进、功能全面，需要的操作人员可以适当减少；反之则需要增加人员。
- 菜单经营品种的多少，制作难易程度以及出品标准要求的高低。品种多、制作难度大、出品要求高需要的人员多；反之需要的人员少。
- 员工技术水准状况。1 名技术水平较高的熟练员工可以承担 1.5 名一般水平员工的工作量。
- 餐厅营业时间的长短。餐厅营业时间长，需要安排的班次多，则人员要增加。

#### （二）岗位职责

1. 厨师长的职责

（1）厨师长负责在厨房贯彻执行企业的决策和计划，经常了解餐厅和顾客的意见，不断改进饮食品质量，使厨房饮食品生产与餐厅营业、顾客需求、企业计划相适应。

（2）负责制订菜单，掌握货源情况，提出原材料采购计划，确定饮食品品种的创新和淘汰更新，核定菜点的投料标准和菜点成本，合理计价。

（3）负责指挥和组织厨房业务。一是进行业务调度；二是控制业务进程；三是通过检查，掌握菜点质量，必要时亲自主持烹制。阅读营业日报表，签署上报。

(4) 负责厨房的物品、饮食品原材料以及各种设备的保管和保养，全面负责厨房的安全卫生工作。

(5) 负责制定厨房操作规程和饮食品质量标准；制定厨房工作人员的岗位责任制和技术标准；检查规则的执行情况。

(6) 负责厨师队伍的建设，做好厨房的思想政治工作、业务技术培训以及考核等。

2. 厨房领班工作职责

(1) 全面掌握所经营菜系的烹饪技术，对其他菜系有一定了解。

(2) 协助厨师长制作菜单，懂得成本核算。

(3) 检查厨师的仪表、仪容及工作服，监督厨师按程序制作。

(4) 开餐前检查所有烹饪原材料及各岗位的准备工作。

(5) 检查零点菜单，宴会菜单，原材料切配，菜肴，对所有食品从原材料到半成品都要严格把关，有权把不合格的菜品退回重做。

(6) 检查炉灶、冰箱、煤气、案台、电源等的运转情况和卫生情况，发现故障及时向厨师长汇报，并与工程部联系进行维修。

(7) 记录宾客对菜肴的意见和建议，以便改进并加以提高。负责本组员工的出勤和考核工作，落实厨房卫生责任制，并每天检查本组员工的个人卫生。

(8) 决定本组员工的调配，指定重要宴会及重点宾客菜肴制作的人选并督促落实。加强培训提高本组员工的技术水平和业务能力，以便完成酒店所交给的各项任务。



3. 初加工人员的职责

(1) 与仓库和厨房取得联系，及时了解加工原材料的使用时间和要求，不使供应脱节。

(2) 严格检查原材料质量，对腐烂变质的原材料拒绝加工，严格清洗和消毒盛器和工具。

(3) 做好原材料的初加工。对蔬菜类原材料拣细拣好，拣净洗清，先用先理，急用随要随理。对禽畜、水产类原材料，要严格按规定的程序和要求进行加工，提高净料率，尽量减少不必要的损耗。加工后随时取用或及时冷藏。

(4) 注意收回下脚料，提高原材料利用率，防止浪费。

(5) 加工后及时冲洗地面、台面，搞好环境卫生，保持操作场地的清洁整齐。

4. 切配人员的职责

(1) 做好营业前的准备工作。主案经常与采购员、保管员联系，了解货源情况，并妥善安排副案的原材料加工整理工作，副案主动配合主案搞好供应工作。

(2) 掌握经营品种，熟悉规格、成本，正确掌握毛利水平，并根据季节变化及时翻新，增添花色品种。

(3) 坚持质量标准，切制条、丝、丁、块、片，长短、厚薄、粗细均匀，选料合理，加工精细，主料上秤(保证足量)，配菜适量，切配及时，保证供应。

(4) 严格执行卫生“五四制”和《中华人民共和国食品卫生法》(以下简称《食品卫生法》)，不加工变质的原材料，实行生熟分开，容器清洗干净。

(5) 遵守各项规章制度，凭菜单配菜，不徇私情，不开后门，不优亲厚友，不损公肥私。

5. 炉灶工作人员的职责

(1) 做好营业前的各项准备工作，做到炉火旺、调料齐、工具全。

(2) 签定炉、定位的生产操作规程，进行操作，头炉负责指挥炉灶生产，合理安排分工，其他各炉协调配合。

(3) 认真烹调，调味适当，讲究火候，精工细作，分菜均匀，装盘美观，色、香、味、形均符合质量标准。

(4) 按照顺序，先配先炒，加快出菜速度，快而不乱。及时与餐厅保持联系，按照顾客要求适时供应。

(5) 严格执行卫生"五四制"和《食品卫生法》，认真搞好个人卫生和保持洁段卫生，特别要严格执行生料与熟菜分盘盛装的"双盘制"。坚持原材料变质的不烧，不符合规格的菜不烧。

(6) 遵守安全操作规程，节约用煤、用电、用水。营业结束后，及时整理灶面，关好开关，清扫场地，杜绝不安全事故的发生。

6. 冷菜工作人员职责

(1) 做好营业前的准备工作，掌握经营品种，熟悉各品种规格、成本，正确掌握毛利水平，并根据季节变化及时增加和翻新花色品种。

(2) 坚持质量标准，刀工精细，规格准确，装盘整齐，造型美观。

(3) 掌握当天筵席数量，保证质量，及时为筵席提供冷盘。

(4) 严格执行卫生"五四制"和《食品卫生法》，不加工变质原材料，实行生熟分开，双刀、双板、双碗制。



(5) 生料不洗干净不得带入冷菜间，非冷菜间工作人员不准入内，私人一切物品不准存放冷菜间。

7. 面点工作人员职责

(1) 做好营业前的各项准备工作，保证准时供应。

(2) 掌握经营品种，根据季节变化及时翻新，增添花色品种。熟悉各种点心的规格、成本，正确掌握毛利水平。

(3) 坚持质量标准，馅心选择合理，加工精细，味道可口，发酵适度；火候适宜，不过不欠，形象美观。

(4) 严格执行卫生"五四制"和《食品卫生法》。生产设备使用后一定要清理干净并盖好。节约用煤、用电、用水，关闭炉灶，防止事故的发生。

(三) 绩效考核

对厨房工作人员的工作绩效考核效果如何，会直接影响他们工作的主动性、积极性，以及工作质量，所以，应该引起饭店高中层管理人员的重视。厨房工作人员包括普通工作人员和基层领班人员和厨师长等，他们的岗位职责标准非常明确，绩效考核应该紧紧围绕岗位要求进行。考核指标应该涵盖工作态度、工作数量、工作质量、业务能力、责任心、品德作风以及团队精神等几个方面。

要将厨房人员的考核内容分为不同的项目和等级，然后制定出不同项目和不同等级的评定标准，再根据厨房员工在本职工作中的实际表现对号入座，符合哪个等级就给予哪一等级的分数，最后汇总，即可评出厨房人员的考评结果。酒店厨房人员的具体考核标准和各企业不完全相同，但其具体内容一般包括以下几个方面。

1. 素质能力

在很大程度上，员工岗位绩效的好坏，取决于其素质的高低和能力的大小。在考评工作中，应考虑员工的素质能力。素质能力主要包括基本素质和基础能力。基本素质包括文化修养、接受一般教育的程度、工作经历、人生阅历以及日常待人接物的能力等；基础能力是指适用于岗位职责的基础专业知识和技能，如厨房员工所要掌握的原材料知识、烹饪原理、切配技术等。

2. 业务能力

业务能力是在厨房特定环境下，员工素质和基础能力相结合的综合能力，如菜单制定、宴席设计、成本核算、宴席制作等能力。

3. 工作态度

具有一定素质和能力的厨房员工，并不一定都具有符合岗位职责要求和企业文化精神的工作态度，而员工工作态度的好坏往往是其工作是否有成效、表现是否出色的决定因素。因此，工作态度也是服务人员考评的重要内容。工作态度包括自觉性、主动积极性、责任感、合作精神等。

4. 岗位绩效

酒店对员工考评要紧紧围绕员工所处的工作岗位来进行，将岗位职责的内容作为评定员工业绩的基本依据。这样才能使员工在考评工作中主动配合，真正促进员工工作积极性和绩效的提高。岗位绩效包括可以量化的工作成绩、工作效果、工作的创造性、工作的协调性、工作的示范性等。

5. 工作潜力

工作潜力就是潜在的能力。潜力是相对于员工在岗位行为中所发挥出来的能力而言的，主要是指员工具有但没有在工作中表现出来的能力。潜力考评就是通过一定的手段发现员工的潜力，找出阻碍其发挥的原因，从而采取必要的措施，更好地将员工的潜力挖掘出来，转化为现实的能力，从而为企业的发展作出贡献。通过潜力考评，可以为工作岗位的轮换、职务的升迁等提供依据。

## 二、生产流程管理

厨房生产管理主要包括初加工、配份、烹制三个环节。生产流程管理就是通过这三个环节对生产质量、产品成本、制作规范加以检查督导，随时消除一切生产性误差，保证产品质量和良好形象，保证达到预期的成本标准，消除一切生产性浪费，保证员工认真执行操作规范，形成最佳的生产秩序和流程。生产流程的控制对降低餐饮成本、提高餐饮利润起到很大的作用。

### （一）制定控制标准

由于厨房生产的手工性和经验性、烹饪技术的差异性以及厨房分工合作的生产方式的不同，如果没有标准，就会使产品的数量、形状、口味没有稳定性，会丧失对顾客的吸引力，也就无法树立餐厅的形象。制定标准，既可统一生产规格，保证产品的标准化和规格化，还可以消除产品质量因人而异的弊端。制定的标准，既可作为厨师生产制作的标准，也可以作为管理者检查控制的依据。这类控制标准通常有以下几种形式。

1. 标准菜谱

标准菜谱是以菜谱的形式，列出用料配方，规定制作程序，明确装盘形式和盛器规格，指明菜肴的质量标准，控制每份菜肴的可用餐人数、成本、毛利率和售价。它可以帮

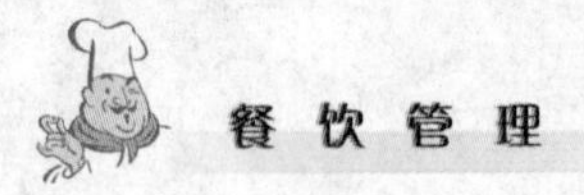


助餐厅统一生产标准，保证菜肴质量的稳定。使用它可以节省生产时间和精力，避免食品的浪费，并有利于成本核算和控制。

2. 标量菜单

标量菜单是一种简单易行的控制工具，就是在菜单的菜名下面，分别列出每个菜肴的用料配方，用它作为厨房备料、配份和烹调的依据。由于菜单同时也会给顾客看，它以使顾客清楚地知道菜肴的规格，起到了让顾客监督的作用。在使用标量菜单进行控制时，需另外制定加工规格控制加工过程的生产，否则原材料在加工过程中仍然有可能造成浪费。

3. 生产规格

生产规格是指三个流程的产品制作标准。它包括了加工规格、配份规格、烹调规格，使用生产规格可以控制各流程的制作。加工规格主要是对原材料的加工规定用料要求、成形规格、质量标准；配份规格主要是对具体菜肴配制规定用料品种和数量；烹调规格主要是对加热成菜规定调味汁比例、盛器规格和装盘形式。

以上每一种规格就成为每个流程的工作标准，可用文字制成表格，张贴在工作处随时对照执行，使每个参与制作的员工都能清楚自己的工作标准。

另外，还有各种形式的生产控制工具，如制备方法卡、制作程序卡、菜品标准配份卡等，厨师长应根据实际需要，制定相应的控制标准。

（二）控制方法



1. 程序控制法

按厨房生产的流程，从加工、配份到烹调的三个程序中，每一道流程都应是前一道流程的控制点，每一道流程的生产者，都要对前一道流程的食品质量实行严格的检查控制，不符合标准的要及时提出，帮助前道程序纠正。例如配份厨师对不合格的加工，烹调厨师对不合格的配份都有责任提出纠正，这样才能使整个产品在生产的每个过程都得到良好的监督。管理者要经常听取生产者对上道工序质量的评价。

2. 责任控制法

按厨房的生产分工，每个岗位都担任着一个方面的工作，岗位责任制要体现生产责任。首先，每位员工必须对自己的生产质量负责。其次，各部门负责人必须对本部门的生产质量进行检查控制，并对本部门的生产承担责任。厨师长要把好出菜质量关，并对菜肴产品的质量和整个厨房的生产负责。

3. 重点控制法

把那些经常和容易出现生产问题的环节或部门，作为控制的重点。这些重点是不固定的，某一时期内哪几个环节出现的生产质量问题较多，就对那几个环节加强控制。当这几个环节的生产问题解决了后又有其他环节有生产质量问题时，再把那几个环节作为重点。这种控制法可以随着这种控制重点的转移，逐步杜绝生产质量问题，不断提高生产水平，向新的标准迈进。

（三）过程控制

1. 合理安排当天业务

饮食产品的生产任务是以餐厅销售为基础的，餐厅销售具有很强的季节性和随机性。而且食品生产花色品种较多，但每种产品的生产数量较少，并随时处于不定变化中，因此食品原材料的配备量就难以把握。如果配备过少，则不能满足当天的需求量；

配备过多，则容易造成生产过剩。厨师长应对削洗间食品原材料加工的数量和质量进行监督、检查，一经发现不符合质量要求的菜肴，应阻止出菜，以此来保证菜肴质量和控制成本。

每天上班前，厨房应根据餐饮部的通报和本店客流情况，将通报栏或黑板上公布的团队宾客、宴会预订、重要来宾等计划用餐人数和用餐标准登记人生产作业计划登记表中，由厨师长根据当天的业务情况，合理科学地安排好厨房人员的劳动力，调度全天的业务，按团体餐、会议餐、宴会预订和预测零点餐就餐人数等资料来安排、配备生产人员和组织食品原材料的采购与加工。厨师长要负责组织、监督、指挥食品生产的全过程，还应将宴会菜单、团体包餐菜单、当日零点菜单同时公布，以利各生产环节的工作。

2. 加工过程的控制

加工过程包括了原材料初加工和细加工，初加工指原材料的初步整理和洗涤，而细加工是指对原材料的切制成形，在这个过程中应对加工净出率、加工质量和数量加以严格控制。原材料的净出率即是原材料的利用率，它是影响成本的关键。

应规定各种净出率指标，并把它作为加工厨师工作职责的一部分，尤其要把昂贵食品的加工作为检查控制的重点。具体措施是要对原材料和成品分别进行计量并记录，随时抽查，看是否达到了标准的指标，未达标时要查明原因。如果是因为技术问题造成的，要采取有效的改正措施。另外可经常检查下脚料和垃圾桶，坚持是否还有可用部分未被利用，引起员工对净出率的高度重视。

加工质量是直接关系菜肴色、香、味、形的关键，因此要严格控制原材料的成形规格和原材料的卫生安全程度，凡是不符合要求的不能进入下道工序，并将其重新处理另做别用。加工任务分工细的好处是，一方面利于分清责任；另一方面可以提高厨师专项技术的熟练程度，可以有效地保证加工质量。能使用机械切割的尽量使用机械切割，以保证成形规格的标准化。

加工数量应以销售预测为依据，满足需要为前提，并留有适量的储存周转量，避免加工过量而造成质量问题，同时还应根据剩余量不断调整每次的加工量。

3. 配份过程的控制

配份过程的控制是成本控制的核心，也是保证成品质量的重要环节。在配份时，如果每份 5 千克的菜肴，只多配了 25 克，那么就产生了 5%的成本损失，这种损耗即使只占销售额的 1%，也是十分可观的，所以配份是食品控制的核心。另外，如果顾客两次光顾同一家餐厅，但该餐厅配给的同一份菜肴是不同的规格，那么顾客必然不会满意，因此，配份控制是保证质量的重要一环。

配份控制时要经常地核实是否执行了规格标准，是否使用了称量、计数和计量等控制工具。即使有经验的厨师，如不进行称量也是很难做到精准的。通常的做法是每配 2—3 份称量一次，如果配制的分量是合格的，即可接着配，如发觉配量不准，那么后续的每份菜肴都要称量，直到确信合格后为止。

配份控制的另一个关键是凭单配发，配菜厨师只有接到餐厅顾客的订单，或者规定的有关通知单才可配制，以保证配制的每份菜肴都有凭据。另外，要杜绝配制中的失误，如重复、遗漏、错配等。在这个过程中，查核凭单是控制配发的一种有效方法。

4. 烹调过程的控制

烹调过程是确定菜肴色泽、质地、口味、形态的关键，因此应从厨师的操作规范、制







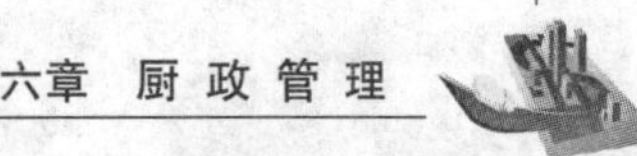

作数量、出菜速度、剩余食品等几个方面加强监控。

首先，必须督导炉灶厨师严格按照操作规范工作，任何违规做法和影响菜肴质量的做法都应加以制止。其次，应严格控制每次烹调的生产量，这是保证菜肴质量的基本条件，“少量多次的烹制”应成为烹调制作的座右铭，也应成为烹调控制的根本准则。在开餐时要对出菜的速度、出品菜肴的温度、装量规格保持经常性的监督，阻止一切不合格的菜肴出品。剩余食品在经营中被看作一种浪费，即使被搭配到其他菜肴中，或制成另一种菜，也只是一种补救办法，其质量必然降低，也无法把成本损失弥补回来。由于这些原因，过量生产造成的剩余现象应当彻底消除。

# 第四节　厨房卫生与安全管理

## 一、厨房卫生管理

保证食品卫生是餐饮经营企业必须遵守的第一准则。厨房卫生管理是所有餐饮经营者为了保证食品的安全性，在食品的选择、采购、生产、销售的过程中，进行严格控制，保证原材料不受污染，制作过程符合卫生规范，生产设备、环境清洁，工作人员健康无疾病，从而保障餐饮食品安全的而采取的系统的方法和措施。



厨房卫生管理的目的是为了保证就餐者健康、安全，同时厨房卫生管理直接关系餐饮企业的经营效益，发生食品安全事故直接造成企业的经济损失，使顾客对企业失去信任。近些年，国家加大了食品安全问题的处罚力度，也逐步完善了相关的法律法规。餐饮企业在生产经营过程要加强员工的教育，既要遵守良好的厨房生产操作规范，更要严格遵守国家相关法律法规。

### （一）原材料卫生

1. 原材料选购

原材料卫生是餐饮食品安全的基础，也是餐饮企业经营的第一个环节，餐饮企业首先必须保证所使用原材料的卫生，从源头上保证食品安全，由于烹饪原材料种类繁多，季节性强，品质差异较大，尤其是原材料的卫生，很多情况下不是能通过简单的感官检查所能判定的，因此，必须建立、健全采购管理制度和方法，明确采购标准和途径，严格执行和监督。选择合法的供货商，对批量采购的食品原材料索证索据是保证原材料卫生质量的基本方法。

我国食品安全法明令禁止使用以下的原材料进行生产。

（1）用非食品原材料生产的食品或者添加食品添加剂以外的化学物质和其他可能危害人体健康物质的食品，或者用回收食品作为原材料生产的食品；

（2）致病性微生物、农药残留、兽药残留、重金属、污染物质以及其他危害人体健康的物质含量超过食品安全标准限量的食品；

（3）营养成分不符合食品安全标准的专供婴幼儿和其他特定人群的主辅食品；

（4）腐败变质、油脂酸败、霉变生虫、污秽不洁、混有异物、掺假掺杂或者感官性状异常的食品；

(5) 病死、毒死或者死因不明的禽、畜、兽、水产动物肉类及其制品；

(6) 未经动物卫生监督机构检疫或者检疫不合格的肉类，或者未经检验或者检验不合格的肉类制品；

(7) 被包装材料、容器、运输工具等污染的食品；

(8) 超过保质期的食品；

(9) 无标签的预包装食品；

(10) 国家为防病等特殊需要明令禁止生产经营的食品；

(11) 其他不符合食品安全标准或者要求的食品。

2. 原材料贮存

原材料贮存的目的是使原材料在一定的期限内保持新鲜的品质，从而保证餐饮企业生产过程中原材料的稳定、连续供应。贮存方法不当会引起原材料被污染或者发生腐败变质，从而产生食品安全隐患。原材料贮存过程中的卫生主要是防止原材料被污染、发生虫蛀、鼠害以及腐败变质。只有采取合适的贮存方法和合理的措施才能有效地保证原材料贮存的卫生。

(1) 要确定原材料适当的贮存方法和贮存期限。绝大多数烹饪原材料的品质会随着贮存时间的延长而下降，不同原材料适合在不同的条件下贮存，而且都有一定的贮存期限。贮存烹饪原材料的方法主要是控制环境的温度、湿度和气体。肉类原材料适合用冷藏、冷冻的方式贮存；蔬菜、水果类原材料贮存时最好要控制环境中的气体含量、湿度，在适宜的温度下冷藏；而粮食、干货类原材料适合贮存在干燥的环境中。要针对具体的原材料品种确定适宜的贮存条件和时间。

(2) 要防止原材料在贮存过程中可能受到其他用品的污染。特别严重的是受到农药、抗生素、化学消毒剂、汽油、酒精、香皂、洗衣粉等物质的污染，会使原材料失去使用价值，采取的方法就是严格禁止食物原材料与非食物原材料贮存在同一个房间；食物原材料之间、生熟原材料之间的相互污染也会产生卫生问题，将生熟原材料分类贮存、采用合适的盛装容器盛装等方法是避免相互污染的有效方法，保鲜袋、保鲜盒、食品周转箱是常用的盛装容器。

(3) 原材料的贮存、领用、验收要有专人负责。原材料在进行贮存前要经过验收，保证原材料的状态得到正确的识别，包括原材料的类别，原材料是否新鲜、是否已受到污染，原材料的当前温度、干湿、密封状态等。原材料在贮存时要进行合理摆放的摆放，位置摆放不当也不能保证原材料的温度和湿度；原材料要进行合理的编号，保证原材料在贮存时先进先出；要避免冷冻原材料在贮存期间反复解冻；原材料出库时也要进行质量的检验，防止贮存过程中的意外导致了原材料的变质。

(4) 要定期对贮存环境进行消毒。仓库或冷库由于贮存烹饪原材料，容易受到微生物的污染，被污染的环境又会污染贮存的原材料，使料变质。因此要定期或不定期地对冰箱或仓库进行消毒。

(二) 人员卫生

不正确的卫生习惯和患有传染性疾病的人员在进行食品制作时会污染食物，造成疾病传播、食物中毒和其他食品安全问题。所以厨房的从业人员个人卫生是厨房管理

工作的重要方面。厨房工作人员必须持有卫生部门签发的健康证方可上岗，同时要培养厨房工作人员的以下卫生习惯。

(1) 员工进入工作场所必须要保持个人卫生，勤洗澡、勤理发、勤剪指甲、勤洗手，保持工作衣帽清洁、卫生，无污渍。

(2) 厨房员工必须要有很强的责任心和使命感。在工作时间内，员工要保持良好的精神状态，不能随意离开工作岗位，更不能迟到早退。

(3) 员工在厨房内不得打闹、躺卧，不能生产区域放置、悬挂与生产无关的私人物品，保持厨房清洁、整齐。

(4) 员工在操作时，要正常保持手部卫生，不抽烟，不抓耳、挠腮、挖鼻孔等，不要用手直接尝味。

(5) 在厨房操作时，不准在食物或食器的附近咳嗽、吐痰、打喷嚏。

(三) 设备卫生

现代厨房的设备品种繁多，烹饪原材料的贮存、初步加工、切配、烹制以及餐具的清洗消毒等都会使用相应的设备，设备在使用过程中如果没有经过及时、彻底的清洁消毒，往往成为微生物和昆虫滋生的理想场所，从而引发食品安全事故。由于设备种类不同，清洁消毒和保养的具体方法也不同，如炉灶、工作台、蒸箱、烤箱、微波炉、食具、冰箱、水池等都有不同的清洁消毒和保养方法。这些设备在使用过程中，必须保持清洁、卫生、设定专人负责保洁。保持设备卫生是保证食品卫生的重要前提，不同的设备有不同的专人负责。保证设备卫生要求如下。



(1) 厨房设备要建立专门的清洁卫生档案。设备卫生要明确责任人，每天对设备清洁卫生情况进行记录。

(2) 餐具必须经过清洗消毒后才能用于菜品盛装。

(3) 设备设施使用后要随时保持清洁，做到无灰尘、无残留原料、无水迹、无油迹、不锈蚀。

(4) 设备设施使用完毕，使用者应及时清洁，关闭电源，将设备恢复原位。

(5) 刀具、墩子、各种容器、器皿等用具，每日下班后都要清洗，上班前要消毒。

(6) 厨房冰箱每周彻底除冰、整理、清洗消毒一次，干货库每周盘点清洁整理一次。

(7) 抽油烟机每月清理一次，保证油烟机表面光洁。

(四) 环境卫生

环境卫生是各项卫生的基础，从厨房卫生管理的实际情况出发，应该从以下几个主要方面抓好环境卫生。

1. 地面和下水道

厨房地面应采用耐久、平整的材料铺设，必须经得起反复冲洗，同时，地面应有坡度，以利排水和干燥。凡是有污水排出以及由水龙头冲洗地面的场所，如粗加工间、炉灶、厨房洗涤间等，均须有单独下水道和窨井；厨房的地面应布置明沟，易于地面的冲洗和避免污水积聚。每天下班前要对地面进行冲洗或清洁，以免藏污纳垢，滋生蟑螂等害虫，要经常检查下水道出口的防鼠网是否完好。

2. 墙壁和天花板地面

厨房墙壁、天花板应采用浅色、光滑、不吸油水的材料建成。为了保证墙面清洁，应经常用热水配以清洁剂冲洗墙壁。理想的做法是每天擦一次 1.8 m 以下高度的厨房墙面，每月擦拭一次 1.8 m 以上的厨房墙面。

3. 通风、照明

厨房排油烟装置要经常维护，保证能排出由烹调、洗涤产生的油烟、湿气、热空气和不良气味，防止油烟、水汽在墙壁和天花板凝聚下滴而污染食品、炊具。

只有适度的照明，厨房员工才可能注意厨房中的各个角落卫生。昏暗的环境中，清洁卫生便无从谈起。厨房应安装防爆灯具，或使用防护罩，以免灯泡爆裂时玻璃碎片伤人或落入食物内，应该每周对厨房的照明设施进行一次清洁。

4. 更衣室和卫生间

更衣室员工的便服常常带有外界的病菌，通过在更衣室更换清洁的工作服可以防止外界病菌的带入，但有些单位更衣室卫生不过关，反而变成了细菌滋生的场所。要求通风、照明良好，并有淋浴、洗手池、穿衣镜、紫外线消毒灯等卫生设备，要有专人负责清洁工作。卫生间设备应齐全，使用自控水龙头，出水时间应不少于 15 秒，以免再次启动开关。卫生纸、肥皂等用品应及时补充。进入卫生间前要脱下工作服，使用卫生间后应洗手，出入口应有自动闭门装置。不能以为更衣室和卫生间是职工使用的就可以随便马虎。

5. 垃圾处理设施

厨房要配备足够数量的防蝇、防鼠、不吸潮、不漏水的垃圾桶，桶内应放置塑料袋，以便包扎清理，并加盖密封，以免不良气味外溢污染空气。垃圾桶应及时清理，不能光使用不打扫。每次清扫后应用热水、消毒剂认真洗刷。



6. 杜绝病媒昆虫和动物

苍蝇、蟑螂、老鼠能污染食物、炊具、餐具，传播各种传染病，是对饮食卫生的极大威胁。因此，首先应采取措施防止它们进入厨房、仓库、餐饮店，如有发现应予以杀灭。通往室外的门应设防鼠板，窗子要密封或装纱窗，尽量减少苍蝇、蟑螂、老鼠进入的机会。墙壁、天花板、地面如有隙缝，常常是蟑螂隐匿之处，应予密封。仓库进货时严格查看箱装、袋装物品，检查是否有蟑螂、老鼠混入。定期检查储藏室、仓库、垃圾房是否有“三害”存在，并定期捕捉杀灭。

## 二、厨房安全管理

厨房的不安全因素来自两个方面：食物中毒和生产事故。餐饮管理者要充分认识到这两者的严重性和危害性，清楚自己的责任，同时还必须明白，厨房的安全并非只是管理人员重视就能有效的，必须让厨房全体员工都认识到安全的必要，只有全体员工都有安全意识，共同负责才能达到安全的目的。

### （一）食物中毒的预防

食物中毒是由于食用了有毒食物而引起的中毒性疾病，还经常是由于不注意食品卫生安全等诸多因素而造成的，所以“防患于未然”是餐饮经营者的食品安全工作宗旨。

1. 食物中毒的原因

(1) 细菌性食物中毒。细菌性食物中毒发生的原因，往往是由于食品被致病性微生物污染后，在适宜的温度、水分、pH 值和营养条件下，微生物急剧大量繁殖，食品在食用前不经加热或加热不彻底或熟食品又受到病原菌的严重污染并在较高的室温下存

故，从而使食品中含有大量活的致病菌或它们产生的毒素，以致食用后引起中毒。此类食物中毒主要有：沙门氏菌属食物中毒、变形杆菌食物中毒、副溶血性弧菌食物中毒、葡萄球菌食物中毒、蜡样芽孢杆菌食物中毒。

(2) 真菌性食物中毒。某些真菌天然含有的有毒成分和某些霉菌繁殖过程中产生的霉菌毒素引起的食物中毒，如食用霉变花生引起的中毒、食用霉变甘蔗引起的中毒。

(3) 有毒动植物食物中毒。有毒动植物食物中毒常常因为这些动植物在外形上与可食食品相似，但含有天然毒性成分，如河豚和毒蕈中毒；或者外来污染或存放不当，产生毒物而中毒，如蜂蜜中毒、鱼类组胺中毒；另外有些是食用过量或处理方法不当所引起，如食用大量野生动物的肝脏。

(4) 化学性食物中毒。化学性食物中毒，主要指一些有毒的金属、非金属及其化合物、农药和亚硝酸盐等化学物质污染食物而引起的食物中毒，如砷中毒、锌中毒、亚硝酸盐中毒等。此类中毒主要由于原料被污染、容器被污染或误用、投毒等引起。

2. 食物中毒的预防措施

(1) 严格选择原材料，并在低温下运输、储存。特别要注意杜绝熟食长时间放置在室温下，应及时对熟食进行冷却保藏。

(2) 创造卫生环境，保持加工场所的卫生。食品加工场所的环境温度不能过高，以免食品在加工中变质；另外，必须保持加工场所良好的通风环境；防止鼠类、苍蝇、蚊子及其他昆虫或动物污染食物。



(3) 各种水果、蔬菜等要洗涤干净，以进一步消除残留的杀虫剂。不能使用不新鲜的、变质的、发霉的、本身含有毒素的食品原材料制作菜肴。

(4) 不得使用有毒物质的食品器具、容器、包装材料等。盛器等必须清洗干净并正常消毒。

(5) 生产人员应做定期的健康检查和保持个人卫生。患感冒、受伤及咽喉炎、鼻炎的人不能参与食品制作。

(6) 食品添加剂的使用应严格执行国家规定的品种、用量及使用范围。

(7) 厨房使用化学杀虫剂要谨慎安全，并由专人负责。厨房清扫时，化学清洁剂必须远离食品。

(二) 生产事故的预防

厨房是一个食品生产的车间，有许多火源、电源和机械设备，如果使用不当或疏于防范，很容易发生火灾事故。另外，厨房内的劳动条件较差：湿度大、温度高、噪音大，各岗位多为手工操作，易于疲劳，地面易湿滑，在操作时如不采取安全防范措施，随时可能造成事故。因此管理人员应了解厨房中常见的生产事故，熟悉事故的防范措施，加强安全生产。

1. 厨房火灾的预防

厨房火灾事故是饭店事故中出现频率最高的几种事故之一，应特别加以重视。引起厨房火灾事故的主要有油、煤气、电等热源。厨房的防火要点如下。

(1) 厨房的设计必须遵守消防部门的有关规范条律，并配置足够的消防设施和设备。

(2) 加强火源管理。煤气炉灶、电气热源设备及电源控制柜应有专人负责。下班前，要逐一检查油路、阀门、气路、燃气开关是否关闭，晚上要有人值班。

(3) 在厨房生产中要正确操作。如油锅在加温时，作业人员不可离开，以免高温起燃；要防止锅里的油外溢，以免流入供热设备引起火灾。

(4) 使用酒精炉时不要往正在燃烧的酒精炉内添加酒精，备用的酒精存量不得超过两天的用量，放在备餐间由专人保管，总备用酒精由仓库管理员负责保管。

(5) 使用煤气设备的工作人员要了解煤气的危险性。一旦发现煤气灶有漏气现象或突然熄火，要立即关闭阀门，检查是否安全，然后再使用，以防煤气外泄导致在第二次点火时引起爆炸起火。

(6) 厨房的抽油烟机及管罩，要定期进行清理油污，电路、开关要定期检修防止电器短路引起火灾。

(7) 严禁员工在工作时吸烟，吸烟必须在专门的吸烟室内进行。

(8) 必须对所有员工进行消防知识的培训，另外，应教会员工油锅起火的安全处理方法。定期对所有消防设施检查和试验；定期组织员工参加消防演习，并实际使用厨房灭火设备。

(9) 发生火灾时，应迅速拨打火警电话并简要说明起火位置、部门，尽快设法进行灭火，并根据火情引导客人进行安全疏散。

2. 割伤的预防

割伤主要是由于使用刀具和电动设备不当引起的，预防措施如下。

(1) 厨房中所有的电器设备都要有专人负责，操作人员必须遵守操作规程和安全制度。要加强刀具管理，设置刀具柜和刀具架，所有刀具在上班时定点使用，下班后集中存放保管。

(2) 安全使用电动设备。如使用绞肉机，必须使用专用的填料器推压食品；在清洁电动设备前要切断电源；清洁锐利部位要格外谨慎，要将清洗设备的布折叠到一定的厚度，从刀口中间部位向外擦。

(3) 厨师在使用刀具时要按正确的方法使用并集中注意力。不应持刀时指手画脚、刀口向人以及将刀放在工作台边或放入蓄水池中。

(4) 破碎的玻璃器皿和陶瓷器具要及时处理，并应用扫帚等工具清扫，不得用手拾取。

3. 跌伤、碰撞的预防

很多厨房的地面湿滑，最容易滑倒跌伤和碰撞。有统计资料表明，它们在所有工伤事故中所占比例高达40%以上，应引起厨房管理人员的高度重视。预防措施如下。

(1) 厨房地面要用防滑材料铺设，要求始终保持清洁和干净，及时清除地面油渍、水渍和垃圾，及时清理地面障碍物。

(2) 合理安排工作流程，厨房内的生产过程作业线、垃圾清除线、餐具洗涤消毒线和菜肴出品传送线等的行走路线要明确，避免交叉和干扰。

(3) 厨房人员的工作鞋要具有防滑功能，不得穿薄底鞋、高跟鞋、已磨损鞋以及拖鞋、凉鞋上班；鞋带系紧，脚不外露；严禁在厨房内跑跳。

(4) 厨房的地面铺面砖基有松动时，要立即修理。

(5) 在高处取物时，要用结实的梯子，并小心使用梯子。

4. 烫伤、灼伤的预防

烫伤多发生在炉灶部门，预防措施如下。

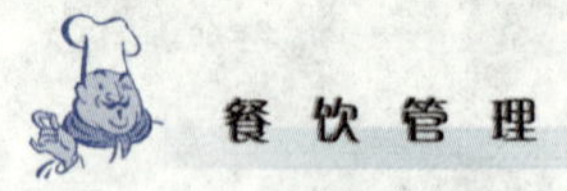


(1) 炉灶人员在使用烹调设备或燃煤气设备时，必须遵守操作规程。

(2) 在烹制、运送食品过程中，应避免直接接触高温炊具和炉具。必要时，应戴上手套或用布巾隔热。

(3) 在烹制过程中，要注意安全。如拿取放在热源附近的金属用具时应用垫布；在使用油锅或油炸炉时，要严禁水分溅入其中；在使用蒸锅或蒸汽箱时，首先要关闭阀门，再背向揭开锅盖；煮锅中搅拌食物时要用长柄勺；往容器中盛装热油或热汤时要适量，运送时要用布巾垫上，并随时提醒别人注意不要碰撞。

(4) 清洗设备时要等冷却后再进行。

(5) 严禁在开启的炉灶周围和其他热源处打闹开玩笑。

5. 扭伤的预防

扭伤多半是因为搬运超负荷物品的搬运方法不正确引起的，预防措施如下。

(1) 教会员工使用正确的搬运方法，这是最关键的预防措施。

(2) 在搬运重物前，要先站稳，背部挺直，不侧弯或前弯；从地面或低处取物时，要弯曲膝盖，全身重心放在腿部而不要放在腰背部。

(3) 严禁超负荷搬运物品。

6. 电击伤的预防

厨房中的电器设备多，极易造成触电事故，预防措施如下。

(1) 电源装置必须在 1.5 m 以上靠墙安装，所有的电器设备必须装有安全的接地线，电器设备的安装要符合厨房操作的安全。



(2) 培训员工，使其掌握正确使用厨房设备的方法。

(3) 设备使用前应检查安全状况，使用中若发现异常应立即切断电源，请专业人员维修。

(4) 禁止用湿手接触电源插座和电器设备，清洁设备时要先切断电源。

(5) 禁止厨房人员擅自拆卸和维修厨房电路设备。

7. 盗窃预防

(1) 在仓库门口挂警示牌“仓库重地，闲人莫入”。未经许可，任何人不准进入食品仓库。

(2) 仓库保管员只能进出自管库区，不得随意串岗或打听其他仓库的库存情况。

(3) 仓库门钩、门锁必须牢固，门窗安装防护设施，有条件的应安装闭路电视监控。

(4) 仓库钥匙应由专人负责，不可随意放置或交他人代管。

(5) 厨房各作业区的工作人员下班前要将贵重用具放入橱柜并上锁保管。

(6) 剩余的食品原材料放入冰箱或冷柜存放，钥匙由专人保管。

(7) 厨房各种钥匙下班后集中交给保安部，由保安人员统一放入保险箱。次日上班后至保安部签字领取。

(8) 加强门口监督和员工互相监督，发现问题及时汇报及时查处。

## 小结

本章从厨房设计、设备管理、人员管理、生产过程管理、卫生与安全管理等方面介绍了厨政管理的主要内容。既有传统管理方法的精髓，又有新思想的火花；既注重理论，又注重实用。内容涉及厨政管理的方法、原理、制度、规范、法律法规诸多方面，是从事厨政管理的必备知识。

## 复习思考题

1. 如何确定厨房的功能布局？厨房的环境设计包括哪些方面？
2. 常用的厨房设备有哪些？配置厨房设备的原则是什么？
3. 厨房人员配置要考虑哪些因素？厨房生产流程管理包括哪几个环节？
4. 我国《食品安全法》规定厨房不得使用哪些原材料？如何防止厨房火灾？

## 案例分析

1. 两次不同的火灾

2010年5月9日，宿迁市某酒店因清洗烟道不慎引发火灾，所幸消防官兵扑救及时，未造成人员伤亡。当日下午2时许，宿迁市消防支队接到报警，称宿豫区江山大酒店东侧一家酒店突然发生火灾，宿迁市消防支队接警后迅速出动3辆消防车18名消防官兵赶赴现场，迅速将被困在二楼的顾客从窗户安全救出。该酒店老板介绍，事发时他和几位厨师在厨房清理烟道内油污，由于操作不慎将大块油污掉入烟道内，而鼓风机将正在炒菜的火苗吹进烟道，引燃烟道内积聚的油污着火，并冒出大量浓烟。本以为自己可以扑灭大火，哪知几分钟后浓烟和火势就蔓延开来，于是边组织扑救边报了警。幸好官兵及时赶到，扑灭了大火，未造成人员伤亡。

然而，另一次火灾远没有上面幸运。

2005年6月10日，中午11时40分左右，汕头市潮南区华南宾馆二层当班服务员闻到烧焦的味道，并发现二层通道吊顶向下冒烟，立即报告经营者林某。林某只让宾馆员工用灭火器灭火，不让员工报警，未组织人员疏散。由于施救不力，火灾迅速蔓延，林某等发现无法控制火势，逃离了事故现场。12时15分，有周围群众发现火情，拨打了报警电话，潮南区消防中队首先到达了现场。此时，熊熊大火夹杂着滚滚浓烟，已从宾馆的几十个窗户喷涌而出，华南宾馆整幢楼都笼罩在浓浓的黑烟之中。而首先出动的潮南区消防中队既没有云梯车，也没有配备救生垫，周边的2个消火栓水压又不足，更为严重的是有些窗户还被宾馆用防盗网固定死了，灭火、救人的难度，远远超过了消防队员们的想象。汕头市委、市政府和潮南区委、区政府有关领导闻讯后，又调用了23部消防车、200多名公安民警和500多名干部、民兵、医务人员参与灭火和抢救工作。大火终于在下午2时35分被扑灭。此次火灾共造成31人死亡，3人受伤，火灾面积2 800 $m^2$，直接经济损失849万元。事后调查，此次火灾的原因是因为供电线路老化短路，引起大量易燃装潢材料燃烧，最终酿成火灾。

2. 无锡艾迪花园酒店厨房管理的取胜之道

无锡艾迪花园酒店地处无锡市惠山经济开发区，是一个相对偏僻的地方，它是一个中高档的综合性酒店。这种类型的酒店在一般情况下餐饮不占优势，然而，在几年的经营过程中，它以其优质的服务和可口的菜品赢得了众多顾客的光顾。在激烈的市场竞

争中，一直保持着稳定的客源，成了当地餐饮企业的一朵奇葩。仅其厨房管理中的一些具体做法就很值得借鉴。

酒店为了保证消费者的饮食安全，特别注重厨房的卫生管理。在设计时就将厨房定义为一个全开放的厨房，厨房的所有通道两侧都是透明的玻璃（见图 6-21），管理人员可以一目了然看到厨房的每一个角落，不留一个卫生死角。同时制定了严格的厨房卫生管理规定，厨房各个部门的卫生责任到人，工作期间随时保持地面、台面清洁干燥，每天下班前冲洗下水道，用抹布擦净地面、墙面，因此，酒店厨房从天花板到地面，从灶台到桌面，任何时间都是干爽整洁，一尘不染。酒店也因此成了疾控部门推荐的卫生示范单位。

图 6-21 整洁的厨房

酒店在菜品质量方面从源头抓起，在选用烹饪原材料上下足功夫，尽一切可能选用绿色、无公害的原材料。普通酒店从批发市场上可以购买的蔬菜、水果、鱼、虾、蟹，在这里都是有品牌的，更极致的是选用从山西某地运回的矿泉水制作部分高档菜肴。在菜品制作上，厨师长更是一丝不苟，各种菜品都有具体的配份标准和制作规程，每一道菜肴的生产都是标准化制作，很多看似普通的菜品都形成了本店的特色。一碗艾迪牛肉面，售价 80 多元，每天都有顾客从几十里外专程赶来品尝。同时，酒店也不忘经常派厨师外出参观学习，参加各种烹饪比赛，定期推出创新菜肴。

**思考题**

1. 案例 1 告诉了我们哪些经验和教训？
2. 结合案例 2，谈谈如可做好厨房管理。

# 第七章 餐饮服务管理

学习目标

- 理解餐饮服务的意义、特点与基本原则
- 明晓餐饮服务的主要方式
- 懂得餐饮服务人员配置和正确配备餐、酒、用具
- 熟悉餐饮服务流程
- 了解宴会种类并初步掌握宴会设计和组织工作
- 掌握酒吧的服务程序与标准
- 知晓餐饮服务质量管理的方法

关键概念

餐饮服务的特点　餐饮服务的基本原则　餐饮服务的主要方式　餐饮服务流程　宴会　酒吧服务　服务质量管理

## 第一节　餐饮服务概述

### 一、餐饮服务的意义与特点

#### （一）餐饮服务的意义

餐饮服务可以被界定为向需要立即消费的人提供完全做好的食品，这个消费可以在食品制作地方进行，也可以在其他地方进行。餐饮服务企业就是为顾客提供食品服务的企业，餐饮服务指通过即时制作加工、商业销售和服务性劳动等，向消费者提供食品和消费场所及设施的服务活动。它可分为直接对客的前台服务和间接对客的后台服务。前台服务指餐厅、宴会厅、酒吧等营业场所面对面为宾客提供的服务；后台服务指在客人视线不能看到的地方，如厨房、管事部等为生产、服务进行的工作。

餐厅是人们就餐的主要地点，在为客人提供基本的餐品以外，餐厅还为客人提供多种多样的服务内容。好的餐厅应该同时具备硬件和软件两方面的优势才能受到客人的

瞩目。

餐饮服务是与某种食品、酒水相关的服务，服务的目标是以符合企业经营目标的方法将食品或酒水送到顾客面前。它包括经营者提供给顾客的所有服务。餐厅服务是客人评价一家餐厅优劣的主要依据，对客人来说，尽管优良的服务不能掩盖或全部弥补低质量餐饮所造成的问题，但粗劣的服务却会使一顿本来十分称心的餐饮索然无味。在大多数情况下，人们光顾一家餐厅，远非仅仅是为了解决饥饿这一基本需求，还往往是出于对地位、自我满足、尊敬、重视、刺激、享受或者新的用餐经历的追求。因此，餐厅服务员也并非仅仅是端酒送菜、收拾碗盘而已，而是一种复杂、细致的职业活动。

通常情况下，不同餐饮服务企业给客人提供服务的范围和程度、样式各不相同。有些企业经营者的服务目标是服务迅速。服务员及时地走到顾客面前为其点菜，然后将加工好的菜点迅速送到顾客面前，在顾客就餐完毕后及时将账单拿给顾客，同时收拾好餐桌。在高级餐馆中，服务的目标要更高更复杂些，还往往具有一些特色服务，形成一种服务精神。服务员要了解菜单上菜点的原材料及其制作方法，服务技巧十分重要，专业素养更是关键。餐饮业有句名言：出色的服务使菜点更出色，而糟糕的服务可以把出色的菜点全搞砸。

（二）餐饮服务的特点

1. 无形性



餐饮服务包括凝结在食品和酒水上的厨师技艺，餐厅的环境，餐前、餐后的服务工作。餐饮服务不同于一般的有形产品，只能在就餐宾客购买并享用餐饮产品后凭生理和心理满足程度来评估其优劣。无形性是餐饮服务的重要特征。餐饮服务的无形性给餐饮带来了销售上的困难，而且餐饮服务质量的提高是无止境的，所以要想提高服务质量，增加餐饮产品的销售，关键在于餐饮工作人员，特别是餐厅服务人员的服务技能和服务态度，当然还包括厨师的技艺及创造性。

2. 差异性

餐饮服务的差异性主要在两方面反映出来，一方面，餐饮服务是由餐饮工作人员通过手工劳动来完成的，而每位工作人员由于年龄、性别、性格、所受教育程度及其职业培训程度等方面的不同，他们为宾客提供的服务也不尽相同；另一方面，同一服务员因在不同的场合、不同的时间，其服务方式、服务态度等也会有一定的差异，这就是餐饮服务的差异性。在餐饮管理中，要尽量减少这种差异性，使餐厅的服务质量趋于稳定。

3. 一次性

餐饮服务的一次性是指餐饮服务只能当次使用，当场享受，过时则不能再使用。这恰似酒店的客房、客机的座位一样。如当日没出租或满座，那么酒店或航空公司失去的收入是无法弥补的，所以要注意接待好每一位宾客。给他们留下良好的印象，从而使宾客再次光顾，最终使客人成为回头客、常客。巩固原有客源市场，不断开拓新的客源市场。

4. 同步性

绝大部分餐饮食品的生产、销售、消费在餐馆是同步进行的。餐饮产品的生产服务过程也即宾客的消费过程，即现生产、现销售。同步性决定了餐饮产品不宜贮存，也不宜外运，餐馆工作人员要全身心投入，为客人服务好，为企业售出更多的餐饮产品。

## 二、餐饮服务的基本原则

餐饮服务包括许多环节，需掌握以下必要的原则。

### （一）协调原则

良好的服务必须依赖各环节工作人员的通力合作，需要组织和安排好厨房与服务人员的工作分工，使各环节的工作有机衔接，以减少乃至消灭差错。

### （二）灵活原则

餐饮服务对象千差万别，不同职业、民族、社会阶层、年龄、性格、宗教的顾客对食品、饮料及服务的需求是有区别的。而餐饮服务管理的目标就是尽可能满足各类顾客的需求，让各类顾客都满意，因此服务方式和服务程序要体现灵活性。

### （三）安全原则

所谓安全是指避免一切有害于顾客与职工的事故。首先是食品安全，“民以食为天，食以安为先”，应对食品复制加工、服务销售全过程进行严格要求。例如要求服务人员头发不可太长，并保持整洁，男服务员每天剃须，天天刷牙避免口臭，经常洗手消毒，指甲不可太长，身体保持清新，以防体臭。服务中，不要用手触摸脸和头，手指不能接触玻璃杯内缘，掉在地上的餐巾、餐具不能拿给客人，掉在地上或桌上的食物不能拿给客人，不要当众剔牙及做不雅观之动作，不能面对食物或在客人面前咳嗽、吐痰、打喷嚏。另外，对餐厅、厨房、餐具、设备和卫生间的清洁条例化、标准化，管理人员定期检查、监督、执行，所有工作人员要定期检查身体。无论管理人员还是服务人员，都必须认识到制定安全措施的重要性。

此外，管理人员和服务人员对在餐饮部门可能发生的摔伤、着火、触电、抢劫等应有足够的防范措施和处理常识。

### （四）客人第一原则

客人第一原则即尊重客人，在餐饮服务接待中强调客人第一原则，使客人感到由衷的满意。可以从仪表、礼貌、自律、技巧四个方面使客人感到被尊重，获得良好的心理感应。

1. 仪表

仪表对客人的第一印象相当重要，餐饮服务对客人要做到：容貌端庄大方，体态匀称；注意保持头发、皮肤、牙齿、手指清洁及整齐；女服务员面部要化淡妆；制服要保持整齐清洁；鞋要保持清洁光亮。

2. 礼貌

待客礼貌可使动作表现、语言表达、面部表情、语言控制等自然、友善、和蔼。餐饮服务的礼貌细节：与客人谈话时，必须直腰挺胸站立；与客人谈话要暂停工作，留心客人吩咐；客人言语过分，也不要在脸上流露不悦；当客人或上级经过时要点头致意；客人呼唤时，需把腰部稍弯，以示尊敬；不得讥笑客人外行的地方（如不会使用刀叉）、客人身体的缺陷；客人发生不慎的事情，应主动帮助客人；交回客人证件时要双手捧回；凡在行动中遇到客人，应在一边让路；在餐厅门口遇见客人，应道声“再见”

“晚安”之语。

3. 自律

自律是指服务人员必须具备自我约束的能力。知道自己该干什么，不该干什么，时刻检点自己的行为。

4. 技巧

有丰富的知识和技巧，既可以提高工作效率，也使客人倍感满意。

## 三、餐饮服务的主要方式

餐饮服务方式是一个地区、一个民族在长期的餐饮发展过程中逐步形成的侍应习惯，并作为约定俗成、相对固定的形式得到人们的普遍认可。比较明显的服务形式就是餐厅中普遍采用的几种不同风格的服务形式——美式、法式、中式等。其他的服务还包括厨房中的食品制作、职员的态度、刷碗、代客停车、存放衣帽、背景音乐、生日庆祝、给顾客免费照相，甚至搞娱乐活动，如音乐家、小丑或魔术表演等。但总体上餐饮服务包括餐桌服务、柜台服务、自助服务、房间送餐服务、外卖或外送服务等。

### （一）餐桌服务



餐桌服务指的是以服务员到桌记录客人点菜，将菜端送到桌的过程，即顾客坐在酒店餐桌旁等候服务员为其提供就餐服务，直至餐毕结账的过程。餐桌服务具体服务内容、服务顺序，因各国家和地区有着较多不同的食品服务模式，有中式、法式、美式、英式、俄式、日式等。而以中式和法式最具东西方正餐服务的代表性，其中尤以宴会服务为重。

宴会是一种相对高档的正餐形式，是指宾、主之间为了表示欢迎、祝贺、答谢、喜庆等目的而举行的一种隆重、正式的餐饮活动。2008 年 8 月 8 日中午，中国国家领导人为前来参加 29 届奥运会的各国政要举办国宴。在领位员的陪同下，各方贵宾逐次坐于 9 张大圆桌前，每张桌的贵宾人数从 25—27 人不等。每张桌子以鲜花为名，分别为牡丹、茉莉、兰花、月季、杜鹃、荷花、茶花、桂花、芙蓉。主桌“牡丹”桌上，主宾共 27 人。宴会准备的热菜为三菜一汤。主菜为荷香牛排、鸟巢鲜蔬、酱汁鳕鱼，汤为瓜盅松茸汤，北京烤鸭则作为附加的小吃提供给各方贵宾。此外，菜谱中还有一份冷菜——宫灯拼盘，其外观设计取意于中国古典华美宫灯。席间，每一位宾客面前都有一个餐盘，餐盘两侧放置着三套刀叉、一把汤勺，另有三个高脚玻璃杯一字排开置于餐盘前方，盛的分别是干红、干白和白水。鉴于席间某些贵宾生活习惯的缘故，有些菜肴并没有向他们提供，但都在左边外侧放有面包和一把黄油刀。

### （二）柜台服务

柜台服务指顾客通过柜台接受食品的过程，如顾客在快餐店柜台前等候点菜，通常菜单上的菜样比较有限，而且食品都是预先制作好的，顾客点的菜只是由服务员拿起来递到顾客手中，或是放在托盘里，或是打包放入袋中，这主要看顾客是否在店内用餐。

与餐桌服务相比，这种形式越来越普遍，尤其是在一次能接待众多顾客的餐馆，如美食广场。柜台服务优势在服务快，顾客有更多的自主选择权，顾客希望自我服务，因为不必付小费，自选餐馆使收入不丰的人也能在外就餐。

（三）自助服务

自助服务不论顾客选什么、选多少，每顿餐费都是固定的。有些餐馆通常为某些场合或某顿餐采取这种自助餐的形式，如婚礼招待或早餐。也有的餐馆以自助餐为主，如自助火锅店。这种服务的优点是可以最低限度地使用服务员并提供快捷的服务。但不足之处是很难控制消费量，因为顾客可以随便选餐，爱选几次选几次，常常会造成浪费，这就需要主厨去想方设法节约成本。

（四）外卖和外送服务

外卖和外送服务越来越普遍流行，这些服务的特点是食物不在餐馆中消费。顾客可以自己来餐馆中拿取食物，也可以要求送货上门。许多餐馆除餐桌服务外，还提供外卖和外送服务，可以在无须扩大经营场所的情况下大大增加销售额。

使用外卖和外送服务最多的是经营中餐和比萨两种民族风味的餐馆，可以在很小的场所进行经营，从而大大降低成本。福记和丽华快餐都属于此类服务。

（五）客房送餐服务

客房送餐服务主要见于酒店，但医院也常常为病人提供这种服务。两者的主要区别是：食物送到客人或病人的房间中消费。

这种服务属于劳动密集型服务，送到客房的食物比在餐厅中消费的同等食物价格要高些，酒店在这项服务中并不赚钱，反而常常亏本，原因是劳动力成本过高。酒店将客房送餐服务仅当作一种服务内容，而非主营业务。

（六）酒水服务

酒水服务是又一类服务，在西餐厅中通常由调酒师完成，也有雇用服务员设置服务吧台。中餐服务中的酒水服务是餐桌服务，尤其是中餐宴会中的服务，中餐的酒水服务将会在专门的餐饮服务课程中讲述，这里只提一下宴会酒水的搭配。

1. 酒水与宴会的搭配

中式服务除斟酒服务外，往往在宴会中注重酒水与宴会的搭配。

宴会用酒应和它的主题相符，婚宴气氛热烈、隆重，适当选择酒精度高一点的酒；寿宴气氛融洽，就会选择酒精度低一点的酒或滋补酒。利用好的酒名，还能为宴会生辉，如婚宴选用喜临门和口子酒，寿宴用金六福酒，金榜题名用状元红等。由于越来越多的客人意识到高度酒的危害性，而且宴会中饮用高度酒后会对美味佳肴食之无味，所以酒店尽量选用低度酒供客人享用。

2. 酒水与菜肴的搭配

客人之所以习惯在进餐时喝酒，除了美酒配佳肴外，许多酒还有开胃、增进食欲、促进消化等功能。酒店经营者应十分注重菜肴与酒水的搭配，充分体现和加强菜肴的色香味。例如，西餐讲究白酒配白肉、红酒配红肉，只有二者相互辉映才可充分显示其特色风俗。

3. 酒水与酒水的搭配

由于在宴会中客人往往在同一场合饮用两种以上的酒水，因此酒店在服务中应注重酒水与酒水之间的搭配。一般淡雅酒在先，浓郁酒在后，目的在于推动宴会由低潮逐步走向高潮并走向完美。

# 第二节　餐饮服务组织

本节主要讲述对餐饮服务环节进行有效组织管理的问题，即如何对餐饮服务的人、财、物资源进行合理配置，使其有序运动，合理、人性化并富有效率。

## 一、餐饮服务人员配置

### （一）服务岗位人员配置

本节内容侧重餐厅经理（包括副经理）之下服务岗位的人员配置。规模较大的餐厅设置总领班，对餐厅经理负责，督导各领班及领位和酒水员的工作；领班下设服务员、服务员助理和传菜员，他们负责最基层的服务工作（见图7-1）。



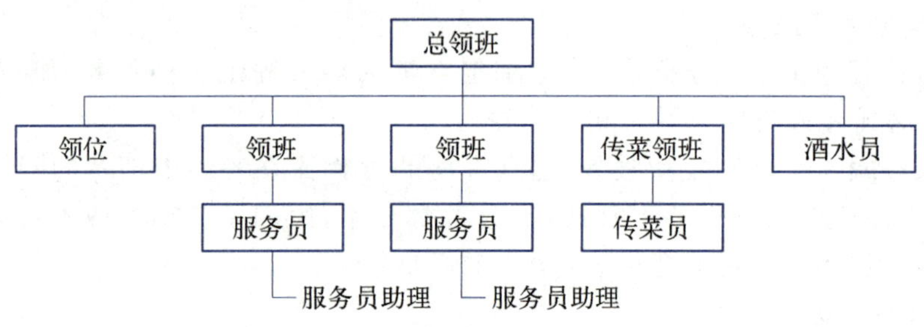


图7-1　餐饮服务岗位一般组织结构图

### （二）餐饮服务人员配置类型

无论是饭店餐饮部系统或是独立经营的餐厅，餐饮服务人员配置可以分为如下两类。

第一，设计固定费用的员工，这些岗位对员工的需要量与接待量的大小没有直接关系。

第二，设计可变成本的员工，他们的数量配备与接待量的大小有直接关系，当接待量达到一定限度时，就必须增加员工。

### （三）影响餐饮服务人员配置数量的因素

影响餐饮服务人员配置数量的最重要的因素有两个。

1. 服务规模

对于餐厅而言，应根据营业时间的长短、服务区域以及座位的多少，来确定设立几个领班和相应的服务员人数；而对于宴会部门而言，则会根据预订的就餐人数配置服务人员数量。

2. 服务规格

服务规格影响服务人员的配置，反过来说，服务的细致程度体现了餐饮服务的规格档次。例如，在一家高档饭店，可能配置一名餐厅服务员服务一桌客人；当规格降低时，这名餐厅服务员可以服务两桌客人；当遇高规格的宴会，可以安排两名餐厅服务员为一桌客人服务（一般大小的餐台）；也可以在一次大型宴会当中，主宾席区的每个餐台配置两名餐厅服务员服务，其他餐台各配置一名服务员。而在一家不凭服务取胜，注重实惠的低档餐厅，一名服务员可能要负责一个区域的服务工作。

### 扩展阅读

这是一个中高档餐厅的 90 人宴会布局示意图(见图 7－2)，该餐厅安排了 21 名工作人员为此次宴会服务，具体安排如下。

宴会厅设 1 名宴会总指挥；总指挥下设 1 名联络员，由银台兼职；保安兼汽车领位设 2 人；总服台设 1 人；签到台设 1 人；迎宾员设 4 人；银台设 1 人；吧台设 1 人；贵重物品存放及衣帽存放设 1 人；男、女洗手间各 1 人；医务保健室设 1 名医务人员；音控室兼电工设 1 人；两个宾客休息厅各设 1 名服务员；备餐间设 2 人，其中 1 人由贵重物品存放处的服务员兼任。此外，开餐后保安、签到人员、迎宾员中的 2 位和宾客休息厅的服务员都到宴会厅服务，即主桌(1 台)设 2 名服务员，其中 1 名兼职重要贵宾休息室，另专设 1 名传菜员；Ⅱ区、Ⅲ区每两桌设 1 名服务员，均为兼职服务员，其中 2 名服务员由迎宾员兼职，1 名由签到人员兼职，1 名由宾客休息厅服务员兼职，每区设 1 名传菜员，宴会中由保安兼职；Ⅰ区、Ⅱ区、Ⅲ区各设 1 名兼职领班。

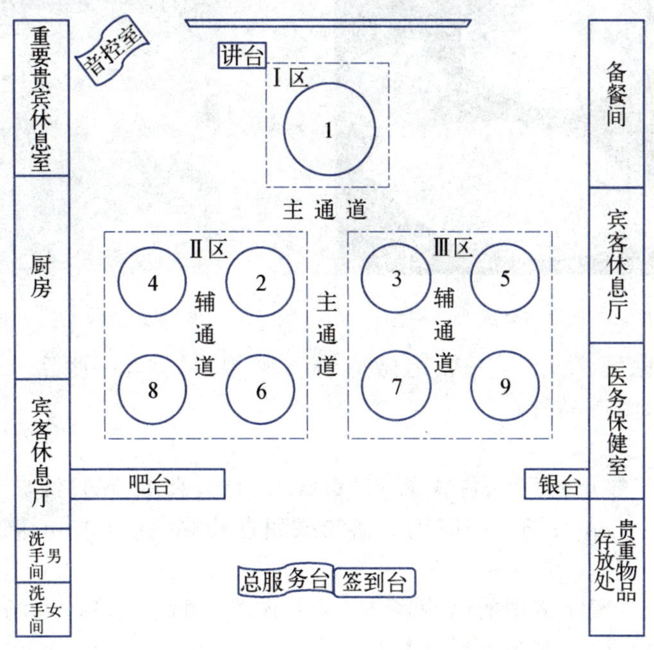


图 7－2 90 人宴会布局示意图

## 二、餐、酒、用具配备

### (一) 中餐餐、酒、用具的品种配备

中餐餐、酒、用具的品种配备，应与餐厅的风格和餐厅或宴会的规格相适应。本节主要介绍中高档中餐厅的常见餐酒用具(见图 7－3)。

图 7-3　中餐摆台常见餐酒用具

1. 餐具

餐具即盛装食品的器具。按其用途可划分为餐具和盛具两大类；按其质地可划分为瓷器餐具和玻璃餐具等。

(1) 盘

① 骨碟(见图 7-3)，又称餐碟，是餐厅常用的一种餐具，供客人放置用餐过程中产生的垃圾，如鱼刺、螃蟹壳等。

② 平盘，菜盘的一种，一般用于盛器，盘底平而圆，规格有直径 12—31.5 cm不等。

③ 鱼盘(见图 7-4)，一般用做盛装整形菜用，如盛装全鱼；有时也盛装整鸡、整鸭、烤乳猪等；有时也用于冷菜彩拼、拼盘。规格从 24.5 cm—40.8 cm 不等。

图 7-4　鱼盘

图 7-5　高脚盘



④ 高脚盘(见图 7-5)，一般用做盛装干鲜果品、点心、食品。规格有 7.1 cm、22.8 cm—40.64 cm 等品种。

(2) 碗

面碗一般用于零点餐厅吃各式面条(直径 23 cm，高 8 cm)；饭碗一般用于盛米饭(直径 11.5 cm，高 5 cm)；汤碗一般用于盛汤或甜食菜等(直径 9 cm，高 4.3 cm)。

(3) 勺

勺的种类很多，餐厅常用的有小汤匙(又名调羹，可配匙垫)、大汤勺、公用勺等，其中前两者为瓷器类，后者多为不锈钢材质。

(4) 筷子

筷子是中餐的主要食具，主要用于夹持食品。筷子按质地分有金筷、银筷、象牙筷、仿骨筷、红木筷、竹筷和普通木筷等，并有圆头和方头的区别。

2. 酒具

餐厅准备的酒具种类、规格，要与其经营的酒品种类相配。中餐厅常用的酒水杯有水杯、红酒杯、白酒杯、黄酒杯(碗)等。

(1) 水杯也称啤酒杯，一般用做盛装啤酒、饮料、矿泉水等。

(2) 红酒杯一般用于盛装度数较低的葡萄酒类色酒。

(3) 白酒杯是酒杯中较小的酒杯，一般用于喝度数较高的烈性酒。

(4) 黄酒杯(见图 7－6)，一般是瓷杯(带盖能加热)，多用于喝加热的绍兴酒、加饭酒。

由于不同酒品的风味和色泽各不相同，如果使用同一只杯饮用几种不同酒品或饮料时，就会使饮品失去各自的特色，因此，餐厅应配备足够数量、品种不同的酒杯，使服务人员从事酒水(饮料)服务工作时更加方便、周到。

图 7－6　黄酒杯

图 7－7　盖碗茶

(5) 茶具

茶具有盖碗茶具(见图 7－7)与普通茶具等多种。盖碗茶具的茶碗底托直径为 10.3 cm，高 2.5 cm，碗口直径为.8 cm，高 5.5 cm，口盖直径为 8.7 cm，高 2.2 cm。普通茶有茶壶及配套茶碗。

3. 用具

用具包括口布(又称餐巾)、台布、桌裙、小毛巾、毛巾盘、毛巾夹、冰块夹、托盘、托盘垫布、台号、席位签、鲜花、菜单、点菜单、笔、开瓶器、打火机或火柴、调料壶、调味瓶、水果刀和叉、温酒器、洗手盅等。

(二) 中餐餐、酒、用具的数量配备

餐酒用具的配备数量，除了要考虑宴会人数、菜肴品种外，还要视宴会的规格标准而定，因为席间撤换餐具、用具次数往往要根据宴会的规格标准而有不同。

1. 骨碟用量的计算方法

- 最普通的宴会，骨碟的数量按照客人的人数配备基本用量，另备 20%的备用。
- 稍稍尽心的服务，会在客人们骨碟中的垃圾较多时，为餐桌上的每位客人清理骨碟。
- 高档酒店会在一般宴会前，根据菜单准备骨碟，考虑在下列情况下，为客人更换骨碟：骨碟中的垃圾接近一半时；上一道菜品具有浓郁的味道时；上一道菜品是需要粘取调料的菜品时；客人要求更换骨碟时。因此，在高档酒店，一般情况下，餐厅应该配备的骨碟数量是餐位的 5—7 倍，保证餐厅换盘时使用。席间多次更换餐具，可使菜肴不失其色，保持原汁原味，突出特点，增加美观。
- 高级宴会，应上一道菜换一次骨碟。因此，高级宴会骨碟的计算方法：骨碟数量＝菜的道数×客人人数×1.2。

2. 碗用量的计算方法

- 一般宴会碗的数量＝客人人数×1.2

● 高级宴会 A 款碗数量=使用 A 款碗的菜的道数×客人人数×1.2

3. 小汤匙用量的计算方法

● 一般宴会小汤匙的数量=客人人数×1.2

● 高级宴会小汤匙的数量=汤的道数×客人人数×1.2

4. 大汤勺用量的计算方法

大汤勺的数量=汤的道数×桌数×1.2

5. 筷子用量的计算方法

筷子数量=(客人人数+桌数×2)× 1.2

6. 筷架用量的计算方法

筷架数量=客人人数× 1.2

7. 茶具用量的计算方法

● 茶壶、茶壶垫盘数量=桌数× 1.2

● 茶碗、茶碟数量=人数× 1.2

8. 常用棉织品用量的计算方法

● 台布数量=桌数×1.2

● 餐巾数量=(客人人数+桌数)×1.2

● 小毛巾数量=客人人数×4.2×1.2

● 毛巾盘数量=客人人数×1.2



9. 公用物品用量计算方法

公用物品每桌的基本配备量为:

● 公座(又名公用筷架)2 个或用骨碟替代

● (不锈钢)公用勺 2 个

● 公用筷子 2 双(前面已计算)

● 牙签桶 2 个(或牙签包 1 个/人)

● 烟灰缸 2 个或 4 个或 5 个

● 分菜叉、勺的数量与菜肴道数相等

除了烟灰缸需要勤巡视、勤换外,其他公用物品根据上述所需数量的 20%另做备用,即:

● 公座数量=桌数×2×1.2

● 公用勺数量=桌数×2×1.2

● 牙签桶数量=桌数×2×1.2

(三) 西餐餐、酒、用具的配备

1. 西餐厅餐和用具的配备

根据西餐餐厅的菜式服务,通常配备如下餐和用具。

● 沙拉:配沙拉刀、叉

● 汤:配大汤勺

● 主菜:肉类配肉刀、肉叉,鱼类配鱼刀、鱼叉,调味瓶

● 甜品:蛋糕、冰激凌、水果配甜叉、甜勺、水果刀、叉

● 咖啡、茶:配咖啡勺、奶缸、糖缸

● 面包:配黄油刀

2. 西餐厅酒具的配备

西餐酒具按质地可划分为瓷酒杯、玻璃酒杯、金银酒杯等多种，大多数餐厅使用玻璃酒杯。玻璃酒杯按其用途又有香槟酒杯、水杯、波尔多酒杯、阿尔萨斯酒杯、白兰地酒杯、伏特加酒杯、威士忌酒杯、鸡尾酒酒杯等多种。

（四）餐、酒、用具的合理保管

1. 银器的清洁与保养

银器是餐厅的高档用具，它大多是以铜质金属做坯，外镀一层银。常用银器有刀、叉、勺、筷、碗、壶、毛巾碟，还有供自助餐用的酒精保温锅及垫盘等。

（1）银器的清洁

银器的清洁通常分五个步骤：

- 冲洗，用清水或热水冲掉银器上的残留物。
- 配药，将锡纸垫于一个容器中，锡纸大于容器底，然后用药水配制成洗银溶液。
- 浸泡，将银器放入药液中浸泡 20—30 min，重污可浸泡 50—60 min。
- 二次冲洗，用清水冲掉银器上面的药液。
- 消毒，放入洗碗机，过机消毒。

（2）银器的保养

① 定期保养。银器如果长时间不用就会变黑，因此长期不用的银器要进行定期保养。保养方法是：将银器浸过水后用布蘸上银粉或银膏进行擦拭，或用洗银液进行浸泡，经过洗涤去掉污垢再用清水冲洗，擦干或晾干后封存待用。

② 分档存放。银器应设专柜分档存放。银器种类较多，规格不同，为避免相互间的划、刮、碰撞而造成损坏，一定要设专柜存放。

③ 专人管理。银器属贵重器皿，因此应设银器台账，分类、分档登记造册，由专人负责保管，实行领出收回登记制度。宴会结束要及时收台进行清点核对，以防丢失。

2. 玻璃器皿的清洁与保养

（1）清洁

玻璃器皿是餐厅常用的器皿之一，如各种酒水杯、冰激凌杯、果盘等。玻璃器皿一般较薄，质地很脆，易破碎，因此在清洁时应做到：

第一，分类洗涤，洗涤程序是先用冷水浸泡去其酒味，然后用洗涤灵洗涤消毒，最后用清水冲洗。器皿洗净后要控于水并用洁净的布巾擦干。

第二，轻擦，擦玻璃器皿时动作要轻，用力要得当，以免造成破碎，达到无水痕和手纹，呈现光、洁、涩、干、透明光亮状。

（2）保养

玻璃器皿存放时应按不同规格分档存放，切忌套叠码放，防止碰撞损坏酒杯。如发现破损应及时停止使用。洗干净的器皿必须盖上干净的口布以免被污染。

3. 陶器、瓷器的清洁与保养

（1）陶器的清洁

餐厅使用的陶器有餐具、盛具、茶具等。洗涤时要用洗涤液洗涤消毒，用净水冲洗，控去水擦干。

（2）陶器的保养

陶器质地脆涩，在保管中应做到少磕碰、少堆叠，按其大小形状分类存放。高档陶





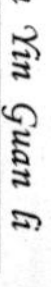

器不用时应予以包、垫保管。

(3) 瓷器的清洁

洗涤的程序是：一刮、二洗、三消毒、四冲。一刮，即刮除残渣；二洗，是用经过卫生监督部门批准使用的洗涤剂洗刷油污；三消毒，是用消毒液进行消毒；四冲，是将洗过的餐具用流动水冲掉消毒液残迹，然后进行消毒。消毒方法通常有煮沸消毒、蒸汽消毒、干热消毒、化学消毒。现在通常用蒸汽消毒法，因为蒸汽消毒法适用于饭店、宾馆各种单位。

(4) 瓷器的保养

瓷器虽然一般较厚，但其质地很脆，使用过程中保养是一个很重要的环节。使用中要做到轻拿轻放，避免碰撞。冬季使用瓷器盛装热食时应先将瓷器预热，以免冷瓷突然遇热而炸裂。破损的餐具不得继续使用。瓷器应分档存放、码放时不可堆叠过高。长期不用的餐具应放在餐具专柜存放，如果再次使用时必须重新进行清洗消毒。

4. 各类棉织品的清洁与保管

(1) 台布、口布的清洁与保管

设专人负责，实行领出收回制度，以防丢失。口布、台布要分类保管，每天用完后要及时清点数字，及时送到洗衣店进行清洗，洗完后要分类存放保管，以待备用，如有破损台布应及时停止使用。

(2) 小毛巾的清洁与保管



小毛巾每天用完后应及时清洗。洗涤的程序是：先用清水泡，再用专用洗毛巾液洗，漂白剂洗涤，清水冲洗，最后进行消毒，以待用。

(3) 桌裙的清洁方法

桌裙的材料一般以丝绒为主，所以在清洗时一般采用干洗，以保持桌裙原有的形状。

## 三、餐饮服务流程

餐饮服务流程主要分为餐前、餐间、餐后三大环节。

### (一) 餐前

1. 餐前准备工作

按时到岗，接受指派工作。餐前准备工作的主要内容如下。

(1) 环境准备

一要地面光。扫地，擦地板，打蜡或吸尘。二要四周洁。擦门窗玻璃、楼梯扶手，拂去墙壁、多宝福、衣帽柜、装饰物等处灰尘。三要桌椅净。桌面无油腻、水迹，桌腿、椅背、椅腿擦净，并检查有无松动、坏损，若有应及时修补。四要打扫工作台。工作台应干燥、清洁，无灰尘、油污。整个餐厅窗明几净，整洁明亮。五要调好室内灯光。六要摆好室内屏风、装饰物等。七要根据需要做好节假日、喜宴的店堂美化工作。

(2) 物品准备

① 餐、酒、用具准备。根据餐厅类别或宴会要求，将所需餐、酒、用具洗净、消毒后叠放在备餐间或备餐桌上，准备好服务用具。

② 酒水饮料准备。备好供应的酒水、饮料、茶叶、开水、冰块等，提前将需要冷藏的

酒水、饮料备足放入冷柜。

③ 当日菜单准备。应熟悉当日菜单、品种、价格、主料、辅料。要知道当天推销的新品种和受季节变化不供应的品种。

④ 摆台。按餐厅摆台规格进行摆台。

(3) 仪容准备

餐厅服务员仪表仪容总的要求是精神饱满,端庄大方,给人以亲切、可信赖的印象。

餐厅服务员上岗,必须按规定着装,左前胸佩戴标牌,工作服整齐清洁,纽扣齐全,平整笔挺。衬衣一般系裤内或裙内,领带、领结符合规定,做到无脏、无皱、无破损。

个人卫生清洁,保持手洁,不留长指甲,不抹指甲油。避免身体异味,保持体味清新。头发梳理整齐,男发不超过发际线,不盖耳,不过领,不留大鬓角;女发不过肩。女餐厅服务员应化淡妆上岗,各种装饰品一般不用,用则求简。

餐厅服务员上岗要注意力集中,面带微笑,体态高雅,举止庄重,落落大方。

上岗前,餐厅服务员要面对镜子,自我检查一下,是否合乎要求;或餐厅服务员双方相互检查,相互纠正,以最佳的精神状态做好开业前的准备。

总之,餐厅服务员要以旺盛的精神、充沛的体力、清晰的思维、敏捷的动作、明亮的眼睛、有条不紊地做好餐前各项准备工作。

2. 餐前检查工作

- 菜单、酒单要求整洁无污迹及破损,摆放整齐。
- 餐具干净无缺口,台布、口布挺括,无破洞和油渍。
- 餐椅干净无尘,坐垫无污迹,桌椅横竖对齐或者有规律排放。
- 台面摆台符合摆台规格。
- 花草鲜艳无枯叶。
- 餐具柜内餐具、台布、托盘及一切开餐用具摆放整齐,餐具柜垫布整洁。
- 地面无杂物、无纸屑。
- 点菜单、圆珠笔、开瓶器等备好。

(二) 餐间服务工作

1. 迎宾服务

(1) 迎宾引领

① 端庄等候。开餐前五分钟,站在指定的位置上,恭候客人的到来,站立要端正,不依靠任何物体,保持良好地精神面貌和姿态。

② 微笑问候。客人进入餐厅时,要有专职的迎宾员或餐厅经理站在餐厅门口热情迎接,礼貌问候。常说:“您好!欢迎您的光临!”“您好!欢迎您,您一共几位?”“您好!请您随我来。”等。迎宾要面带微笑,真诚热情,目光正视,使宾客一进门就留下一个美好的印象。

③ 主动引领。迎宾员问候宾客后,根据客人的人数或要求,将其引领到合适的位置。

④ 拉椅让座。迎宾员带领客人进入餐厅,服务员应上前微笑问候,表示欢迎,并主动协助拉椅让座。动作要领:手拿椅子背两侧边缘,从主宾位开始拉椅让座,并招呼客人:“请坐”。拉椅时扶椅背拉出,然后用膝盖慢慢将座椅往前顶,直至客人舒适。如有小孩应主动送上小孩椅。服务标准:动作要轻,椅子距垂挂台布 1 cm,正对餐碟,面向

桌子圆心。

（2）递菜谱

客人就座后，迎宾员将菜单和酒单送到客人手中，要注意先递给女士或长辈，并用敬语。

（3）挂衣帽

若客人需宽衣时，为客人挂好衣服。

2. 递送毛巾

（1）提供小毛巾服务的时机

在客人进餐的整个过程中，服务员应根据餐厅或宴会的规格要求，向客人提供多次小毛巾服务。当客人入席时，即在迎宾员为客人递菜谱之后，提供第一次小毛巾服务；客人吃完带壳、骨等须用手抓的食物后可向客人提供小毛巾服务；客人吃完海鲜后提供小毛巾服务；客人用餐完毕提供最后一次小毛巾服务。

（2）提供小毛巾的温度

冬季提供40℃的小毛巾，夏季提供常温的小毛巾。

（3）提供小毛巾服务的程序和标准

- 将卷好的消毒毛巾用毛巾夹整齐地摆放在毛巾篮中，配上毛巾夹或分餐叉勺。
- 用左手托篮。
- 从客人左边将毛巾递送到客人的毛巾碟内，并用敬语“请用毛巾”，保持微笑。
- 按顺时针方向依次服务。
- 换毛巾：每次递送毛巾之前必须将原来用过的毛巾先撤下，注意撤走和递送不能用同一把毛巾夹。



3. 问茶

征询客人意见喝什么茶，并主动介绍餐厅的茶叶品种。

4. 落口布（铺餐巾）

在问茶的同时给客人松开口布花，铺在客人膝盖上，并用敬语，如客人不在，可将口布一角压在餐碟下。口布上有标志的，标志面向客人。

5. 松筷套（撤筷套）

动作要领：撤筷套应从客人右侧进行，右手在上，左手在下，将客人面前的筷套拿起，在客人身后，把筷子从筷套套口中脱出，应注意手拿筷子的尾端，再轻放回筷架上。撤走花瓶与桌号牌，放在附近的工作台上。

6. 后继服务

为迟来的客人应补上香巾、热茶。视客人就餐人数，进行撤位和加位，操作时均要求使用托盘，并将餐具一起收摆，以减少操作次数。

以上一切工作就绪后，准备好点菜单，站在适当位置，准备帮助客人点菜。

## 案例分析

某日下午2:30，中餐厅接到上级的紧急通知：晚上5:30中国国家羽毛球队在中餐厅摆庆功宴，席设9桌。接下来的3个小时，整个酒店各部门忙得不可开交，但大家互相协调、团结合作，如愿于5点钟部署好全部开宴准备工作。当酒店老总带领中国国家羽毛球队队员缓步进入中餐厅时，却发生了一件怪事：自客人进入中餐厅门口到餐台的一段路中间，由于实习生领位没有及时带位，使客人中的主客没有坐到主台，却随便坐到了末席，而那些记者和陪员却坐到了主台。此时，服务也出现了小差错，许多实习生服务员站在餐台旁边看着明星而慌了手脚，直到客人呼叫才回过神来。在整个宴会期间，由于没有事先调配好，就导致了整个服务过程出现凌乱。

[**案例评析**] 打造能"随机应变"的服务队伍

在这次宴会后，总经理马上召开全体员工大会，就这次宴会存在问题进行了座谈讨论，会中提到酒店服务存在的几大问题。

客人从门口进来走到餐台这段路中，竟然没有一位主任或经理出来带位，从而导致客人坐错位置，以致打乱了事前布置的服务计划。

此外，宴会服务前后期间，酒店各部门间合作不够协调，楼杂和堂面工作配合不好，导致某些事影响了宴会的氛围；酒吧准备工作也不够充分，酒店在招待这种VIP客人宴会时居然没有设立宴会吧专柜，以致酒水服务效率不高。同时，还发生基层管理者不肯亲自动手服务的现象。

一个成功的餐饮经营，必须具备理想合适的环境、物有所值的产品和服务、灵活的推广促销和完善科学的管理，其中缺少任一个因素都有可能导致酒店经营的失败。在酒店这个大家庭，只有各个部门分工合作，团结协调才能为客人提供良好的服务和产品，进而为酒店创造更多的价值。



7. 点配菜点

(1) 客人看了一会菜单或示意点菜后，即上前微笑问："先生/小姐，请问现在可以为您点菜了吗？""请问喜欢吃点什么呢？"并主动介绍当天供应的菜式。

(2) 点菜时，应站在客人右侧，要立正、微笑，身体向前倾，留心听，认真记。

(3) 如客人点的菜没有供应，应先道歉，说"对不起，这个菜卖完了，可否换××菜怎么样？"介绍的菜式应与客人点的菜类似或另有特色。

(4) 如客人点了相同类型的菜或汤，应主动提示客人另点其他菜式，如客人表示要赶时间，应尽量建议客人点些能快上的菜，少点蒸、炸、酿等需要较长时间的菜。

(5) 客人点完菜后，征得客人的分量或主动建议适当的分量，然后向客人复述菜单，检查是否听错或漏写，点菜完毕后向客人道谢并介绍推销酒水。

(6) 点菜单一式四联，分别派送到吧台收银、厨部、传菜部和留底对单。

(7) 开订单时，字迹要清楚，注明日期、台号、人数、分量及点完菜的时间和开单员的签名，另酒水要与菜单分开单独用。

(8) 如客人点的菜不在菜谱上，应在点菜单上注明，以便收银问价。

(9) 客人如有特殊要求的应在菜单上注明。

(10) 如客人分开两台点同样的菜目应在定菜单上注明"双份"。

(11) 当宾客请服务员代为点菜时，服务员应慎重考虑，细心观察，根据宾客的风俗习惯、饮食习惯、具体人数、消费水平和口味要求，作出合理恰当安排，品种定下后，应向宾客讲述菜式品种、规格、价格，经同意后开单入厨。

(12) 写好点菜单后，应仔细检查菜单上的斤两及菜名是否有错，并在送单到后台

时核对是否有供应。

(13) 填写点菜单要迅速、准确,填好后要迅速交给传菜员通知厨房,尽量缩短宾客的等候时间。

8. 供应酒水

(1) 按客人所点的饮品到吧台领取。

(2) 取任何酒水均需使用托盘。

(3) 检查酒水瓶子是否干净,不干净的要擦净。

(4) 根据不同类型的酒水摆上相应的酒杯。

(5) 展示酒水品牌。顾客选定的酒水,在开启之前,服务人员应先请顾客确认此酒水的品牌,当顾客确认无误之后,即可开启斟用,这是酒水服务中不可忽视的重要环节。请顾客确认酒水品牌的方法是:服务人员站立在客人的右侧,用右手握住酒瓶的颈部,左手用一块餐巾托住瓶底,将酒瓶上的商标朝向顾客请其确认,这样既能表示对顾客的尊重,又可证明酒品的可靠性。当客人确认后,表示可以斟酒时,方能进行下一步工作。

若客人自带酒水,应事先婉言跟客人说明要收取服务费。

(6) 开酒后的清洁整理。开酒后要做好开瓶后的清洁整理工作,瓶盖、瓶封、瓶塞应随时放入盛装器皿内,开酒用具也要摆放整齐。

(7) 斟酒。斟酒时需要注意的问题具体如下。

① 温度。啤酒的最佳饮用温度在 8℃—11℃,高级啤酒的饮用温度在 12℃左右,服务人员应视自然温度的高低,确定啤酒是否需要冰镇。白酒大多数顾客习惯冷饮,但有些顾客则喜欢温饮。温白酒是将白酒放入事先准备好的温酒器内用热水加温,酒温一般掌握在 30℃—35℃即可。黄酒一年四季人们都喜欢热饮,并用具有保温性能的陶、瓷酒具。温酒的方法是:将酒注入温酒壶内,用开水烫热,达到 40℃—45℃即可,不可用烧烤和燃烧的方法,以免酒温太高使酒香挥发而影响酒的自身质量。白葡萄酒(干型)饮用的温度宜在 8℃—12℃,因此在用这类酒时,应视其自然温度高低确定是否需用冰桶冰酒。

斟倒加温酒水时,应在客人落座后,方可进行斟酒服务,以确保酒的最佳饮用温度。续斟时,酒温要保持在最高温度(因为杯中的酒易冷却)。斟倒冰镇酒水时,要在客人入座时斟倒,以保证酒的最佳饮用温度。续斟时,酒温要保持在最低温度(因为杯中的酒易升温)。

② 斟酒用具。斟酒用具一般有两种。一种是托盘端托斟酒,即将顾客选定的酒水、饮料放于托盘内,餐厅服务员左手端托,右手取送斟倒,根据顾客的需要依次将所需酒水斟入杯中,这种斟倒方法方便顾客选用。另一种是徒手斟酒,即左手持巾布,右手握酒瓶,按顾客所需的酒水依次斟入顾客的杯中。

③ 斟酒方式。斟酒的基本方式有两种:一种叫桌斟,一种叫捧斟。桌斟指顾客的酒杯放在餐桌上,餐厅服务员持瓶向杯中斟倒酒水。斟倒一般酒水时,瓶口应距离杯口 2 cm 左右,瓶口对准杯中心,缓缓地将酒水注入酒杯中。斟啤酒或气泡酒时应将酒液沿杯壁注入杯中。捧斟指斟酒服务时,餐厅服务员站立于顾客右侧身后,右手握瓶,左手将酒杯捧在手中,向杯中斟满酒后绕向顾客的左侧将装有酒水的酒杯放回原来的杯位。捧斟方式一般适用于非冰镇酒品。捧斟取送酒杯时动作要轻、稳、准、优雅大方。注意,无论采用哪种斟倒酒水的方式,其酒瓶口应与杯口保持一定的距离,以免有碍卫生及操

作时发出声响。

④ 持瓶姿势。持瓶姿势是指服务人员斟酒服务时持酒瓶的手法，即拿酒瓶的姿势。为顾客斟酒水时，餐厅服务员持瓶姿势是否正确是保证斟酒准确、规范的关键。正确的持瓶姿势应是：叉开右拇指，其余四指并拢，掌心贴于瓶身中部，即酒瓶商标的另一方。握瓶时，手指用力均匀，使酒瓶握实在手中。采用这种持瓶方法，可避免酒液晃动，并防止斟酒时手颤。

持瓶时左手下垂并握有一块干净巾布，右手大臂与小臂呈 90°角。向杯中斟酒时，上身略向前倾。当斟满酒液时，右手利用腕部的旋转将酒瓶商标转向自己身体一侧，同时左手迅速、自然地将餐巾盖住瓶口以免瓶口溢酒或滴落。

⑤ 斟酒时的用力。斟酒时的用力要活而巧。正确的用力应是右侧大臂以肩为轴，小臂用力，利用手腕转动，将酒斟至杯中。腕力灵活，斟酒时握瓶及倾倒的角度的控制就感到自如。腕力用得巧，斟酒时酒液流出的量就准确。斟酒及启瓶均应利用手腕的旋转来掌握。斟酒时忌讳大臂用力及大臂与身体之间角度过大，角度过大会影响顾客的视线，并迫使顾客出现躲闪状。

⑥ 酒水服务的站立与行走。斟酒服务时，餐厅服务员应站在客人的右侧身后，规范的站立是：餐厅服务员的右腿在前，插站在两位客人的座椅中间，脚掌落地，左腿在后，左脚尖着地呈后蹬势，使身体向右呈略斜式，餐厅服务员面向顾客，右手持瓶，面向顾客右侧依次进行斟酒。每斟一杯酒更换位置时，要做到进退有序，这时先使左脚掌落地后，右腿撤回与左腿并齐，使身体恢复原状。再斟酒时，右脚向前进一步，左脚跟一步，右脚跨一步，形成规律性的进退，使斟酒服务的整个过程显得潇洒大方。餐厅服务员斟酒服务时，忌讳将自己身体贴靠在顾客身上或座椅上，但也不要离得太远，更不可在一个站位同时为左右两位顾客斟酒，也就是说不可反手斟酒服务。斟完酒水(饮料)身体应迅速恢复直立状，在斟酒水(饮料)服务时，切忌弯腰、探头、直立或仰身。

⑦ 斟酒量。斟酒的标准应视酒品的种类而定，同时各种酒品饮用时使用的杯具不同，斟酒标准也不尽相同。

中餐常用的酒水杯斟酒标准为：白酒斟入杯中应为八分满，红葡萄酒一般为 1/3—1/2。给每位顾客斟倒第一杯啤酒时，应使酒液顺杯壁滑入杯中，八成酒液，二成泡沫。

西餐常用的酒水杯斟酒标准为：红葡萄酒、白葡萄酒均为六分满；白兰地酒斟入杯中为一个斟倒量(即将酒杯斟入酒后横放时，杯中酒液与杯口齐平)；西餐烈性酒斟倒量通常与白兰地相同。

斟倒各种饮料时，无论中餐还是西餐，其斟倒标准均以八分满为宜。

⑧ 斟酒安全。斟酒服务时，服务人员要确保斟酒安全，这是宴会服务水平高低的一种体现。例如，在斟倒加温或冷却的酒水时，要将盛装酒水的盛器用布巾进行包垫，然后方可进行斟倒，以免滴落在餐台或客人身上；端托斟酒服务时，要做到端平走稳，不倒不洒。

9. 上菜

(1) 第一道菜不能让客人久等，最多不超过 15 分钟，并不时地向客人打招呼，如客人有急事，一定要与厨房联络，尽快出菜。

(2) 当传菜生，托着菜走到餐台旁停下时，服务员应立即快步迎上去上菜。

(3) 上菜时,有配料和洗手盅的,应先上,后上菜,或一起上。

(4) 上菜顺序:冷菜—热菜—汤—饭—点心—甜品—水果—茶,每上一道菜的同时,在菜单上注销一道,防止漏上和错上。

(5) 若餐桌上的几道菜已占满了位置,而下一道菜又不够位置时,应征询客人意见将台面上剩余量少的菜更换小碟或加到另一碟上后撤走,然后上另一个菜,切忌将新的一个菜压在其他菜上。

(6) 注意台面上的菜是否上齐,若客人等了很久还没上菜,要及时查看是否有漏单,和告诉领班追菜;若客人所点菜式接到已售完的通知时,要立即通知客人并介绍客人点另外的菜式,同时写退单,签名证明。

(7) 上最后一道菜时,要主动告诉客人,"您的菜已上齐了,请问还要加点什么吗?"并主动介绍其他甜品、水果。

## 掐了须的龙虾



一天,某酒店的"牡丹"和"玫瑰"两包厢的客人几乎同时到达,而且两批客人都点了龙虾。"牡丹"包厢请客的主人江先生非常细心而有经验,当餐厅服务员小姐将鲜活的龙虾拿进来让他过目时,江先生顺手掐断了龙虾的须,并很有经验地对同来的朋友说:"有一次,我在别的地方吃龙虾,结果被餐厅用死龙虾调了包,所以我现在吃龙虾时都特别谨慎,以免再上当受骗……"

一会儿,两盘龙虾先后端进"牡丹"和"玫瑰"包厢。"牡丹"包厢的江先生在龙虾上桌后的第一件事就是检查龙虾的头,他只看了一眼,就生气地问服务员小朱:"这是一只死龙虾,刚才那只活的肯定被你们调了包。"说完,他扬了一下刚才掐断的两条龙虾的须:"刚才那只龙虾的两条须还在我手里,可这只龙虾的须是完整的,你怎么解释?"小朱愣了一下,说:"不会吧?先生,我们餐厅从来不卖死龙虾的。"江先生有点激动,以得理不饶人之势对小朱说:"你别强词夺理,如果这只龙虾没有被调包,它的须应该是被折断的,而且断口应该与我手中的断口吻合。你说说看,这是怎么回事?"小朱顿了一下,忽然想起了什么,忙对客人说:"先生,刚才'玫瑰'包厢的客人也点了一道龙虾,肯定是刚才上菜的时候,把断须的那只错送给他们了……请您相信,我们的龙虾都是活的,我们餐厅不可能干调包这类的欺骗消费者的勾当。"但江先生根本不听小朱的解释。当餐厅经理拿着"玫瑰"包厢的点菜给他看过,江先生还是表示:"我不相信。"无奈之下,餐厅为江先生重新换了一只由他作下标记的龙虾。

**[案例评析]**

相当一部分到酒店餐厅消费的客人都有特殊的需求,餐厅服务员必须予以特别关注。只有服从客人,满足其特殊需求,才会给客人留下良好的印象,也才可能提高客人的满意度。

作为一个好的服务员,他除了要掌握基本技能外,还要细心,要善于观察客人的每一个细小的动作，这样才能更好地为客人服务，使服务过程更顺利。本案例发生的事件主要是由餐厅服务员小朱没有细心地观察客人的动作，领会客人掐断龙虾须的用意所造成的。实际上，江先生在点菜时即已表现出他的多疑和挑剔，细心的服务员应马上能察觉出这点，从而使服务工作做得更细致、更周到。如果小朱在当时能迅速地判断出江先生掐断龙虾头上的须的用意的话，在单上注明房号和龙虾的特征，也就不会发生上菜时的错位现象，也就不会有江先生投诉。

因此，酒店服务员在任何时候都应对客人的需求保持高度的敏感，在具体的服务工作中，应密切关注客人，观察客人的消费心理，及时发现并满足客人的需求，从而为酒店创造良好的社会效益和经济效益。在现在一些比较大的酒店餐厅里，通常都会带着一个海鲜池，以保持海鲜的鲜活度。客人可以根据自己的要求亲自去海鲜池挑选，由于每一种海鲜的价格都不同，特别是一些名贵海鲜，且同一种海鲜由于重量不同其价格也不同。因此，海鲜池与餐厅或厅房之间的沟通就变得非常重要，在帮客人下单时就要注明客人的台号或房号、海鲜名称、重量，以免在上菜时发生有的菜不知上到哪间房，或者客人不要所点的菜等现象。特别是同一种海鲜更容易出现上错菜的现象，所以主要有一些小小的失误，都可能造成上错菜等问题，最终造成客人不认账，造成酒店本身的经济损失。由此案例也可以看出，海鲜池与餐厅的沟通工作做得并不是那么好，至少还得进一步改进一些细小的环节。



10. 做好巡台工作

注意客人就餐情况，勤巡视每桌客人台面，随时发现事情马上去做，优质的服务体现在服务做在客人要求之前。

● 烟灰缸有两个以上烟头以及纸团、杂物要马上撤换。

● 随时为客人添加酒水，推销酒水。

● 随时撤去空盘、空酒瓶，并及时整理餐台，撤换餐具。要求站在客人的右侧，按顺时针方向操作，收前都应征求意见和做手势示意。

● 客人完全停筷后，征得客人同意后把台面上除茶具、烟灰缸和有饮料的水杯外，其他餐具收去。

● 给客人上水果、甜品，水果后上热毛巾。

（三）餐后结束工作

（1）及时清点客人所点的食品与饮料，告知收银员准备结账，并经核对，确认订单、台号、人数、所点品种、数量与账单相符合，将账单放入收银夹内，当客人提出要结账时，及时呈上账单。

（2）呈账单时，距离客人不宜太近，防止口腔异味，也不宜太远，身体略微向前倾斜，并音量适中，礼貌地说：“××先生/小姐，这是您的账单，请过目。”在客人要求报出总额时，才轻轻报出账单总额。

（3）当客人签单时，应核对客人单位、姓名、联系电话后交收银员处理。

（4）取回零钱及账单点清交给客人，并道谢。

（5）当客人离席时，应主动上前拉椅送客，提醒客人不要忘记所带物品，并和客人道别。

（6）如发现有客人遗留物品立即交还客人或交餐厅领班处理。

(7) 撤台,拉齐餐椅,把所有餐具分类收拾送至洗碗间,铺上干净台布,摆好餐具、鲜花等候迎接下一批客人和继续服务其他客人。

# 第三节　宴会组织与安排

宴会是家庭个人或政府机关、社会团体、企事业单位之间为了表示欢迎、答谢、祝贺、喜庆等社交活动的需要,根据接待规格和礼仪程序,而举行的一种隆重、正式的聚餐活动。宴会具有社交性、聚餐式、规格化和礼仪性等特点。

## 一、宴会的种类

### (一) 按宴会菜式特点划分

1. 中餐宴会

中餐宴会是中国传统的具有浓厚的民族色彩的宴会。宴会遵循中国的饮食习惯,饮中国酒,食中国菜,摆中国家具,用中国餐具,行中国的传统礼节。

2. 西餐宴会



西餐宴会是采用西方国家举行宴会的布置形式、用餐方式、风味菜点而举办的宴请活动。其主要特点是:设西餐台面,吃西式菜点,多用刀、叉、匙进食,采取分食制,常在席间播放音乐。

3. 中西合璧宴会

中西合璧宴会是指根据某种特定的需要,将中餐宴会和西餐宴会结合起来的宴会。它的用餐方法是按中餐制作方法制作菜肴,而装盘、菜单结构、上菜方法完全按照西餐的方法和要求,用餐时,可以用刀叉也可以用筷子。这是一种比较新的中餐宴会的用餐形式,有逐步推广的趋势。

扩展阅读

### 达沃斯宴会:“京剧脸谱上菜单 晚宴中西合璧”

2007 年 9 月 6 日晚,大连市政府举办的欢迎晚宴在大连世博广场盛大举行,参加会议的 1 700 多位嘉宾出席了欢迎晚宴。大连香格里拉大饭店为客人提供中西合璧的晚宴,其中印有京剧脸谱的特色金盘菜单和大会采用的国产长城葡萄酒给嘉宾们留下了深刻的印象。据悉,采用京剧脸谱制作的金盘菜单成为整个晚宴的亮点之一。金盘菜单上印有 8 个由关羽、单雄信、曹操、张飞、项羽等组成的京剧脸谱,盘心刻有当晚的菜单内容,菜品中西合璧,即用西式的烹饪方法烹调中式的原料,既满足了西方人的口味又突出了大连特色。头盘由煎凯君大虾、黑雪鱼配银杏果、凉拌黑木耳、上汤大连鲜鲍及海菜沙拉组成,其中上汤大连鲜鲍非常具有大连特色,而在西方很少采用鲍鱼作为头盘冷菜。接下来的菜品包括一道“菜花浓汤配蟹肉”汤，主菜包括白葡萄酒烩牛柳、蒸三文鱼配澳洲带子及意大利玉米饼配樱桃西红柿等，以及由提拉米苏蛋糕等组成的甜品盘。

### （二）按宴会规格划分

1. 国宴

国宴是国家元首或政府首脑为国家的庆典或为外国元首、政府首脑来访而举行的正式宴会。国宴是国际交往中的一种重要礼仪形式，是各类宴请活动中规格最高、最为隆重的一种宴请形式。

国宴以国家的名义举行。一是以国家名义举行的、庆祝国家重大节日如国庆节等而举行的宴会，由党和国家领导人主持，邀请驻华使节、外国驻华的重要机构、记者及国家各有关部门的负责人，还有人大、政协、群众团体代表、劳动模范等出席，宴会厅内悬挂国徽；二是以国家名义邀请来访的国家元首或政府首脑出席的宴会，宴会厅内悬挂双方国旗，设乐队，奏国歌，席间致辞，菜单和席卡上均印有国徽。

国宴的特点：宴会厅悬挂国旗，徽标；乐队演奏两国国歌及席间乐，席间有祝词或祝酒；菜单和席位卡上印有国徽；宾主按身份排位就座，礼仪严格；餐具、酒水、菜肴的选择必须体现本国特色；宴会厅的布置体现庄重，热烈的气氛。

2. 正式宴会

正式宴会是政府和团体为欢迎应邀来访的客人，或客人答谢主人而举办的宴会。不挂国旗，宾主按身份排位就座。许多国家的正式宴会也十分讲究，在请柬上注明对宾客服饰的要求，对餐具、酒水、菜肴、服务等有严格要求。

3. 便宴

便宴，即便餐宴会，用于非正式的宴请。一般规模较小，菜式有多有少，质量可高可低，不拘严格的礼仪、程序，随便、亲切，多用于招待熟悉的宾朋好友。

4. 家宴

家宴是在家中以私人名义举行的宴请形式。一般人数较少，不讲严格的礼仪，菜式多少不限，宾主席间随意交谈，轻松活泼、自由。

### （三）按宴会性质划分

1. 鸡尾酒会

鸡尾酒会是西方传统的集会交往的一种宴请形式，它盛行于欧美等国家和地区。鸡尾酒会规模不限，灵活、轻松、自由。一般不设主宾席和座位，绝大多数客人都站着进食。各界人士可互相倾谈、敬酒。鸡尾酒会有时与舞会同时举行。

2. 冷餐酒会

冷餐酒会是西方国家较为流行的一种宴会形式。其特点是用冷菜、酒水、点心、水果来招待客人。它可分为立餐和座餐两种形式。菜点和餐具分别摆在菜台上，由宾客随意取用。酒会进行中，宾主均可自由走动、敬酒、交谈。

3. 茶会

茶会又称为茶话会，是一种比较简单的招待方式，多为人民团体举行纪念和庆祝活动所采用。席间一般只摆放茶点、水果和一些风味小吃。宾主共聚一堂，饮茶尝点，漫话细叙，形式比较随便自由。有时席间还安排一些短小的文艺节目助兴，使气氛更加喜

庆、热烈。

4. 招待会

招待会是一种规模可大可小、经济实惠的宴请形式。有时规模较大,用于隆重的宴请,如国招待会;有的规模较小,如各地方政府和企事业单位举办的招待会。

宴会的种类还有很多。按进餐形式分,有立式宴会和坐式宴会;按举行宴会的时间分,有午宴和晚宴;按宴会举办的目的,有婚宴、寿宴、迎送宴、庆功宴等。

## 二、宴会设计

### (一) 宴会场景设计

宴会场景是指一定环境给予赴宴者的感受和氛围。宴会场景直接影响着宾客的心态和情绪,关系到宴会的成败。宴会场景包括大环境和小环境两种,大环境就是宴会所处的特殊的自然环境,如海滨、船上、草原蒙古包等。小环境就是指宴会举办宴会场地。宴会场景设计就是利用灯光、色彩、装饰物、声音、温湿度、绿色植物等渲染和衬托宴会主题,为宾客创造出一种理想的宴会氛围。

1. 色彩运用

色彩是宴会场景设计的重要因素和表现手法。不同主题的宴会对色彩的要求也有很大的不同。比如圣诞主题宴会,应以金色、白色、红色为永恒的色调,突出圣诞文化和欢乐气氛;中式婚宴设计中,应以红色为主,红色作为中国人心中的吉祥喜庆色彩,给新人和来宾以幸福美满的喜悦感。



2. 天花、墙面、地面装饰

天花与地面是形成空间的两个水平面,天花在人的上方,对空间的影响比地面大,因此天花处理是否得当,对整个空间起决定性作用。天花不仅和结构的关系密切,而且又是灯具和通风口所依附的地方,所以设计天花装饰时应全盘考虑各方面的因素。宴会的天花装饰有平整式、凹凸式、悬吊式、井格式、结构式、透明式、帷幔式等形式。宴会设计者可以根据宴会的主题和场地情况加以选择。

墙面与天花、地面相互衬托,与宴会家具、台面相互配合,形成宴会厅空间构图的主体和气氛。宴会墙面装饰布置的基本要求是:主题鲜明、美观大方、清新明快。宴会墙面设计分为主墙面和侧墙面两类设计。主墙面决定宴会装饰的主题和风格,要切合宴会的主题,起到画龙点睛的作用;侧墙面宜简单装饰为主,宜少不宜多,宜简不宜繁。

地面是宴会厅最直接、最经常接触的空间维护体。在地面装饰上可以从遮蔽和强调两个方面着手。原来的地面与宴会气氛不协调,可以借用物品进行遮蔽;对需要强调或者着重塑造的地方,可以借用物品加以强调。比如可以在走道上铺设红地毯,直达主席台,显示隆重热烈、气势宏大。

3. 人工布景

人工布景就是借用人造的某种特定的微型景观,突出宴会的主题风格和特定意境。

(1) 大型隆重的宴会,一般要在宴会厅周围摆放盆景花草,或在主台后面用花坛画屏,大型青枝、翠树、盆景作装饰,以增加宴会隆重,热烈的气氛。

(2) 国宴,要在宴会厅正面并列悬挂两国国旗,国旗的悬挂按国际惯例以右为上,左为下。我国政府宴请外宾时，中国国旗挂在左边；来访国答谢宴会，应相互调换国旗位置。

(3) 正式宴会，致辞台一般放在主席台的后面或右侧，装有麦克风，台前用鲜花围住。

(4) 一般婚宴，在靠近主席台的墙壁上挂双喜字，贴对联。

(5) 寿宴，挂寿字，贴对联等烘托喜庆气氛。

(6) 节日宴会，要布置烘托节日气氛的装饰物。比如圣诞节可以摆设一棵圣诞树。

4. 灯光照明

灯光照明是室内的重点装饰，起着控制整个室内空间气氛的作用。良好的灯光照明艺术可以创造和强化宴会环境气氛、情调，突出装饰美化功能和食品展示效果。宴会的灯光照明艺术可根据宴会主题的不同，选择适宜的灯光照明艺术。

5. 温度

温度是宴会场景的重要组成部分，它直接影响着宾客的舒适度。宾客因职业、性别、年龄的不同而对宴会厅的温度有不同的要求。通常，女士喜欢的温度高于男士，活跃人士喜欢较低的温度。此外季节不同，宾客对温度的感受也不一样。宴会厅的温度要注意保持稳定，且与室外气温相适应，室内外温差不高于10度为宜。一般来说，宴会厅的温度保持在23℃—26℃。



6. 宴会背景音乐

宴会背景音乐设计是通过声音的传播影响宾客的心理，可以产生对宴会预期的遐想意境。背景音乐所表现出来的民俗风情、自然景色、精神内涵、历史文化是其他表现形式无法替代的。例如，国宴上乐队演奏的两国国歌、婚宴上的《婚礼进行曲》、生日宴会上的《祝你生日快乐》、春节宴会上选用的《步步高》《喜洋洋》等。另外，背景音乐要与宴会的进程相一致，如迎宾时的《迎宾曲》、祝酒时的《祝酒歌》和送客时的《欢送进行曲》。宴会厅的音乐属于典型的背景音乐，其音量的大小控制在以不影响两人对面轻声交谈为宜。

7. 宴会台面设计

台面设计是宴会设计重要环节。起到烘托宴会气氛、突出宴会主题、提高宴会档次的作用。可以借助物品与餐具进行组合造型，深化意境。宴会台面设计要实用美观、富有创意。

(1) 宴会台面类型

宴会台面类型按餐饮风格分为中餐宴会台面、西餐宴会台面和中西合璧台面(见图7-8)；按台面的用途分为餐台、看台和花台。

① 餐台。餐台也叫素台，在餐饮服务行业里也叫正摆台。特点是从实用出发，根据宾客就餐人数的多少、进餐

图7-8　准备就绪的中西合璧晚宴台面

实际的需要、菜单的编排和宴会标准配备餐具。各种餐具的摆放相对集中，简洁适用，美观大方。

② 看台。看台又称观赏台面。按宴会的性质、内容，用各种小件物品和装饰物摆成各种图案，供宾客在用餐前观赏。在开宴时，将各种装饰物撤掉，再摆上餐具。这种台面多用于民间宴席和风味宴席。

③ 花台。花台顾名思义就是用鲜花、绢花、盆景、花篮，以及各种工艺美术品和雕刻等装饰成的台面。这种将看台和餐台合二为一。这种设计要符合宴会的主题，色彩要鲜艳醒目，造型要新颖独特。

(2) 台面设计的要求

① 按宴会的主题进行设计。台面设计要紧扣主题，有些设计虽然不错，但放错了位置宴会就会显得不伦不类。比如“青松白鹤”图案一般放在寿宴上，如果出现在一些年轻宾客的生日宴会就会成为笑谈。

② 按菜单和酒水特点进行设计。吃什么菜配什么餐具，喝什么酒配什么酒杯；高档宴会配金器、银器的餐具。宴会菜单和酒水单好比音乐会的“乐谱”，宴会设计者在设计台面时，要以“乐谱”为依据，否则，“音乐会”中就会出现杂音，破坏了整体的协调性，给餐中服务带来很多被动情况。

③ 按照美观性的要求进行设计。宴会台面设计的一个重要目的是美化台面，宴会设计者应结合文化传统、美学原则进行创新设计，起到烘托宴会气氛的作用。



④ 按照民族风格和饮食习惯设计。选用餐具应符合民族饮食习惯，图案要考虑参加者的宗教信仰、生活禁忌、色彩偏好等因素。

⑤ 按卫生要求进行设计。宾客用餐需要使用台面餐具、餐巾等，在台面设计时，不要一味追求独特，而破坏餐桌卫生。

(3) 宴会台面设计的步骤与方法

成功的宴会台面设计要遵循一定的步骤与方法。

① 要根据宴会主题和赴宴者的特点确定设计方案。宴会台面设计要依据赴宴者的消费目的、年龄、消费习俗、消费标准等因素，确定台面设计方案。例如，为开业庆典而设计的台面与婚宴、寿宴、答谢宴会的台面有很大的不同。

② 根据宴会主题，为台面设计方案命名。大多成功的台面设计都有一个典雅的名字，这便是台面命名。一个恰当的名字可以突出宴会主题，暗示台面设计艺术手法，增加宴会的气氛。其具体命名如珠联璧合宴、蟠桃庆寿宴、圣诞欢乐宴等。

③ 规划台型。宴会场地和台型安排，原则上要根据宴会厅的类型、宴会主题、就餐形式、宴会厅的形状大小、用餐人数以及组织者的要求等因素，决定宴会台型的设计。

④ 台面布置。餐台台面的布置分为以下几个方面。

● 台布和台裙的装饰。台布、台裙的颜色、款式的选择要根据宴会的主题和主题色调来确定。台裙常选择制作好的成品台裙，也可以根据实际需要，选择以丝织或其他材料现场制作。

● 餐具的选择和搭配。现在宴会厅的餐具主要有中式、西式、日式、韩式等不同风格，质地、形状、档次也有很大差异，宴会设计者根据宴会主题和酒店实际状况选用适当的餐具，强化宴会主题氛围。

● 餐巾折花造型。台面所选用的餐巾必须与宴会设计的其他要素色调和谐一致，突出主题，渲染宴请气氛。同时宴会规模大小也会影响餐巾折花的选择，一般大型宴会采用简单、快捷、挺括的花形，小型的可选择较为复杂的花形。不管选择什么样的花形，要整齐美观、便于识别、卫生方便，同时不要出现赴宴者忌讳的花形。

● 花台造型。根据不同类型的宴会，设计出不同的花形，即美化环境又增加宴会的和谐美好的气氛。布置花台要根据主题立意，选择花材，设计造型。由于鲜花费用较高，不环保，甚至有污染食品的危险，现在很多酒店采用了谷物和其他物品设计花台也有不错的表现。

● 餐垫、筷套、台号、席位卡的布置。虽然餐垫、筷套、台号、席位卡是一个小的因素，但其作用也不可忽视，设计者必须根据宴会的主题风格、花台的造型、餐具的档次、宴会的规格、宾客的要求精心策划与制作。

⑤ 餐椅装饰。餐椅的主要功能是供宾客就座之用。它一般相对比较固定，而设计师经常采用椅套改变其色调与风格，使其与整体相协调。

（二）宴会菜单设计

科学、合理地设计宴会菜单是宴会设计的核心。要以用餐标准为前提，以宾客需要为中心，以酒店技术力量为基础做好菜单设计。菜单设计包括营养设计、味型设计、色泽设计、烹调方法设计等。

1. 宴会菜单的内容

(1) 菜肴的名称

菜肴的名字会直接影响客人的选择。菜肴的名称可以给客人很多的联想，客人对菜肴的满足与否在一定程度上也来源于此。菜肴命名要有一定的文学性和趣味性，但必须真实，不能过分夸张、怪异，应采用简洁并为客人熟悉的菜名。

(2) 菜品的描述介绍

对菜品的描述性介绍是为客人选择菜肴提供的重要依据。介绍内容主要涉及菜肴的主要原材料，一些独特的浇汁和调料，菜品的烹调和服务方法，菜品分量以及菜肴的文化背景等。菜肴的描述性介绍能增进客人对菜肴的了解，使客人能真正地选择出自己喜欢的菜肴，同时这也能方便工作人员推销菜品。

(3) 餐厅告示性信息

在餐厅使用的菜单上，除了关于菜肴的知识外，还要设计与餐厅有关的信息以及需要客人了解的信息，如餐厅的名字、地址、电话和商标，餐厅的营业时间以及餐厅加收的其他费用等，尤其是对于餐厅特色的介绍。

2. 菜单的规格设计

(1) 纸张的选择

菜单设计过程中，纸张选择也是其中的重要环节。纸张是形成菜单的基础，一份菜单的精美程度会通过纸张来体现。选择纸张时还应考虑菜单使用的期限，菜单是准备长期使用还是短时间使用，要选择对应的纸张。另外，也可使用如透明或是半透明等特殊纸张，这会在很大程度上提高菜单的效果。

(2) 菜单尺寸规格

菜单的尺寸规格也是菜单设计的重要内容。对于尺寸规格，按照视觉习惯，一般来讲，单页菜单大多为 30 cm×40 cm，对折菜单大多为 25 cm×35 cm，三折菜单大多为

20 cm×35 cm。当然这也要与餐厅的环境相协调，要符合餐厅的氛围和文化，注意菜单艺术效果的发挥。

(3) 菜单的式样

菜单的式样也是非常丰富的，最简单的是方形。使用长方形的纸张，然后将纸张从中间位置对折，或是按照需要折叠几次，但这之前要考虑纸张的材质，切不可选择容易折断的纸张。除方形之外，也有许多其他形状，如扇形、卷轴形等，这要依据餐厅的经营特色而定，同时还要注意客人的品味要求，做到各方面协调统一。

(三) 宴会酒水选择

(1) 酒水的档次与宴会的档次相一致，如国宴上选用茅台。

(2) 酒水的来源与宴会席面的特色相一致。一般中餐选用中国白酒、葡萄酒、啤酒和饮料等。西餐宴会选用外国酒、葡萄酒、鸡尾酒等。宴会用酒也应注重地域的匹配，如民间婚宴多选用当地的特色酒。

(3) 酒水搭配与宴会对象相一致。女士多选用无酒精饮料或低度酒。

## 三、宴会组织

(一) 多桌宴会斟酒程序



多桌宴会客人入座前，将红、白两道酒斟好，待客人落座时可随落座随斟其他酒水饮料(不必要等到全部坐齐后再斟酒)，这样斟酒不集中，速度快，一旦主桌敬酒时，全体来宾均能同时举杯从而形成统一性；宴会进行中的斟酒，可采用个别添斟与定期斟酒相结合的方法，除个别客人酒杯饮空时应及时为之添斟外，对大部分客人的酒水添、斟可在下道菜肴上桌前进行；但是如遇干杯的场合，则要及时添斟，当主桌的主人流动敬酒时，要有专职人员为其斟酒。

(二) 多桌宴会上菜程序

多桌宴会上凉菜的时间，可以在宴会开始前 10 分钟进行；多桌宴会上菜应该按照台号顺序进行，以免错上、漏上。上菜的速度与节奏必须掌握好，要看主桌进餐情况，视实际情况而定，太快会显得仓促忙乱，客人享受不到品尝的乐趣，太慢则可能使宴会中断，造成尴尬局面。

(三) 分菜的注意事项

● 分菜要掌握好分量，做到分菜均匀，质量相同。

● 先分到的与后分到的菜量相等，主人与客人的菜肴相同，免使客人产生误解。

● 分菜分汤时应做到一叉准，一勺准，不可一叉或一勺菜同时分给两位宾客，更不可将分多的菜肴当着客人的面再取出补给分得少的客人，这是不礼貌的，分菜时不可隔人分让，更不可反手分让。

● 分高档菜时应一次分均分光，分一般菜肴时应分掉五分之四，留下五分之一，以备客人添用。

● 分菜时一旦将菜掉到餐桌上时，不可用手直接抓拿，更不可将其放回原菜盘内，而应用巾布加以包裹后拿走，并清理好桌面。

● 要均匀丰满，大部分菜采用全餐，按人数配量，个别特殊情况采用各吃式上菜。

# 第四节　酒水组织与控制

## 一、酒吧的类型

对酒吧进行分类可使经营者了解不同的酒吧类型及经营模式上的不同特点，以使我们掌握这种规律，明确经营方向，更好地使经营方向适应目标客人的需求。

酒吧种类繁多，分类的方法也不尽相同。如根据服务内容分类，可将酒吧分为纯饮品酒吧、供应食品酒吧、娱乐型酒吧、休闲型酒吧、俱乐部沙龙酒吧；根据经营方式分类，可将酒吧分为附属经营型酒吧和独立经营型酒吧；根据服务方式分类，可将酒吧分为立式酒吧、服务酒吧等。以下是对饭店酒吧进行的分类。

酒吧是饭店的餐饮部门之一，为供客人饮酒休闲而设。一所饭店可拥有 1—3 个设在不同地方的酒吧供不同客人使用，其中部分饭店大堂设有手推车或流动酒吧(portable bar)，方便大堂客人使用；有的设在宾馆顶楼，能使客人欣赏风景或夜景；有的设在餐厅旁边，方便客人小饮后进入餐厅用餐。酒吧常伴以轻松愉快的音乐调节气氛，通常供应含酒精的饮料，也随时准备汽水、果汁为不善饮酒的客人服务。

纵观世界各地，饭店中的酒吧有以下几种形式。

### (一) 酒吧

1. 主酒吧(main bar)

主酒吧是饭店中最常见、最普通的酒吧，以提供标准的饮料为主。许多主酒吧设有柜台座席，也配备适当数量的餐桌座席。装潢高雅，但又不使人感到拘束，使客人能够轻松愉快地品尝各种饮料。

2. 服务酒吧(service bar)

中西餐厅中都设有服务酒吧，一般来说，中餐厅的服务酒吧设备较简单，调酒师不需要直接和客人打交道，只要按酒水单供应就可以了，酒吧酒水的供应以中国酒为主。西餐厅中的服务酒吧要求较高，主要供应数量多、品种全的餐酒(葡萄酒)，而且因红、白餐酒的存放温度和方法不同，需配备餐酒库和立式冷柜。在高星级饭店的经营管理中，西餐厅的酒库非常重要，因为西餐酒水配餐的格调及水准均在这里体现出来。

3. 宴会酒吧(banquet bar)

宴会酒吧是根据宴会形式和人数而设置的酒吧，通常是按鸡尾酒会、贵宾厅房、婚宴等不同形式而做相应的设计，但只是临时性的。

4. 外卖酒吧(catering bar)

外卖酒吧是宴会酒吧中的一种特殊形式，在有外卖时临时设立。例如有的公司举办开业酒会，场地设在本公司内，这时酒吧的服务人员需将酒水和各种器具准备好带到公司指定的场地内设置酒吧，提供酒水服务。

5. 绅士酒吧(gentleman bar)

绅士酒吧是男子专用的酒吧，顾客大多是饭店非住宿的客人。因是男子专用的社交场所，所以，有的还设有掷毂场。

6. 会员制酒吧(club bar)

原则上,会员制酒吧是只有取得了会员资格的人及其家属才能享用的酒吧。但是,有的饭店为了照顾住宿客人,也对本饭店的住宿客人开放。这种酒吧实行限量饮酒制度,正式的招待会等社交活动都在这里举行。

### (二) 鸡尾酒廊

鸡尾酒廊(cocktail lounge)通常带有咖啡厅的形式特征,格调及其装饰布局也近似,但只供应饮料和小吃,不供应主食,也有一些座位设在吧台前面,但客人一般不喜欢坐上去。这种酒吧有两种形式:一是大堂酒吧(lobby lounge),设在饭店的大堂内,主要为大堂的客人提供服务;二是音乐厅酒吧(music room),其中也包括歌舞厅和卡拉OK厅。现在饭店里多数是综合音乐厅,里面有乐队演奏,设有舞池供客人跳舞。

### (三) 酒馆

很多饭店设有酒馆,它是酒吧的另一种形式,是饭店营业状况最佳的一种酒吧。以年轻人为对象的酒馆很受欢迎,所有酒吧实行限量饮酒,同时提供方便菜肴,有的酒馆还设舞池和音乐伴奏。

## 二、酒吧服务程序与标准

### (一) 营业前准备工作标准



1. 酒吧的清洁卫生工作

(1) 前吧的清洁卫生。每天用湿毛巾把吧台擦干净后,再喷上蜡光剂使其光亮如新。不锈钢制成的操作台可直接用清洁剂擦洗,再用干毛巾擦干即可。

(2) 后吧的清洁卫生。每天应给冷藏柜外部除尘,三天左右时间必须对冷藏柜内部彻底进行清洁一次,酒柜和陈列柜也应每天除尘,陈列的瓶酒和酒杯等也应每天保持其外表清洁无尘。

(3) 地面清洁卫生。调酒师应每日清扫吧内地面,服务员应每日进行地毯吸尘及定期清洗。

(4) 酒杯、用具清洁。应对酒杯及用具进行清洁、消毒,要求无水渍、无破损。

2. 饮料、器具的领取及存放

(1) 填写领料单。根据酒吧每日所需酒水数量和食品数量填写酒水领料单,送交酒吧经理签字。

(2) 仓库领料。凭酒吧经理签字的领料单去仓库领用酒水、食品等。领料时要核对数量并检查质量。

(3) 存入酒水。酒水、果汁、牛奶等应尽快放入冷藏柜内冷藏,瓶装酒一般应存入酒柜或在陈列柜上陈列。陈列时应注意摆放合理,开胃酒、利口酒等分开摆放,贵重酒和普通酒分开摆放。

(4) 领酒杯和瓷器。按用量规格填写领料单,由酒吧经理签字后到仓库领取。酒杯及瓷器领回吧台后要清洗消毒,然后才能使用。

### (二) 调酒师调酒准备工作标准

1. 备好调酒用具和酒杯

按取用方便的原则将洁净的调酒用具和各式酒杯整齐地摆放在操作台上,量杯、吧匙、冰夹要浸泡在干净的水中,鸡尾酒杯、啤酒杯等应放入冷藏柜内冷藏。

2. 冰块准备

用冰桶从制冰机中取出冰块后放在操作台的冰池中,或把冰桶放在操作台上备用。

3. 备好配料和装饰物

配料主要有辣椒油、胡椒粉、盐、糖、豆蔻粉、鲜牛奶、各种果汁、鸡蛋等,应摆放在操作台上备用,同时准备好水果装饰物,如橄榄、樱桃、柠檬、柑、橙等。

### (三) 酒吧迎宾服务标准

1. 迎宾服务

客人到达酒吧时,服务员应主动热情地问候"您好"、"晚上好"等礼貌性问候语。

2. 领位服务

引领客人到其喜爱的座位入座。单个客人喜欢到吧台前的吧椅就座,对两位以上的客人,服务员可领其到小圆桌就座并协助拉椅,遵照女士优先的原则。

### (四) 为客人点酒服务标准

- 客人入座后服务员应马上递上酒水单,稍等片刻后,服务员或调酒师再询问客人喜欢喝什么酒水。
- 服务员应向客人介绍酒水和鸡尾酒的品种,并耐心回答客人的有关提问。
- 开单后,服务员要向客人重复一遍所点酒水的名称、数目,得到确认以免出错。
- 服务员要记住每位客人所点的酒水,以免送酒时送错。
- 酒水单一式三联,填写时要写清日期、台号、酒水品种、数量、经手人及客人的特殊要求等。第一联交收银台记账,第二联由收银员盖章后交吧台取酒水,第三联由调酒师保存。
- 坐在吧台前吧椅上的客人由调酒师负责点酒(同样也应填写点酒单)。

### (五) 为客人调酒服务标准

- 调酒师接到点酒单后要及时调酒。
- 调酒时要注意姿势正确,动作潇洒,自然大方。
- 调酒师调酒时,应始终面对客人,去陈列柜取酒时应侧身而不要转身,否则被视为不礼貌。
- 严格按配方要求调制,如客人所点的酒水单上没有的,应征询客人的意见而决定是否需要。
- 调酒师调酒时要按规范操作。
- 调制好的酒应尽快倒入杯中,对吧台前的客人应倒满一杯,其他客人斟倒八成满即可。若要斟一杯以上的酒,应将酒杯整齐排列在吧台上,然后由左至右反复斟倒,使各杯的酒水浓度均匀。
- 随时保持吧台及操作台的卫生,用过的酒瓶应及时放回原处,调酒工具应及时清洗。
- 当吧台前的客人杯中的酒水不足 1/3 时,调酒师可建议客人再来一杯,起到推销的作用。
- 掌握好调制各类饮品的时间,不要让客人久等。

### (六) 为客人送酒服务标准

- 服务员应将调制好的饮品用托盘从客人的右侧送上。

● 送酒时应先放好杯垫和免费提供的佐酒小吃，递上餐巾后再上酒，报出饮品的名称并说："这是你的，请慢用。"

● 服务员要巡视自己负责的服务区域，及时撤走桌上的空杯、空瓶（听），并按规定要求撤换烟灰缸。

● 时向客人推销酒水，以提高酒吧的营业收入。

● 在送酒服务过程中，服务员应注意轻拿轻放，手指不要触及杯口，处处显示礼貌卫生习惯。

● 如果客人点了整瓶酒，服务员要按示酒、开酒、试酒、斟酒的服务程序为客人服务。

(七) 给客人验酒服务标准

酒吧服务中首先是要给客人验酒，这是相当重要而不可忽视的过程。相传中世纪时，常有在酒中下药毒死他人的情形，因此才产生了宴饮时由主人先品尝酒味的做法。这一做法演变至今，已成为餐桌服务的重要礼数规范。验酒的目的，其一是给客人认可；其二是使客人品尝酒的味道和温度；其三是显示服务周到。

给客人验酒是酒吧服务中重要的事。假如拿错了酒，验酒时经客人发现，可立即更换，否则未经同意而擅自开酒，也许会遭到退回的损失。不管客人对酒是否有认识，均应确实做到验酒，这种做法也体现了对客人的尊敬。



供应白葡萄酒应置于小冰桶，上面用干净叠好的餐巾盖着，放置在点酒客人右侧的小圆几上面，把酒瓶取出，用双手托着白葡萄酒瓶，标签要面向客人，使其过目验酒，左手以餐巾托酒瓶以防水滴，右手用拇指与食指捏牢瓶颈，经客人认可后，再度放入冰桶，供其饮用。

供应红葡萄酒的温度与室温相同，淡红酒可稍加冷却，可利用美观别致的酒篮盛放。该酒因陈年常会有沉淀，要小心端进餐桌，不要上下摇动。先行给客人验酒认可，然后将酒篮平放在客人的右侧，供其饮用。

酒从酒库取出，在拿给客人验酒之前，均需将每只酒瓶上的灰尘擦拭干净；仔细检查缺点并进行弥补后，再拿到餐桌上给客人验酒。

(八) 酒吧开瓶与斟酒服务标准

在斟酒过程中，服务人员要从容地按餐厅礼仪，姿态优雅地做得恰到好处。应经常随身携带启瓶盖起子以及开罐器，以备开瓶(罐)使用。开瓶的方法有一般酒瓶与起泡酒瓶之别，斟酒有一倒法与两倒法之分，分别叙述如下。

1. 一般酒的开瓶

供酒时应选备一只良好的开瓶塞的拔塞钻，最好是带有横把及刀子的"T"字形的自动开瓶器，其螺旋钻能藏于柄内，使用时可减少麻烦。

葡萄酒酒瓶的开瓶步骤为：割破锡箔(在瓶口，用刀往下割)，把瓶口擦拭干净，拔软木塞，再度把瓶口擦拭清洁。其进行方法是首先除去瓶盖外套，至瓶口下四分之一时，用布擦净后将拔瓶钻自瓶塞顶部中心穿入，旋转至全部没入，再徐徐抽出瓶塞。如骤然抽动，因为软木塞很脆，可能折损破裂。如是钟形瓶塞，按瓶钻则可在餐桌上开取，最好在开始抽出时，将拔瓶钻稍微旋转，并向右转，瓶塞抽出后，将瓶口拭净，以备斟酒。

2. 起泡酒的开瓶

气泡酒因为瓶内有气压，故软木塞的外面有铁丝帽，以防软木塞被弹出。其开瓶的步骤是：把瓶口的铁丝与锡箔剥掉，以 45°的角度拿着酒瓶，拇指压紧木塞并将酒瓶扭转一下，使软木塞松开，等瓶内的气压弹出软木塞后，继续压紧软木塞并以 45°的角度拿紧酒瓶。其进行方法是：首先将酒瓶外包锡箔自顶至颈下 4 cm 处割除，后将丝环解开，用拇指紧压瓶塞，以防骤然冲出（如用右手则以右拇指压在瓶塞上），另一只手握瓶底部，将瓶徐徐向一方转动，并保持斜度 45°，转动酒瓶，瓶塞不动。此为熟手的秘密。假如瓶内压力不足以将瓶塞顶出，可将瓶塞慢慢自边推动，瓶塞离瓶时，将塞握住。

开启含有碳酸的饮料如啤酒等时，应将瓶子远离客人，并且将瓶身倾斜，以免液体溢至客人身上。

3. 斟酒方法

(1) 一倒法

① 正确的做法是，开启酒瓶后，可先闻一下瓶塞（因有时瓶塞会腐烂），可使客人有"是好酒"的先入观。斟酒前将酒瓶口擦拭干净，手持酒瓶时要小心，勿振荡起瓶中的沉淀。以标签对着客人，先斟少许在主人或点酒的客人杯中请其尝试，经同意后再进行斟酒。酒杯放在桌上，不要举起，且不斟满过四分之三，最好较半杯多一点。倒红酒时，瓶口尽量靠近杯沿慢慢地倒。收瓶的要领是，当酒瓶将离开酒杯昂起时，慢慢将瓶口向右上转动，如此才不会使留在瓶口边缘的酒液滴下弄污桌布。

② 陈年的红葡萄酒需装在特别的酒篮里，避免搅乱沉淀，要保持平稳，为了尽量少动酒瓶，可把杯子从桌上拿起，瓶口靠紧杯沿慢慢地斟倒。

③ 倒白酒时，酒瓶从冰桶取出时须先擦净瓶上的水分，直接倒进餐桌上的酒杯中，勿用手去拿酒杯，以免手温加热酒杯，影响冷却的效果。斟酒时从杯沿开始倒，再逐渐抬高酒瓶到离杯 10 cm 处结束。

(2) 两倒法

① 对于起泡的葡萄酒或香槟酒以及啤酒类，斟酒时采用两倒法。两倒法包含两次动作。初倒时，酒液冲到杯底会起很多的泡沫，等泡沫约达酒杯边缘时停止倾倒，稍待片刻，至泡沫下降后再倒第二次，继续斟满至三分之二或四分之三杯。斟酒不能太快，切忌把酒中二氧化碳冲起来，不易控制以致泡沫溢流杯外。每次斟满所有的酒杯后，将酒仍置回冷处或冰桶中，以保持发泡性酒的冷度，并可防止发泡。

② 斟香槟酒所用的酒杯事先必须干燥，换言之，酒要冷，酒杯不冷，而且盛香槟酒的酒杯中不能加冰块。

③ 倒啤酒的最佳方法是斜倾酒杯，顺着杯壁慢慢地斟，这是缩短瓶口"冲着点"的距离，冲力减弱，就没有气泡发生。至半杯程度，渐执正酒杯，第二次注入杯水的正中，至在表面冲起一层泡沫，但勿使其溢出酒杯，这一层泡沫有保持酒液中二氧化碳的作用。要领是：起初慢慢地斟，中途略猛地斟，最后是轻轻地斟。此外，补斟的酒不好喝，必须喝光再重新斟满。

3. 斟酒的礼仪

(1) 依惯例先倾入约四分之一的酒在主人杯中，以表明此酒正常，等主人品尝嘉许后，再开始给全桌斟酒。斟酒时由右方开始（反时针方向），先斟满女客酒杯，后斟满男客酒杯。如是宴会团体，则先给坐在主人右边的客人斟酒，最后给主人斟满再退回（这也是再斟酒时的顺序），或将酒瓶传请其自斟。无论如何，当客人酒杯全部斟满后，才能斟满主人酒杯。只有在斟啤酒及起泡葡萄酒或陈年红葡萄酒时，才可以把酒杯拿到手



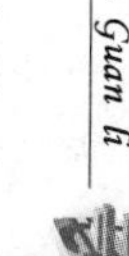

上而不失礼。

(2) 如客人同时饮用两种酒时,不能在同一酒杯中斟入两种不同种类的酒;不要向邻桌斟酒,已开的酒瓶,应置于主人右侧。空瓶不必尽快移去,酒瓶亦是一种装饰品,能增加餐桌气氛。

4. 开瓶费

按前所述开启葡萄酒或香槟酒等高级酒类时需提供高级的服务,开瓶费即是餐厅中对客人自行携带来的酒所收取的服务费。收取开瓶费通常是论瓶计算的。

### (九) 为客人结账服务标准

- 客人示意结账时,服务员应立即到收银台处取账单。
- 取回账单后,服务员要认真核对台号、酒水的品种、数量及金额是否准确。
- 确认无误后,服务员要将账单放在账单夹中用托盘送至客人的面前,并有礼貌地说:“这是您的账单。”找回的零钱要向客人道谢,并欢迎客人下次光临。

### (十) 酒吧清洁服务标准

- 搞好前台、后台和服务区域的清洁卫生。
- 将剩余的酒类、配料等妥善存放。
- 用托盘将台面上撤下杯具等送至工作间清洗、消毒。
- 打开门窗通风换气,使空气对流以消除酒吧内的酒气和烟味。
- 清除垃圾。



### (十一) 酒吧营业结束工作程序与标准

1. 检查和记录酒水关吧实际存数

(1) 理论盘存和实际盘存数量必须相等。

(2) 进口烈酒空瓶单独收集存放。

(3) 其他需回收的玻璃瓶收入指定的盒、箱中。

(4) 空瓶收集好。

2. 填写交接班记录

(1) 交接事情填写清楚,并注明完成时间。

(2) 调酒员签名。

3. 酒吧清洁卫生

(1) 吧台台面光亮。

(2) 将带火烟头掐灭,地面无垃圾,无积水。

(3) 水槽内无残留脏物。

4. 关闭所有照明电源,不得切断冷藏设备电源。

5. 酒吧上锁,不可将钥匙带离饭店,而应交安全部。

## 三、酒吧管理制度

酒吧的管理制度主要包括以下七个方面。

### (一) 劳动管理制度

劳动管理制度是指酒吧中每个月或每个阶段休息几天,或员工的请假制度,如有事请假(不发工资),回店销假,书写请假条,经批准后方可离岗;否则按旷工论处,旷工一天扣发基本工资的百分之两百等。

(二) 工作管理制度

工作管理制度中要包含员工的工作要求及注意事项等。

(三) 财务管理制度

财务管理制度是很多酒吧中比较注意的一项制度，这一制度中明确规定各项收支要做到日清月结，总台每天要与酒店结清当天账目，还有就是各员工预支资金，不得超过当月工资的一半，员工工资支付的方法时间等都在这一项管理制度中。

(四) 财产物资管理制度

财产物资管理制度是规定了酒吧的物资方面的制度，比方说酒吧中的器具、餐具、工作服等物品如果损坏需要如何赔偿等。

(五) 学习管理制度

学习管理制度是保证员工能够进步的前提，酒吧的相关管理人员必须对员工进行培训。

(六) 卫生管理制度

一个优秀的酒吧，必须要把本酒吧的卫生搞好，卫生管理制度中需要包含的有规定某一时间做好卫生大扫除及卫生评价标准等。

(七) 奖惩责任管理制度

奖惩责任管理制度是每一个酒吧必须要制定好的，需要建立检查考试奖惩责任制，这样的制度可以促进员工的积极性。

上面这些制度是一个比较完善的酒吧管理制度，酒吧在开业前需要把这些相关制度制定，便于以后的管理。

## 第五节 提高服务质量 强化服务意识

服务质量不仅关系着餐饮企业的经营、效益、声誉，更关系着餐饮企业的兴旺与发展。要管理和控制好餐饮服务质量管理，首先要了解影响服务质量的因素，其次要了解如何加强服务员的服务意识，再次要知道服务质量的内容及其控制的前提条件和方法，最后要理论联系实际运用到工作当中去，只有这样才能事半功倍。抓好服务质量工作这一企业的中心工作，同时也是餐饮业从业人员最经常的工作。

### 一、影响餐饮服务质量的因素

服务质量是指为宾客提供的服务适合和满足需要的程序。对于餐饮企业来讲，服务质量的好坏，主要来自两方面的因素，一方面是物的因素，即餐饮的“硬件”因素，包括餐饮店的外形建筑、设备设施、房间布局、室内装修、家具用具的设置等；另一方面是人的因素，即餐饮的“软件”设施，包括餐饮企业员工的工作作风、工作态度、服务技能、文化修养等。这两方面是保证服务质量的关键因素。服务质量的真正内涵，不仅是宾客需求满足的综合反映，也是餐饮“软件”和“硬件”完美结合的具体体现。目前，餐饮服务

质量问题主要体现在以下几个方面。

第一，服务不规范。服务不规范是餐饮业目前的突出问题，据统计，顾客对服务不规范问题的投诉占到全部投诉30%以上，所以流程规范是服务质量管理的基础。

第二，服务意识欠缺，缺乏换位思考。服务人员角色意识不强，员工在提供服务时容易受到自身性格、情绪等主观因素的左右；服务人员素质参差不齐，加之餐饮行业有工作时间久，工作强度大等特点，餐饮服务人员的服务态度也因此不够稳定；此外，许多服务员缺乏主动服务顾客的意识，餐饮企业员工的服务很大程度上依赖顾客主动要求。

第三，对顾客投诉缺乏正确认识。顾客投诉是企业掌握自身服务质量，提高服务水平的一个窗口，是餐饮企业进行服务质量管理的重要手段。目前，一些餐饮企业在对待顾客投诉方面的认识仍然不够，很多餐饮企业很害怕接到投诉，因此往往在接到顾客投诉后尽可能地推卸责任或者避重就轻，没有真正站在顾客的立场上为顾客解决难题，为顾客提供需求满足。也有许多餐饮店在受理顾客投诉后没有给予顾客满意的答复和补救措施，还未及时建立有效的信息反馈处理系统。另外餐饮企业管理者对顾客投诉也没有正确的认识，还因为自己的店投诉率低而沾沾自喜，这些从根本上影响到整体的服务质量管理效果。

除了以上所提的问题外，目前餐饮企业还存在其他问题，如服务乱收费、收费不合理、卫生管理不善等问题需要管理者用心去对待。



## 二、服务质量管理必须强化服务意识

服务意识是优质服务的灵魂，更是对服务质量管理起着至关重要的作用。服务意识可以从“尊重”“关爱”“信任”中体现出来，也可以从“互动”“真诚”“友好”中感受到。那么我们如何提高员工的服务意识呢？

第一，员工的先天素质。众所周知，个人素质的差异会导致服务的差异。因此首先要做好员工选拔工作，这就要求人力资源部把好员工招聘关。我们需要的是有一定社会关系和交际能力，聪明、灵活、乐观、诚实、有文化、有气质，并有一定工作经验的员工，只有这样的员工才能给餐饮企业带来一种朝气，给服务注入一股活力。

第二，员工的后天培养。在员工加入餐饮企业后，我们便要做好其培训工作。首先，应让他们了解本餐饮企业的发展历程和企业文化；其次，再针对服务员的岗位说明、本餐饮店的服务规范及其他制度对其进行理论培训，在其理论培训通过考核后进入实际操作培训，在此过程中我们要给他们树立一个学习的榜样，让其在优秀的员工指导下进行操作，最后理论和实践考核全部通过后方能上岗；第三，在上岗后仍要通过班会或其他组织形式对其进行培训，以不断增强其服务意识。

第三，关心员工。作为管理人员，不可能整天与顾客打交道，而只有一线员工才是真正与顾客面对面。所以，我们首先要真心为员工着想，比如说安排好员工食宿、科学的排班、使员工劳逸结合，并及时解决员工的各种困难。只有这样，才能让员工认识到本餐饮企业是重视他们的，从而会更加努力的工作，而服务意识也会不断提高。

第四，合理奖惩。我们还要量化服务标准，制定细则，对员工的日常工作、日常表现打分。所要制定的标准要细化到工作中的每一个细节，对每一名员工同等对待、不偏不倚。对服务工作做得好的员工给予一定的物质和精神上的奖励，发放奖金或通报表扬。

对于服务工作做得不好的员工则要对其进行惩戒、批评教育或罚款。这样让员工意识到其服务的好坏直接关系到其切身利益，他们就会自觉地注意日常服务过程中的每一个细节，从而自然而然地便提高了服务意识，也就为服务质量管理做好了必要的保障。

第五，管理人员以身作则。作为管理人员要特别注意自己的工作，因为员工在看着我们。管理人员同样要服务，要接待客户。尤其是在工作特别忙的时候，员工忙不过来，我们便要去帮忙，而这时我们就要把自己看成是一名服务员而不是经理或主管，严格按照我们的服务标准进行服务。另外，要做好自己包干区的卫生工作，从而给员工树立一个好的榜样。这样员工往往会想，“连经理主管服务都这样标准，我们也应这样啊”。

第六，注意日常工作。员工在平时服务过程中，往往因为生意较忙或自己忽略，而暴露出很多问题，这样我们就要利用交接班或另外通过谈话对其加以指正。另外，还要树立服务模范。因为人都有从众心理，书面上的规定再多、再细，还不如一个现实的模范作用来得更有教育力度。这样，其他员工会把自己和他对比，从而形成一种比学习、比服务的氛围，以此便提高了员工的服务意识和服务水平。

员工的服务意识是要逐步培养的，而恰恰是一句“您好”、一句“再见”，甚至于每一个小的细节，无不体现着我们的服务水平。只有提高了员工的服务意识，服务水平才能真正得到提高，才能更好地服务于客户，才能为餐饮企业的服务质量管理打个坚实的基础。



## 三、餐饮服务质量管理的内容

服务质量管理的内容是综合性的集合观念，其中各个元素对餐饮企业服务质量管理都会产生影响，这就需要在总体上认识服务质量的特性，分析其运动规律，从而因势利导顺利控制好服务质量，从而增强餐饮企业生命力的需要。

### （一）相关服务设施设备的质量

餐饮企业的服务设施设备质量来自餐饮企业的物质技术装备水平。它包括动力设备、加工机械、冷冻机械等生产性设施设备和餐厅、家具、电器等服务现场直接发挥服务功能的设施设备。各种服务设施设备是餐饮企业赖以存在的物质基础，是餐饮企业提供服务的依托。其舒适程度和完好程度直接影响到服务质量。

### （二）环境质量

餐饮企业服务的环境质量主要包括建筑、装饰、环境卫生及美化、服务设施的布局、灯光、音响、室内温度的适宜程度等。

### （三）服务质量

#### 1. 礼节礼貌

礼节是向别人表示敬意的各种惯用形式，如鞠躬、握手等；礼貌则是在社会交往中人与人之间必须遵循的一定的行为规范。注意礼节礼貌是餐饮企业最重要的职业基本功之一，体现了餐饮企业对宾客的欢迎和尊重，也反映了餐饮企业管理有方和员工训练有素。

#### 2. 服务态度

服务态度是提高服务质量的基础，它取决于服务人员的主动性、积极性和创造精

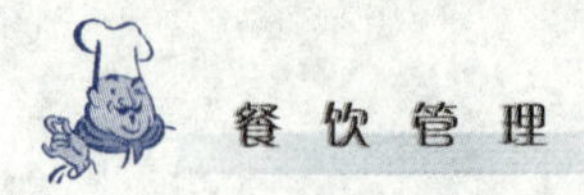



神，取决于服务人员的素质、职业道德和对本职工作的热爱程度。在餐饮企业服务实践中，良好的服务态度表现为热情服务、耐心服务、主动服务和周到的服务。

3. 安全与卫生

安全是餐饮企业各种服务活动的起码保障，是控制服务质量的一个重要环节。餐饮企业要建立严密的安全保卫组织和制度，制定安全防范措施，加强安全管理，防止各种危及安全的问题发生，确实保证宾客的安全。卫生是在餐饮企业服务过程中会由于产品、服务和设备等发生问题而有害于人的身体健康，因此要制定明确的清洁卫生规程和检查保证制度。

4. 服务技能和服务效率

服务技能是提高服务质量的技术保证，它包括服务技术和服务技巧两个方面。服务效率是服务工作在单位时间里完成某种服务的多少。它不但反映了服务水平，而且还是服务技能的体现和结果。

## 四、服务质量管理的前提条件和方法

### （一）餐饮业服务质量管理的前提条件

1. 相关服务质量信息

餐饮企业管理人员应该知道服务的结果如何，即宾客是否满意，从而采取改进服务，提高服务质量的措施。更要根据餐饮企业服务的目标和服务规程，通过巡视、定量抽查、统计报表、听取宾客意见等方式来收集服务质量信息。



2. 服务标准和流程

餐饮企业服务质量的标准就是服务过程的标准。服务流程即是餐饮企业服务所应该达到的规格、程序和标准。为了提高和保证服务质量，服务员应把服务流程视作工作人员应该遵守的准则，视作内部服务工作的法规。在制定服务流程时，先要确定服务的环节程序，不要照搬其他餐饮企业的服务程序，而应在广泛吸取国内外先进管理经验、接待方式的基础上，紧密结合本餐饮企业大多数宾客的生活习惯和本地的风俗习惯，来推出全新的服务规范和程序。

3. 员工服务培训

餐饮企业之间服务质量的竞争实质上是人才的竞争，员工素质的竞争。很难想象，没有经过良好训练的员工能提供高质量的服务。因此，新员工上岗前，必须进行严格的基本功训练和业务知识培训，在职员工也必须利用淡季和空闲时间进行培训，以提高业务技术水平，丰富业务知识。

### （二）服务质量管理的方法

管理方法可以说是日新月异，主要还是在餐前、餐中、餐后的管理过程控制，也就是预先控制、现场控制以及结果反馈控制等，下文主要介绍前两种类型。

1. 企业服务质量的预先控制阶段

预先控制是指为使服务结果达到预定的目标，在餐饮企业营业前所做的一切管理上的努力，预先控制的目的是防止餐饮企业在营业中所使用的各种资源在质和量上产生偏差。预先控制包括设备设施预先控制、人力资源预先控制、卫生质量预先控制和事故发生前的预先控制。

2. 企业服务质量的现场控制阶段

所谓现场控制，就是在监督现场正在进行的餐饮企业服务，使其规范化、程序化，并迅速妥善地处理意外事件。这是餐饮企业管理人员主要职责之一。现场控制的主要内容有：服务流程控制、人员控制和突发事件控制。

## 小结

本章首先讲述了餐饮服务的意义、特点与基本原则，并分析了餐饮服务的主要方式，着重讲解了餐饮服务流程和宴会设计与组织，也讲述了酒吧的服务程序与标准，最后归纳了餐饮服务质量管理的主要方法。

## 复习思考题

1. 简述餐饮服务的意义特点。
2. 举例说明餐饮服务的主要方式。
3. 设计宴会应掌握哪些要点？
4. 简述宴会台面设计的要求、步骤与方法。
5. 宴会组织工作应该注意哪些问题？
6. 酒吧主要有哪几种形式？
7. 餐饮服务质量管理的内容有哪些？
8. 简述餐饮服务质量管理的前提与方法。

# 第八章 餐饮市场营销

学习目标

- 了解餐饮市场营销的概念
- 理解市场营销是餐饮企业最显著、最独特的职能
- 知晓如何分析餐饮市场消费行为及影响餐饮消费行为的主要因素

关键概念



营销　餐饮消费行为分析　定位战略　产品定价　餐饮广告策略

## 第一节　餐饮市场营销及其企业职能

营销是创造、传播、传递和交换对顾客、客户、合作伙伴乃至整个社会有价值的产品和服务的一系列活动、机制和过程。

根据这一定义，可以将市场营销概念具体归纳为下列要点。

- 市场营销的基本目标是“获得、保持和增加顾客。”
- “交换”是市场营销的核心。市场营销的基本业务就是在交换过程中“创造、传播和传递更高的顾客价值”。
- 交换过程能否顺利进行，取决于营销者创造的产品和价值满足顾客需求的程度，以及对交换过程管理的水平。

### 一、产品和服务

在营销学中，产品特指能够满足人的需要的欲望的任何事物，其价值在于它给人们带来对需要的满足。人们就餐不单为了生理需要，同时要得到精神愉悦享受。产品实际上只是获得服务的载体，这种载体可以是有形物品，也可以是不可触摸的，无形的“服务”，如人员、地点、活动、组织和观念。餐饮市场营销者必须清醒地认识到，其创造的产品不管形态如何，如果不能满足人们的需要和合理欲望，就难以成功。

## 二、效用、费用

效用是消费者对产品满足其需要的整体能力的评价。消费者通常根据这种产品价值的主观评价和支付的费用来作出购买决定。衡量产品的费用和效用，选择购买能使每一元花费带来最大的效用。

## 三、交换、交易和关系

交换是指从他人处取得所需之物，而以自己的某种东西作为回报的行为。交换是市场营销的核心概念，营销的全部内容都包含在交换概念之中。

交易是交换的基本组成单位，是交换双方之间的价值交换。交换是一种过程，在这个过程中，如果双方达成一项协议，我们就称之为发生了交易。交易通常有两种方式：一是货币交易，如甲支付 1 800 元给酒店而得到 10 人一桌的酒席；二是非货币交易，包括以物易物、以服务易服务的交易等。建立在交易基础上的营销可称之为交易营销。

与顾客建立长期合作关系是关系营销的核心内容。同各方保持良好的关系要靠长期承诺和提供优质产品、良好服务和公平价格，以及加强经济、技术和社会各方面联系来实现。关系营销可以节约交易的时间和成本，其营销宗旨从追求每一次交易利润最大化转向与顾客和其他关联方共同长期利益最大化，即实现“双赢”或“多赢”。餐饮企业建立起这种以战略结盟为特征的高效营销网络，也就使竞争模式由原来单个酒店之间的竞争，转变为整个网络团队之间的竞争。

## 四、市场营销与餐饮企业职能

在市场经济体系中，企业存在的价值在于它能不断提供合适的产品和服务，有效地满足他人（顾客）需要。因此，管理大师彼得·德鲁克指出：“顾客是企业得以生存的基础，企业的目的是创造顾客，任何组织若没有营销或营销只是业务的一部分，则不能称之为企业。”

“市场营销和创新，这是企业的两个功能。”其中，“营销是企业与众不同的独一无二的职能。”这是因为：第一，企业作为交换体系中的一个成员，必须以对方（顾客）的存在为前提，没有顾客，就没有企业；第二，顾客决定企业的本质，只有顾客愿意花钱购买产品和服务，才能使企业资源变成财富，企业生产什么产品并不重要，顾客对他们所购物品的感受与价值判断才是最重要的，顾客的这些感觉、判断及购买行为决定着企业的命运；第三，企业最显著、最独特的功能是市场营销，企业的其他职能，如生产、财务、人事职能只有在实现市场营销职能的情况下才有意义。

因此，市场营销不仅以其“创造产品或服务市场”的标准将企业与其他组织区分开来，而且不断促使企业将营销观念贯彻于每一个部门。

但是，市场营销并不等于销售。在现实中，许多企业尽管对市场营销及其方法颇为重视，但并未真正把它作为企业核心职能全面贯彻。例如一些经理认为营销就是“有组

织执行销售职能。"他们着眼于用"我们的产品",寻求"我们的市场",而不是立足于顾客需求、欲望和价值的满足。市场营销的核心是清楚地了解顾客,并使企业所提供的产品(服务)适合顾客需要。不做好这一工作,即使拼命推销顾客也不可能积极购买。

# 第二节　餐饮市场消费行为分析

对消费行为进行合理、正确分析是市场营销活动取得成功的基础。

## 一、消费者市场的概念

消费者市场是指个人和家庭为满足生活需要而去消费和服务的市场。它是餐饮企业提供产品和服务的最终市场。在餐饮市场,餐饮企业通过各种营销手段和营销工具同成千上万各具特性的消费者发生价值交换行为,若得到消费者认可,满足消费者的需求,即可获取利润。

餐饮市场具有需求的广泛性、无限扩展性、复杂多变性、可诱导性、分散性等特点。



营销人员在制定针对消费者市场的营销策略前先要回答下列七个问题,这样才能使自己的营销活动有更清晰的目标,更强的针对性。

- 消费者市场由谁构成?　(who)　消费者
- 消费者消费什么?　(what)　消费对象
- 消费者为何消费?　(why)　消费目的
- 消费者的消费活动有谁参与?　(who)　消费组织
- 消费者怎样消费?　(how)　消费方式
- 消费者何时消费?　(when)　消费时间
- 消费者何地消费?　(where)　消费地点

## 二、影响餐饮消费行为的主要因素

### (一) 消费者的经济资源和时间资源

餐饮消费者的资源,包括经济资源和时间资源。影响消费的经济资源包括个人或家庭收入以及财富。个人和家庭的收入作为主要来源是决定消费行为的关键因素。收入的不同,消费者的需求结构也不同。

即使有钱但若是没有时间,消费者也无法消费,因此餐饮营销人员必须关注消费者的时间问题。传统上,人们将个体的全部时间分为工作、休闲两部分,营销人员必须了解消费者如何确定和安排自己的时间组合,在产品、服务的提供方面,有针对性地设计消耗时间的产品和节约时间的产品。

由于自由处置时间或休闲时间的减少,消费者要求在有限的休闲时间里获得更大的满足和快乐,餐饮企业能否满足消费者的类似要求是个挑战性的课题。餐饮业就应通过提供节省时间的产品与便利优质的服务来帮助消费者达到目的。

（二）文化因素

文化是指人类在生活实践中建立起来的价值观念、道德规范和其他有意义象征的综合体。对社会各种文化因素的了解将有助于营销者提高消费者对其产品和服务的接受程度。文化对消费者行为的影响主要基于文化的习得性、动态性、差异性和无形性。

大多时候，文化对消费者行为的影响和诱导如同一只“看不见的手”，就是说，消费者自己有时也并不十分清楚自己的某一消费行为是如何受文化影响的。例如年纪大的人认为勤俭节约、谨慎消费是非常自然的事，而受西方文化影响的年青一代却不这么看。这就要求餐饮营销深入地研究不同文化对不同消费者可能产生的不同影响。

文化因素影响餐饮消费行为的另一个方面就是社会阶层。社会阶层是指由具有相同或类似社会地位的社会成员组成的相对持久的群体，有人根据职业、收入来源、教育水平、价值观和居住区域等方面的不同划分社会阶层，有人则根据对组织资源、经济资源和文化资源的占有情况不同划分社会阶层。

在社会生活中具有较高社会地位的人，他们通过能展示其相应社会地位的消费活动来同其他阶层的人相区别。个体在与同自己处同一社会阶层的人交往时会与自己处不同社会阶层的人交往时有较大的不同，同一阶层的人交往，身心放松，心理地位平等；不同社会阶层的人交往，要么感到拘谨不安，要么漫不经心，餐饮营销认识这一点，在产品设计促销沟通上都可作相应的安排与设计。



（三）社会、个人因素

每个人社会上都会受到相关群体的影响。相关群体对餐饮消费者的影响表现在规范性影响、信息化影响、价值表现性影响等。家庭是指以婚姻关系、血缘关系和收养关系为纽带而结成有共同生活活动的社会基本单位。家庭具有经济功能、情感交流功能、赡养与抚养功能、教育功能等。不同的家庭对消费行为有不同的影响。研究者认为，存在四种不同的家庭购买决策模式：妻子主导型、丈夫主导型、自主主导型、联合型，不同的决策模式在问题的识别、信息的搜寻、评价、款项的支付、使用权的分配甚至对餐饮消费的安排上都有不同。餐饮营销将自己的产品或服务塑造成某种身份角色的符号性标志，将会吸引更多的目标顾客。个人因素对消费行为的营销包括生理因素、职业与受教育程度、经济条件、个性与生活方式等。餐饮营销可以通过研究消费者的生活方式来更好地理解和细分市场。

（四）心理因素

心理是人脑对于外界刺激的反应方式与反应过程。个体的心理不同，体现出的消费行为模式也不同。影响消费的心理因素包括动机、知觉、学习态度（服务）等方面。动机被认为是推动个体采取行动的内在驱动力，消费者主要的购买动机有求实动机、求廉动机、求安全动机、求新动机、求名动机、模仿动机、好癖动机、求速动机等。

知觉是人脑对刺激物各种属性和各个部分的整体反应，是对感觉信息加工和解释的过程。消费者的知觉过程包括展露、注意、理解三个相互联系的阶段。餐饮企业在与消费者沟通的过程中要使消费者对自己的产品或服务有较好的知觉。学习可以帮助消费者获得购买信息，促发消费联想发展对产品服务消费态度及对购买进行评价。态度（服务）有助于消费者更加有效地适应动态的消费环境，使之不必对每一新事物或新的产品、新的营销手段都以新的方式作出解释和反应。

### 三、消费者购买决策分析

消费者行为决策最完整的环节包括认知问题、信息搜寻、选择特色、消费、消费评价五个部分。

消费者是一个积极、主动的问题解决者。消费者先意识到问题的存在，然后搜集信息，在此基础上对各种消费形式进行评价比较和筛选，最后作出消费决定。

## 第三节　餐饮市场细分战略

餐饮企业必须实行市场细分战略，在对市场需求进行测量和预测的基础上，实行市场细分化。目标化和定位营销是餐饮企业营销战略的核心，是决定营销成败的关键。

### 一、餐饮市场细分的含义



市场细分就是指按照消费者欲望与需求及购买习惯等方面的差异，把整体市场划分为若干个子市场的过程。它又被称为市场分隔，市场区隔化。分属于同一细分市场的消费者，他们的欲望和需求相对类同；分属于不同细分市场的消费者对同一产品的欲望和需求存在着明显的差别，其理论基础是消费需求的绝对差异性和相对同质性。必须指出，细分市场不是根据产品品种、产品系列，而是从营销对象的角度进行划分的。

### 二、餐饮市场细分的依据

餐饮产品的整体市场之所以可以细分，是由于消费者或用户的需求存在差异性。反映餐饮消费需求差异的变量很多，概括起来，变量主要有地理变量、人口变量、心理变量和行为变量。

#### （一）地理变量

地理变量按照消费者所处的地理位置、自然环境来细分市场。地理变量之所以能作为市场细分的依据，是因为处在不同地理环境下的消费者对于同一类餐饮产品往往有不同的需求与偏好，他们对餐饮的特点、风格会有不同的反应。

#### （二）人口变量

人口变量按人口统计变量，如年龄、性别、家庭规模、收入、职业、教育程度、宗教、种族、国籍等为基础细分市场。消费者需求、偏好与人口统计变量有很密切的关系。比如，只有收入水平很高的消费者才可能成为高档酒店、高档菜品的消费对象。人口统计变量比较容易衡量，有关数据相对容易获取，因此企业会经常以它作为市场细分的依据。

### （三）心理变量

心理变量根据餐饮消费者所处的社会阶层、生活方式、个性特点等心理因素细分市场。不同社会阶层的成员会在价值观、兴趣爱好和行为方式等方面存在较大的差异，生活方式及个性的不同也会对个体产生较大影响，深入分析社会阶层、生活方式及个体特点将有助于餐饮营销对市场细分有更深刻的认识。

### （四）行为变量

行为变量根据消费者对饮食消费的了解程度、态度、使用情况及反应等将他们划分为不同的群体。一般认为，行为变量能更直接地反映消费者的需求差异，因而成为市场细分的最佳起点。行为变量主要包括消费时机、追求利益、使用状况（通常可分为经常消费者、首次消费者、潜在消费者或非消费者）、使用数量（通常可分为富余消费者、适用消费者和节省消费者）、品牌忠诚程度、消费的准备阶段、态度（不同消费者对同一产品的态度可能有很大差异，如有的持肯定态度，有的持否定态度，还有的则处于既不肯定也不否定的无所谓态度）等。

# 第四节　餐饮市场定位战略

## 一、市场定位的含义



所谓市场定位，就是酒店根据目标市场上同类产品竞争状况，针对顾客对该类产品某些特征或属性的重视程度，为本酒店产品塑造强有力的、与众不同的鲜明个性，并将其形象生动地传递给顾客，使其在目标顾客心目中占有一个独特位置的行为。“位”是产品在消费者感觉中所处的地位，是一个抽象的心理位置概念。市场定位的实质是将本酒店与其他酒店特色区分开来，通过自己的产品优势及特色吸引顾客。

正确的市场定位是酒店赢取市场竞争优势的利器。为获得竞争优势而进行的目标市场定位要求酒店做好寻求市场差异工作和寻找产品独特卖点的工作。差异化包括产品的差异化、服务的差异化、渠道的差异化、人员的差异化和形象的差异化。

餐饮市场定位中所指的产品差异化与传统的产品差异化概念有本质区别。它不是从生产者角度出发单纯追求产品变异，而是在对市场分析和细分化的基础上寻求建立某种产品特色，因而它是现代市场营销观念的体现。

## 二、餐饮市场定位的选择

餐饮市场定位是一种竞争性定位。它反映市场竞争各方的关系，是为了酒店有效参与市场竞争服务的。定位方式不同，竞争态势也不同。餐饮市场定位主要有三种方式。

### （一）避强定位

避强定位是一种避开强有力的竞争对手进行市场定位的方式。企业不与对手直接对抗，而将自己置于某个市场“空隙”，发展目前市场上没有的特色产品，开拓新的市场领域。这种定位的优点是：能够迅速地在市场上站稳脚跟，并在消费者心中尽快树立

起一定形象。由于这种定位方式市场风险小、成功率较高，常常为多数企业所采用。

(二) 对抗性定位

对抗性定位是一种与在市场上居支配地位的竞争对手"对着干"的定位方式，即酒店选择与竞争对手重合的市场位置，争取同样的目标顾客，彼此在产品、价格、销售、供给等方面少有差别。在世界饮料市场上，后起的"百事可乐"进入市场时就采用过这种方式，"你是可乐，我也是可乐"，与可口可乐展开面对面的较量。实行对抗性定位，企业必须做到知己知彼，应该了解市场上是否可以容纳两个或两个以上的竞争者。自己是否拥有比竞争者更多的资源和能力，是不是可以比竞争对手做得更好。否则对抗性定位可能会成为一种非常危险的战术，将酒店引入歧途。当然，也有些企业认为这是一种更能激发自己奋发向上的定位尝试，一旦成功就能取得巨大的市场份额。

(三) 重新定位

重新定位通常是指对那些销路少、市场反应差的产品进行二次定位。初次定位后，随着时间的推移，新的竞争者进入市场，并选择与本企业相近的市场位置，致使本企业原料的市场占有率下降；或者，由于顾客需求偏好发生转移，原来喜欢本酒店产品的人转而喜欢其他酒店的产品，因而市场对本酒店产品的需求减少。在这种情况下，酒店就需要对其产品进行重新定位。所以，一般来讲，重新定位是酒店摆脱经营困境，寻求重新获得竞争力和增长的手段。不过，重新定位也可作为一种战术策略，并不一定是因为陷入困境，也可能是由于发现新的产品市场机会引起的。



## 三、市场定位步骤

企业要实施正确、有效的定位，往往需要遵循一定的定位步骤。

(一) 确定定位层次

决定定位层次是定位的第一步。决定定位层次就是要明确要定位的个体，即明确这个客体是团体、个体及消费特点、消费水准。

(二) 识别重要属性

定位的第二步是识别影响目标市场顾客消费决策的重要因素。这些因素就是所要定位的客体应该或者必须具备的属性，或者是目标市场顾客具有的某些重要的共同特征。

(三) 评估定位选择

一般有三种定位选择；一是强化现有位置，避免正面打击冲突。二是寻找市场空隙，获取先占优势。这个战略是指发现市场中未被竞争者占领的利润，并采取相应的营销策略。三是给竞争者重新定位。即当竞争者占据了它不应占有的市场位置时，让顾客认清对手"不实"或"虚假"的一面，从而使竞争对手为自己让出它现有的位置。

(四) 执行定位

定位最终需要通过各种沟通手段，如广告、员工的着装行为举止以及服务的态度、质量等传递出去，并为顾客所认同。在实践中，酒店期望的位置经常会与实际传递的位置不一致。这往往是酒店紊乱的营销战略所造成的。事实上，成功的定位取决于协调一致、整体的营销策略。

# 第五节　产品定价与促销策略

## 一、产品的整体概念

产品是指能提供给市场以引起人们注意、获得、使用或消费，从而满足某种欲望或需求的一切东西。学术界曾用三个层次来表述产品的整体概念，既核心产品、形式产品和期望产品。现代消费产品观念表明，产品的内涵已从有形物品扩大到服务、人员、地点、组织和观念等；产品的外延也从其核心产品向形式产品、期望产品和潜在产品拓展。

### (一) 核心产品

核心产品是指向消费者提供的产品基本效用和利益，也是消费者真正要购买的利益和服务。消费者购买某种产品并非为了拥有该产品实体，而是为了获得能满足自身某种需要的效用和利益。如酒店就餐的核心利益体现在它能让消费者心情放松、愉悦、欢聚、方便等。

### (二) 形式产品

产品核心功能需要依附一定的实体来实现。产品实体称为形式产品，即产品的基本形式，主要包括菜品的颜色、菜品的造型、菜品的口味、菜品的口感等特征。

### (三) 期望产品

期望产品是指消费者消费产品时期望的一些属性和条件。如菜品的食疗养生、防病、滋补功能等。

### (四) 潜在产品

潜在产品预示着该产品最终可能增加和溢出的利益。现在酒店产品概念外延的不断拓展源于消费者需求的复杂化和竞争的白热化。在产品的核心功能趋同的情况下，谁能更快、更多、更好地满足消费者的复杂利益整合的需要，谁就能拥有更多的消费者，占有更大市场份额，取得竞争优势。

## 二、餐饮产品定价策略

### (一) 影响定价的因素

影响定价的因素很多，有企业内部因素，也有企业外部因素；有主观的因素，也有客观的因素。概括起来，大体上可以有产品成本、市场需求、竞争因素和其他因素四个方面。

1. 产品成本

对企业的定价来说，成本是一个关键的因素。一般而言，企业产品定价以成本为最低界限，产品价格只有高于成本，企业才能补偿生产经营上的耗费，从而获得盈利。当然，也有在特定时期在个别产品上，价格低于成本。企业定价时，不应将成本孤立地对待，要与影响价格的其他因素结合起来考虑。

2. 市场需求

产品价格除受成本影响外，还受市场需求的影响。当消费的市场需求大于供给时，

价格可高一些；当消费市场需求小于供给时，价格应低一些。反过来，价格变动也会影响市场需求总量，从而影响销售量，进而影响企业目标的实现。因此，餐饮业制定价格就必须了解价格变动对市场的影响程度。反映这种影响程度的一个指标就是商品的价格需求弹性系数，它是由于价格的相对变动而引起的需求相对变动的程度。

3. 竞争因素

市场竞争限制了企业定价的自由度，竞争的程度不同，企业定价策略会有所不同。市场竞争程度可以分为完全竞争、不完全竞争与完全垄断三种情况。完全竞争与完全垄断是竞争的两个极端，中间状况是不完全竞争。在不完全竞争条件下，竞争的强度对酒店的价格策略有重要影响，因此酒店首先要了解竞争的强度。要了解竞争对手的价格策略以及竞争对手的实力。再次，要了解，分析本企业在竞争中的地位。

4. 其他因素

酒店的定价策略除受成本、需求以及竞争状况的影响外，还受到其他多种因素的影响。这些因素包括行业组织的干预、消费者习惯和心理、酒店或产品的形象等。

### （二）定价的一般方法

定价方法是企业在特定的定价目标指导下，依据对成本、需求及竞争等状况的研究，运用价格决策理论，对产品价格进行计算的具体方法。

1. 成本导向定价法

以产品单位成本为基本依据，再加上预期利润来确定价格的成本导向定价法，是企业最常用、最基本的定价方法。



2. 成本加成定价法

酒店把所有为生产某种产品而发生的耗费均计入成本的范围，计算单位产品的变动成本，合理分摊相应的固定成本，再按一定的目标利润来决定价格的方法叫做成本加成定价法。其中，目标利润率又称成本加成率，加成就是一定比率的利润。若采用成本加成定价法，确定合理的成本加成是关键，必须考虑市场环境、行业特点等多种因素。某一酒店的某些产品在特定市场以相同的价格出售时，成本低的酒店能够获得较高的利润率，并且在进行价格竞争时可以拥有更大的回旋空间。

在用成本加成法定价时，对成本的确定是在假设销售量达到某一水平的基础上进行的。因此，当产品销售出现困难，预期利润很难实现，甚至成本补偿也变得不现实时，这种方法不适用。这种方法的优点简化了定价工作，便于企业开展经济核算。

3. 盈亏平衡定价法

在销量既定的条件下，企业产品的价格必须达到一定的水平，才能做到盈亏平衡，收支相抵。既定的销量就称为盈亏平衡点。这种制定价格的方法就称为盈亏平衡定价法。科学地预测销量和固定成本，变动成本已知是盈亏平衡定价的前提。

从本质上说，成本导向定价法是一种卖方定价导向。它忽视市场需求、竞争和价格水平的变化。此外，运用这一方法制定的价格均是建立在对销量主观预测的基础上，从而降低了价格制定的科学性。因此，在采用成本导向定价法时，还需要充分考虑需求和竞争状况，以确定最终的市场价格水平。

4. 需求导向定价法

根据市场需求状况和消费者对产品的感觉差异来确定价格的方法叫做需求导向定价法。其特点是灵活有效地运用价格差异，对平均成本相同的同一产品，价格随市场需求的变化而变化，不与成本因素发生直接关系。需求导向定价法主要包括理解价值定价法和逆向定价法。

(1) 理解价值定价法。所谓“理解价值”、也称“感受价值”,“认知价值”，是指消费者对某种商品价值的主观评判。理解价值定价法是指企业以消费者对商品价值的理解度为定价依据，运用各种营销策略和手段影响消费者对商品价值的认知，使其形成对企业有利的价值观念，再根据商品在消费者心目中的价值来制定价格。

理解价值定价法的关键和难点，是获得消费者对有关商品价值理解的准确资料。企业如果过高估计消费者的理解价值，其价格就可能过高，难以达到应有的销量；反之，若企业低估了消费者的理解价值，其定价就可能低于应有水平，使企业收入减少。

因此，企业必须通过广泛的市场调研，了解消费者的需求偏好，根据产品的性能、用途、质量、品牌、服务等要素，判定消费者对商品的理解价值，制定商品的初始价格。然后，在初始价格条件下，预测可能的销量，分析目标成本和销售收入，在比较成本与收入、销量与价格的基础上，确定该定价方案的可行性，并最终制定价格。

(2) 逆向定价法。逆向定价法主要不是考虑产品成本，而是重点考虑需求状况。依据消费者能够接受的最终销售价格，其特点是价格能反映市场需求情况，使产品迅速向市场渗透，并可根据市场供求情况及时调整，定价比较灵活。

5. 竞争导向定价法

竞争导向定价法是指酒店通过研究竞争对手的生产条件、接待服务状况、价格水平等因素，依据自身的竞争实力，参考成本和供求状况来确定消费价格。为了实现酒店的定价目标和总体经营战略目标，谋求企业的生存和发展，酒店可以在其他营销手段的配合下，将价格定得高于或低于竞争者的价格，并不一定要求和竞争对手的产品价格完全保持一致。



## 三、定价的基本战术

### (一) 新产品定价

1. 撇脂定价法

新产品上市之初，将价格定得稍高些，在短期内获取利润可高些。这就像从牛奶中撇取所含的奶油一样，因此称之为撇脂定价法。

这种方法适合需求弹性较小的细分市场，如高档酒店、会所等。其优点是新(高档)产品上市，高价格可以提高身价，适应高档消费顾客的心理需求。其缺点是获利大会很快招来竞争者，不利于扩大市场。

2. 渗透定价法

在新产品开发投放市场时，价格定得尽可能低一些，其目的是获得消费者的认可提高销售量，吸引回头客，扩大市场占有率。其优点是产品能较快被消费者接受，从而提高销售量，成本随销量的增加而下降；低价薄利，多销利多，获取市场优势。

### (二) 心理定价

心理定价是根据消费者的消费心理定价，包括尾数定价和声望定价。

1. 尾数定价

尾数定价是指许多酒席、菜品的价格尾数定在“98”“99”，是让消费者产生一种心理

错觉“价廉”，比定整数更积极，促进销售。

2. 声望定价

声望定价是指利用优质优价提高产品的质量、形象，用价格表明其名贵名优。另外，满足购买者的地位欲望、适应购买者的消费心理也是声望定价的一种策略。

### （三）折扣定价

大多数酒店通常都酌情调整其基本价格，以鼓励消费者实惠消费或增加淡季消费，这种价格调整叫做折扣定价。折扣定价分为现金折扣、数量折扣、季节折扣等形式。

1. 现金折扣

现金折扣是对消费者的一种即时价格折扣。许多酒店采用此法加速促销，加速资金周转。

2. 数量折扣

数量折扣是给达到一定消费量的顾客的一种消费数量打折，也是促销的一种方法。

3. 季节折扣

季节折扣是酒店鼓励顾客淡季消费的一种减让，使酒店的生产和销售一年四季保持相对稳定。

### （四）差别定价



差别定价，是指酒店按照两种或两种以上不反映成本费用比例差异的价格销售某种商品和服务。酒店往往根据不同顾客、不同时间和场所来调整产品价格，即对同一商品或劳务定出两种或多种价格，但这种差别不反映成本的变化。可利用的差别有顾客群差别、花色品种差别、口味差别、时间差别等。差别定价的前提条件是：(1) 市场必须是可细分的且各个细分市场的需求强度是不同的；(2) 商品不可能转手倒卖；(3) 高价市场上不可能有竞争者削价竞争；(4) 不引起顾客反感。

## 四、促销策略

成功的市场营销活动，不仅需要制定适当的价格，向消费者提供满意的商品，而且需要采取适当的方式进行促销。正确制定并合理运用促销策略是酒店在市场竞争中赢得竞争优势的必要保证。

### （一）促销的含义

促销是促进产品销售的简称。从酒店市场营销角度看，促销是酒店通过人员和非人员的方式，沟通酒店与消费者之间的信息，提升品牌形象，引发、刺激消费者的消费欲望，使其产生消费行为的活动。从这个概念不难看出，促销具有以下几层含义。

第一，促销工作的实质与核心是沟通信息。酒店与消费者之间达成交易的基本条件是信息沟通。若酒店未将自己的经营商品和服务等有关信息传递给消费者，那么，消费者对此将一无所知，自然谈不上消费。只有将酒店提供的商品或服务等信息传递给消费者，才能引起消费者注意，并有可能产生消费欲望。

第二，促销的目的是提升品牌形象，引发、刺激消费者产生消费欲望。在消费者可支配收入既定的条件下，消费者是否产生消费行为主要取决于消费者的消费欲望，而消费者的欲望又与外界的刺激，诱导密不可分。促销正是针对这一特点，通过各种方式把商品和服务等有关信息传递给消费者，以激发其消费欲望，使其产生消费行为。

第三，促销的方式有人员促销和非人员促销两类。人员促销，亦称直接促销或人员推销，是酒店运用推销人员向推销对象推销消费商品或服务的一种促销活动。它主要适合于消费者数量少，比较集中的情况下进行促销。非人员促销，又称间接促销或非人员推销，是酒店通过一定的媒体传递商品或劳务等有关信息，以促使消费者产生消费欲望，发生消费行为的一系列促销活动，包括广告、公关和销售促进、直复营销等。通常酒店在促销活动中采用人员促销和非人员促销结合运用。

(二) 促销的作用

1. 传递信息，强化认识

促进消费是酒店营销活动的中心任务，信息传递是商品顺利销售的保证。信息传递有单向和双向之分。单向信息传递是指卖方发出信息，买方接收，它是间接促销的主要功能。双向信息传递是买卖双方互通信息，双方都是信息的发出者和接受者，直接促销就有此功能。在双向信息沟通过程中，一方面酒店向顾客介绍有关酒店现状、商品特点、价格、服务方式和服务内容等信息，以此来诱导消费者对商品或服务产生需求欲望并采取消费行为；另一方面，消费者向酒店反馈对商品价格、质量和服务内容、方式是否满意等有关信息，促使酒店在经营管理中取长补短，更好地满足消费者需求。

2. 突出特点，诱导需求

在餐饮市场竞争激烈的情况下，同类商品很多，并且有些商品差别微小，消费者往往不易分辨。酒店通过促销活动，宣传、说明本酒店商品的特色，便于消费者了解本酒店商品在哪些方面优于同类商品，使消费者认识到消费本酒店商品所带来的利益较大，促使消费者自愿到本酒店消费。酒店同时能为消费者提供特色商品特点的信息，能激发消费者的需求欲望，变潜在需求为现实需求。

3. 指导消费，扩大销售

在促销活动中，酒店营销人员循循善诱的商品知识性介绍，在一定程度上对消费者起到了教育指导作用，从而有利于激发消费者对商品的兴趣，变潜在需求为实际需求，实现扩大销售之功效。

4. 培育偏爱，稳定销售

在激烈的餐饮市场竞争中，酒店商品的市场地位常不稳定，致使有些酒店的商品销售起伏波动较大。酒店运用适当的促销宣传方法，可使较多的消费者对本酒店的商品产生偏爱，进而巩固已占领的市场，达到稳定销售的目的。对于消费者偏爱的品牌，即使该类商品需求下降，也可以通过一定形式的促销活动，促使消费者对该品牌商品的需求得到一定程度的恢复和提高

## 第六节　餐饮广告策略

广告作为促销方式或促销手段，是一门带有浓郁商业性和艺术性的综合体。虽然说广告并不一定能使产品成为世界名牌，但是没有广告，产品肯定不会成为世界名牌，成功的广告可使默默无闻的企业和产品名声大振，家喻户晓，广为传播。

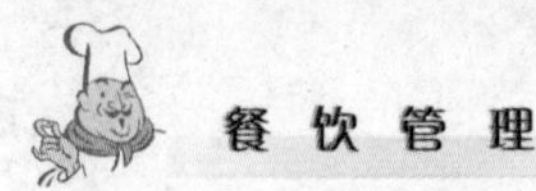


## 一、广告的基本概念

### (一) 广告的含义

广告(advertising)一词源于拉丁语(advertere),有"注意""诱导""大喊大叫"和"广而告知"之意。广告作为一种传递信息的活动,是企业(酒店)在促销中普遍重视的应用最广的促销方式。市场营销学中探讨的广告,是一种经济广告。它是广告主以促进销售为目的,付出一定的费用,通过特定的媒体传播商品或劳务等有关经济信息的大众传播活动。从广告的概念可以看出,广告是以广大消费者为广告对象的大众传播活动,广告以传播商品或劳务等有关经济信息为其内容;广告是通过特定的媒体来实现的,并且广告主须对使用的媒体支付一定的费用;广告的目的是为了促进商品销售。

### (二) 广告的目标

广告目标取决于酒店的整体营销目标,具体来说取决于促销目标。

在实现促销目标的过程中有不同的阶段,广告在各个阶段起的作用不同,即不同阶段有不同的广告目标。归纳起来。广告目标有告知目标、劝说目标和提示目标三种。

1. 告知目标

告知目标是以激发顾客对商品的初始需求为目标,主要介绍刚刚进入投入期的商品的特点、性能、质量、价格等有关情况,以促使新商品进入目标市场。



2. 劝说目标

劝说目标以激发顾客对产品产生兴趣,增进"选择性需求"为目标,对进入成长期和成熟前期的商品所做的各种传播活动。

3. 提示目标

提示目标是指对已进入成熟后期的商品所进行的广告宣传,目标是在于提醒顾客,使其产生"惯性"需求。

### (三) 广告的种类

酒店根据不同的划分标准,广告有不同的种类。

根据广告目标,商品广告分为三种类型。一是开拓性广告,亦称报道性广告;二是劝告性广告,又叫竞争性广告;三是提醒性广告,也叫备忘性广告或加强性广告。

根据广告传播的区域划分,可分为国际性广告、全国性广告和地区性广告。

根据广告的表现形式划分,可分为图片广告、文字广告和声像广告。

按广告的媒体不同,可分为报纸广告、杂志广告、广播广告、电视广告、互联网广告、邮寄广告、基于地点的广告、附在产品上的广告等。

### (四) 广告媒体的种类及其特性

广告媒体,也称广告媒介,是广告主与广告接受者之间的连接物质。它是广告宣传必不可少的物质条件。广告媒体并非一成不变,而是随着科学技术的发展而发展。科技的进步,必然使得广告媒体的种类越来越多。以下介绍几种主要的广告媒体及其特性。

1. 报纸广告

报纸这种广告媒体,其优越性表现如下。

- 影响广泛。报纸是传播新闻的重要工具之一,与人民群众联系密切,发行量大。

● 传播迅速。报纸可及时地传递有关经济信息。
● 方便低廉，报纸易于携带。
● 易于处置。报纸便于剪贴、保存和查找信息。
● 信赖性强。借助报纸的威信，能提高广告的可信度。

报纸媒体的不足表现如下。

● 报纸登载内容庞杂，易分散对广告的注意力。
● 印刷不精美，吸引力低。
● 广告时效短，重复性差，只能维持当期的效果。

2. 杂志广告

杂志以登载各种专门知识为主，是各类专门产品的良好广告媒体，优点如下。

● 针对性。广告宣传对象明确，有的放矢，针对性强。
● 重复性。杂志有较长的保存期，读者可以反复查看广告。
● 广泛性。杂志发行面广，可以扩大广告的宣传范围。
● 开拓性。杂志读者一般有较高的文化水平和生活水平，比较容易接受新事物。
● 吸引性。印刷精美，能较好地反映商品的外观形象，易引起读者注意。

杂志广告的缺点具体如下。

● 影响相对较小，发行量广度不如报纸。
● 价格相对较高，刊物比报纸售价明显要高。
● 周期相对较长，不管半月刊、月刊还是季刊，传递较慢。

3. 邮寄广告

邮寄广告是指经由邮政渠道投递的各类广告。邮寄广告的优点如下。

● 邮寄广告的对象明确，有较大的选择性和较强的针对性。
● 提供信息全面，有较强的说服力。
● 具有私人通信性质，容易联络感情。

邮寄广告的缺点表现如下。

● 传播面较小，并有可能忽视了某些潜在的消费者。
● 不易引起注意。
● 广告形象较差，有可能成为“三等邮件”。

4. 基于地点的广告

如今餐饮广告出现在了许多之前被认为不会出现商业信息的场所。餐饮广告已经出现在零售商店的包装袋上、餐巾纸袋上、座椅靠垫上、小毛巾上……这些将广告媒介带到消费者可能出现的各种场所，归集为基于地点的广告。包括广告牌广告（由传统的，也有电子的，是公认的广告宣传媒介）、公共场所广告（飞机场、火车站、公交站、休息室、停车场、赛场、校园、电影院、车船、电梯等）、销售点广告（各种交易场所的店内广告，包括购物车、通道、店内展示、赠品、优惠券等）和无固定地点广告（空中广告等）。

5. 附在产品上的广告

附着在产品上的广告亦称植入广告，是指附着在产品或服务中，并与其融为一体的广告。

现实生活中常见到酒店将广告巧妙地植入电视节目（如天气预报）、影视作品、游戏、电影中。可以说，“产品植入是整合推广在数量上的巨大增长，是重要的趋势之一，而这种趋势将改变媒体的发展前景”。

## 二、餐饮广告的设计原则

广告效果取决于广告设计的质量。高质量的广告必须遵循下列原则来设计。

### (一) 真实性

广告的生命在于真实。虚伪、欺骗性的广告,必然会使酒店的信誉丧失。广告的真实性体现在两方面。一方面,广告的内容要真实,包括:语言文字要真实,不宜使用含糊、模棱两可的言辞;画面要真实,并且两者要统一起来;艺术手法修饰要得当,避免使餐饮内容与实际情况不相符合。酒店必须依据真实性原则设计广告,这也是餐饮业的一种商业道德和社会责任。

### (二) 社会性

广告是一种信息传递。在传播商品、品牌信息的同时,也传播了一定的思想意识,必须会潜移默化地影响社会文化、社会风气。从一定意义上说,广告不仅是一种促销形式,而且是一种具有鲜明思想性的社会意识形态。广告的社会性体现在广告必须符合社会文化、思想道德和客观要求。具体来说,广告要遵循国家的有关方针、政策,不违背国家的法律、法令和制度,有利于精神文明建设,有利于培养人民的高尚道德情操。

### (三) 针对性



广告的内容和形式要富有针对性,即对不同的商品、不同的目标市场要有不同的内容,采取不同的表现手法。由于各个消费者群体都有自己的喜好、厌恶和风俗习惯,为适应不同消费者群体的不同特点和要求,酒店要根据不同的消费对象来决定广告的内容,采用与之相适应的形式。

### (四) 感召性

广告是否具有感召力,最关键的因素是诉求主题。广告的诉求点必须与商品的优势点、目标顾客消费的关注点相一致。商品有很多属性,有的是实体方面的(如菜品的色、香、味、形、质感等),也有的是精神方面的(如环境装饰、气氛名称、营养成分、功效等),但目标顾客对产品各种属性的重视程度是不尽相同的。这就要求酒店在广告宣传时,应突出宣传目标顾客最重视的商品属性或消费的主要关注点;否则,就难以激发顾客的消费欲望。

### (五) 简明性

作为广告受众对象的广大消费者及社会公众,其接受和处理信息量的能力是有限的。广告不应给消费者带来太大的视觉与听觉上的辨识压力。简短、清晰明了地点明品牌个性是品牌广告设计的客观要求。简明性的广告,使广告接受者能够在较短的时间内理解酒店的传播意图,了解酒店商品个性,有利于提高广告传播效果。

### (六) 艺术性

广告是一门科学,也是一门艺术。广告把真实性、思想性、针对性寓于艺术性之中。广告利用科学技术,吸引文学、戏剧、音乐、美术等各学科的艺术特点,把真实的、富有思想性、针对性的广告内容通过完善的艺术形式表现出来。只有这样,才能使广告像优美的诗歌、像美丽的图画,成为精美的艺术作品,给人以很高的艺术享受,使人受到感染,增强广告效果。这就要求广告设计要构思新颖,语言生动,有趣诙谐,图案美观大方,色彩鲜艳和谐，广告形式还要不断创新。

## 小结

本章论述了餐饮市场营销的基本概念，分析了影响餐饮消费行为的主要因素，介绍了餐饮市场细分战略、定位战略和餐饮广告战略以及正确运用餐饮市场营销战略的方法。

## 复习思考题

1. 简述餐饮市场营销的基本概念。
2. 影响餐饮消费行为的主要因素是什么？
3. 餐饮产品定价的方法主要有哪些？

## 案例分析

### 可口可乐广告策略



可口可乐是全球软饮料的第一品牌，其产品遍布全球二百多个国家，已超过联合国会员国成员数量，占据了全球软饮料市场的50%，其市值总额在世界500强中名列第三。

可口可乐能经百年不衰，能在全球各地落地生根并发展壮大，其中一个重要的原因是可口可乐对其"3A"策略的理解和执行。甚至可以说整个可口可乐系统都是围绕着"3A"策略而努力着。

"3A"策略指的是：买得到（availability）、买得起（affordability）、乐得买（acceptability）。

1. "买得到"

看似简单的三个"A"，但要做到并不是一件简单的事情。"买得到"是把产品销售到消费者手里的重要前提。因为，产品只有占据终端市场，在销售点上与顾客见面，才能被消费者购买。我们知道，饮料是属于冲动性和随机性购买的商品，在购买饮料时，消费者一般会习惯性地选择自己常喝的品牌，但如果这个品牌没有，他便会选择货架上有的品牌，很少有消费者会为了喝一瓶饮料而跑到很远的地方去购买。在这里就告诉我们，要把握每一次把产品销售到消费者手里的机会，就需要把产品的店铺货面扩大。为了更好地让消费者"买得到"，为了更好地把产品销到消费者手中，我们来看看可口可乐是怎么做的。

在北京，可口可乐销售点达十万个之多。无论是超级市场、百货商店、临街小店，还是酒吧、酒店、网吧、加油站便利店，可口可乐可以说是无处不在。可口可乐做到无处不在的一个重要原因是不断开发新渠道的结果。



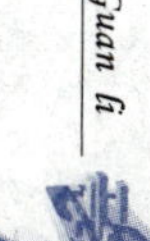

2. “买得起”

“买得起”,一方面是指产品的价格,可口可乐作为能销售到全球两百多个国家的一个品牌,其产品价格当然是要让消费者接受,这也是作为一个饮料企业能成长为全球第一饮料品牌而且不断增长的基础。

“买得起”的另一方面指的是“产品价值”,简单说就是消费者在购买饮料时的支出,可口可乐在其中所占的比例。因此,可口可乐考虑的不是消费者能买得起一瓶两瓶,而是能否有持续不断的消费者不断购买可口可乐产品,消费者能否成为可口可乐的忠实消费者。

3. “乐得买”

“乐得买”指的是不仅要让消费者“买得起”,还要让消费者乐意买自己的产品,这也是把产品销售到消费者手里、心里的关键。现在饮料的竞争可谓是惨烈,消费者对饮料的选择性很大,他们可以选择茶、矿泉水、果汁、功能饮料等。在这种竞争惨烈的情况下,要让消费者始终对可口可乐保持一心,就必须在品牌文化、消费者心理做文章。从可口可乐的“过年了,带我回家”(2006 年春节广告)来看,可口可乐“乐得买”这一策略是花尽了心思。

春节到了,是家家户户吃团圆饭的日子,可儿子却独自一人在外,不能回家过年。儿子在一家餐厅喝着可口可乐没想到可乐瓶中的阿福跳了出来,儿子惊讶道:“你们怎么在这里?”阿福回答道:“带你回家过年啊。”



儿子回到家,与家人吃着年夜饭,这时阿福喜洋洋地关上大门,屏幕上显示出“带我回家过春节”的字样。广告中的儿子是由刘翔扮演的,可以说,这是刘翔的本色演出。“作为运动员,由于比赛和训练能和家人一起吃年夜饭的机会并不多,心里真的很想母亲做的饭。”刘翔说道。

这一广告确实感人,中国是一个亲情浓厚的国家。过年了,不管离家多远,不管有多忙都要回家与亲人们一起吃团圆饭。正是用这一亲情牌,可口可乐很好地把自己打进了消费者的心里。

对于可口可乐的“3A”策略的理解和执行能力是值得餐饮企业好好研究的。

**思考题**

举例说明餐饮市场定位的依据和方法。

# 第九章 餐饮品牌战略

## 学习目标

- 了解品牌的含义
- 知晓品牌的作用
- 理解品牌的构成与特征
- 懂得品牌的保护

## 关键概念

品牌　品牌构成　品牌特征　品牌组成　品牌管理

## 第一节 品牌的含义与作用

### 一、品牌的含义

品牌是产品整体概念下“形式产品”或“有形产品”的重要组成部分。品牌策略也是营销酒店商品策略的重要内容。了解品牌的含义及其在市场营销中的作用，掌握制定和实施商品品牌（商标）策略的原理、方法，有利于优化产品组合，也有利于优化营销组合，进而提高市场营销效率。

品牌就其实质来说，它代表着销售者（卖方）对交付给买方的商品特征、利益和服务的一贯性承诺。久负盛名的品牌就是优良质量的保证。不仅如此，品牌还是一个更为复杂的符号，蕴涵着丰富的市场信息。为了深刻揭示品牌的含义，还需从以下几个方面透视。

（1）属性。品牌代表着特点的商品属性，这是品牌最基本的含义。

（2）利益。品牌不仅代表着一系列属性，而且还体现着某种特定的利益。顾客消费商品的实质是消费某种利益，这就需要将属性转化为功能性或情感利益。

（3）价值。品牌体现生产者的某些价值感，如安全、健康、卫生、服务体贴入微等，还附着特定的餐饮文化。

(4) 个性。品牌也反映一定的个性。不同的品牌会使人们产生出不同的品牌个性联想,如菜品的工艺精良、口味使人流连忘返、食疗功效独特等。

(5) 用户。品牌暗示了购买或使用产品的消费类型及消费层次。

## 二、品牌的作用

品牌的有益作用可从多个方面来透视。除了有利于市场监控,有利于维系市场运作秩序以外,品牌对消费者、对餐饮营销都有不同的作用。

### (一) 品牌对营销者的重要作用

对从事市场营销活动的酒店来说,品牌的有益作用主要表现在以下几个方面。

1. 品牌有助于促进产品销售,树立企业形象

品牌以其简洁、明快、易读易记的特征而使其成为消费者记忆商品质量、商品特征的标志,也正因如此,品牌成为酒店促销的重要基础。借助品牌,消费者了解了品牌标定下的商品;借助品牌,消费者记住了品牌及其商品,也记住了酒店;借助品牌,即使商品不断更新换代,消费者也会在其对品牌信任的驱使下产生新的购买欲望,在品牌得到公众或消费者信任的同时,酒店的社会形象、市场信誉得以确立并随品牌忠诚度的提高而提高。

2. 品牌有利于保护品牌的所有者的合法权益



品牌经注册后获得商标专用权,其他任何未经许可的酒店和个人都不得仿冒侵权,从而为保护品牌所有者的合法权益奠定了客观基础。

3. 品牌有利于约束酒店的不良行为

品牌是把双刃剑,一方面因其容易为消费所认知、记忆而有利于促进商品销售,注册后的品牌有利于保护自己的利益;另一方面,品牌也对品牌使用者的市场行为起到约束作用,督促企业着眼于长远利益,着眼于消费者利益,着眼于社会利益,规范自己的营销行为。

4. 品牌有助于扩大商品组合

为适应市场竞争的需要,酒店常常需要同时生产多种系列商品。值得注意的是,这种商品组合是动态的概念。依据市场变化,不断地开发新商品,淘汰市场不能继续接受的老商品是酒店策略的重要组成部分,而品牌是支持其新的商品组合的无形力量。若无品牌,再好的商品和服务,也会因消费者经常无从记起原有商品或服务的好印象而无助于商品改变或商品扩张。而有了品牌,消费者对某一品牌产生了偏爱,则该品牌标定下的商品组合的改变或扩大就容易被消费者接受。

此外,品牌还有利于酒店实施市场细分战略,不同品牌对应不同的目标市场,针对性强,利于进占、拓展各细分市场。

### (二) 品牌给消费者带来的益处

1. 品牌便于消费者辨认、识别所需商品,有助于消费者选购商品

随着科学技术的发展,商品的科技含量日益提高,信息及科技传播速度的加快,增加了商品模仿能力。对消费者来说,同种类商品间的差别越来越难以辨别。由于不同的品牌代表着不同的商品品质、不同的利益,所以有了品牌,消费者即可借助品牌辨别,选择所需商品或服务。

2. 品牌有利于维护消费者利益

有了品牌，酒店以品牌作为促销基础；消费者认牌消费。酒店为了维护自己的品牌形象和信誉，都十分注意恪守给予消费者的利益承诺，并注重同一品牌的商品质量水平同一化。如此，消费者可以在酒店维护自身品牌形象的同时获得稳定的消费利益。

3. 品牌有利于促进商品改良，有益于消费者

从本质上说，品牌代表着酒店对消费者提供商品特征和利益的承诺，所以餐饮营销为了适应消费者需求变化，适应市场竞争的客观要求，必然会不断更新或创制新商品，以兑现或增加承诺。这是酒店的选择，也是消费者的期望。可见，迫于市场的外部压力和酒店积极主动迎接挑战的动力，品牌最终会带给消费者更多的利益。

（三）品牌有益于提升国家竞争力

企业是经济发展的主体。实践证明，有国际竞争力的企业（即拥有强势品牌的企业）的数量多少，很大程度上决定一个国家的经济发展水平，也决定一个国家的经济竞争能力。

如美国的世界500强企业是世界上最多的，这与其全球第一经济强国的身份是一致的。

品牌是一个企业的梦想，更是一个国家的希望。品牌——尤其是具有较高知名度和良好美誉度的品牌是企业获取竞争优势、进占和拓展目标市场的"通灵宝玉"。品牌是企业乃至国家竞争的焦点，甚至是制高点。中国发展经济，提升国家竞争力需要有影响力的品牌。



# 第二节　品牌资产的构成与特征

品牌能给企业带来财富，同样的产品贴上不同的品牌标签，就可以卖出不同的价格，其市场占有能力也有很大的差异。这种由品牌带来的超值利益是品牌的价值体现，是由品牌这种特殊的资产生成的。称品牌是特殊资产，不仅是因为它无形，而且还因为它的真实价值并未在企业财务状况表中反映出来。品牌资产是一种超过商品或服务本身利益以外的价值。它通过为消费者和酒店提供附加利益来体现其价值，并与某一特定的品牌紧密联系着。若某种品牌给消费者提供的超过商品或服务本身以外的附加利益越多，则该品牌对消费者的吸引就越大，从而品牌资产价值也就越高。品牌给酒店带来的附加利益，最终源于品牌对消费者的吸引力和感召力。也可以说，品牌资产是酒店与顾客关系的反映，而且是长期动态关系的反映。

## 一、品牌资产的构成

品牌知名度，就是指品牌为消费者所知晓的程度，故也称品牌知晓度。

对某一特定的品牌来说，品牌知名度或知晓度反映了消费者总体中有多少或多大比例的消费者知晓它。可见，品牌知名度反映的是品牌的影响范围或品牌的影响广度。品牌的知名度有益于提高品牌影响力。对知名度较高的品牌消费者常常感觉或暗示自己"有这么大的宣传力度，其实力不凡，品牌及产品定然不错"，这个品牌广为传诵，又有那么多人在使用消费其商品，应该值得信赖……因熟悉而放心。可见，品牌知名度的高

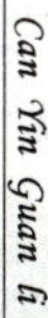

低，直接影响着消费者对品牌的态度，并在此基础上影响消费者的消费选择。

## 二、品牌忠诚度

品牌忠诚度作为消费者对某一品牌偏爱程度的衡量指标，反映了对该品牌的信任和依赖程度。一般来说，忠诚度越高的品牌，顾客对其重复消费行为发生的次数越多。

品牌忠诚的价值具体表现在这几个方面：首先是降低营销费用。如果消费者对某品牌有偏好，并形成了品牌忠诚，对该品牌产品有较高的信任度和依赖性，因而经常购买该品牌产品，就会使品牌拥有者节省广告等促销费用。其次是易于吸引消费者，扩大市场规模。品牌忠诚度高，表明酒店的经营活动得到消费者的认可；顾客的连续重复性消费也是一种富有诱导性的示范；口碑甚佳又使老顾客成了义务宣传员。

## 三、品牌联想

对品牌而言，不同的品牌会使消费者在脑海中产生不同的联想，进而形成不同的品牌形象。如提及"麦当劳"，消费者可能就会想起汉堡、薯条、麦当劳叔叔、洁净的店铺……这种品牌联想所形成的对品牌的印象最终成为消费者选择品牌的重要依据。因此，品牌联想成为品牌资产的构成要素。品牌，通常会使人们联想到产品特征、消费者构成、消费者利益、竞争对手等，其联想内容因品牌不同而各异。消费者通过对不同品牌产生不同的联想，使品牌的差异得以显露。广告宣传等传播品牌的主要目的就是试图使消费者从"产生联想→产生差别化认识→产生好感→产生购买欲望"。所以，品牌联想能提供消费者的选购理由。



## 四、品牌的品质形象

品牌的品质形象是指消费者对某一品牌的总体质量感受或在品质上的整体印象。不言而喻，品牌品质形象相当程度地影响品牌的市场声誉，进而影响品牌或商品的获利能力。

### （一）品牌的品质形象不同于商品的实际质量

品牌的品质形象以品牌标定下的商品的实际质量为基础，但两者又并非完全等同。一方面，品牌的品质形象依赖于该品牌标定下的产品的功能、特点、耐用性、产品外观和销售服务能力等影响产品质量的各有关因素；另一方面，品牌品质形象作为消费者对品牌在质量上的整体感知，它并非必然与商品的实际质量不可分割。

### （二）品牌的品质形象是企业实实在在努力的结果

品牌品质形象形成的过程中，酒店是主角。正是通过酒店积极主动的营销努力，使得酒店的品牌相关信息触及消费者的心灵，并存留在消费者的头脑里、记忆中。也可以说，品牌的品质形象的形成反映了酒店在品质方面所作的承诺以及酒店为兑现这种承诺所作的各种努力。

最后，还需说明，上述品牌资产的几方面，具体到某一特定的品牌时，并非是均衡的。如有的品牌知名度很高，但在消费者心目中产生的联想却不一定十分理想；有的品牌虽能激起一种独特的或美好的联想，但其品质形象可能并不尽如人意等。对品牌的优势和劣势做到心中有数是品牌有效运营的重要依据。

## 五、品牌资产的特征

品牌资产作为酒店财产的重要组成部分，主要有以下几个特征。

### （一）无形性

品牌资产与酒店客户，餐厅等有形资产不同，它不能使人凭借眼(看)、手(摸)等人们的感官直接感受到它的存在及大小。所以，品牌资产是一种特殊的资产，是一种无形资产。

### （二）品牌资产难以准确计量

一方面，品牌资产构成的特殊性决定了品牌资产难以计量。我们知道，品牌反映的是一种酒店与顾客的关系。这种关系的深度与广度通常需通过品牌的知名度、品牌联想、品牌忠诚度和品牌品质形象等多方面予以透视，而且，品牌资产的这些组成部分又相互联系、相互影响，彼此交错而难以截然分开的。

### （三）品牌资产在利用中增值

就一般有形资产而言，其投资与利用往往是泾渭分明的，存在着明显的界限，投资即会增加资产存量，利用就会减少资产存量。而品牌资产则不同。品牌资产作为一种无形资产，其投资与利用常常是交织在一起，难以截然分开的。品牌资产的利用并不必然是品牌资产减少的过程，而且如果品牌管理利用得当，当然资产非但不会因利用而减少，反而会在合理利用中增值。



### （四）品牌资产具有波动性

从品牌资产构成的分析可以看出，无论是品牌知名度的提高，还是品牌忠诚度的增强，抑或是品牌品质形象的改善，都不可能一蹴而就，而是营销酒店长期不懈努力的结果。尽管品牌资产是酒店以往投入的沉淀与结晶，但这并不表明品牌资产只增不减。事实上，酒店品牌决策的失误、竞争者品牌运营的成功，都有可能使酒店品牌资产发生波动，甚至是大幅度下降，或者快速增长。

### （五）品牌资产是营销绩效的主要衡量指标

品牌资产是酒店不断进行营销投入或营销活动的结果，每一种营销投入或营销活动都或多或少地会对品牌资产存量的增减变化产生影响。正因为此，分散的、单一的营销手段难以保证品牌资产获得增值，必须综合运用各种营销手段，并使之有机协调与配合。像麦当劳、可口可乐等品牌之所以能够长盛不衰，与品牌运营者拥有丰富的营销经验和娴熟的营销技巧是密不可分的。如此说来，品牌资产的大小是各种营销技术、营销手段综合作用的结果，它在很大程度上反映了企业营销的总体水平。品牌资产是营销绩效的主要衡量指标。

# 第三节　品牌设计与保护

## 一、品牌设计

在品牌设计过程中，一般应坚持以下几个基本原则。



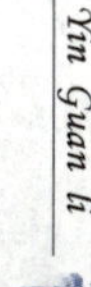

(一) 简洁醒目,易读易记

来自心理学家的一项调查分析结果表明,人们接收到的外界信息中,83%的印象通过眼睛,11%借助听觉,3.5%依赖触摸,其余的源于味觉和嗅觉。鉴于此,为了便于消费者认知、传诵和记忆,品牌设计的首要原则就是简洁醒目,易读易记。为适应这个要求,不宜把过长的和难以读通的字符串作为品牌名称,也不宜将呆板、缺乏特色感的符号、颜色、图案用做品标。

图 9-1 麦当劳的金色"M"招牌

如"M"这个很普通的字母,对其施以不同的艺术加工,就形成表示不同商品的标记或标志;鲜艳的金黄色拱门"M"是麦当劳(McDonald's)的标记。由于它棱角圆润,色调柔和,给人自然亲切之感(见图 9-1)。

(二) 构思巧妙,暗示属性

一个与众不同,充满感召力的品牌,在设计上还应该充分体现品牌标示商品的优点和特性,暗示产品的优良属性。麦当劳,经过多年的努力赢得顾客信任。那个构思巧妙,简洁明快,色彩鲜明的"M"标志,已经成了卫生、安全、方便、快捷、优质食品的代名词。

(三) 富蕴内涵,情意浓重

品牌,大多都有其独特的含义和解释或释义。有的就是一个地方的名称,有的是一种产品的功能,有的或是一个典故。富蕴内涵、情意浓重的品牌,因其能唤起消费者和社会大众美好的联想。

(四) 避免雷同,超越时空

品牌设计的雷同,是实施品牌运营的大忌。因为品牌运营的最终目标是通过不断提高品牌竞争力而超越竞争对手。若品牌的设计与竞争对手的雷同,一方面容易被起诉;另一方面也可能永远居于人后,达不到最终超越的目的。

## 二、品牌保护

品牌是一种无形资产,如不能很好地保护,就会降低品牌资产的增值能力,严重者还会使品牌资产荡然无存。有鉴于此,有效地对品牌进行保护是品牌运营的重要保障。

(一) 商标续展

商标的法律属性,决定了及时注册商标,使品牌转化为商标是品牌保护的重要而有效的手段。还必须指示,法律保护的商标权不是没有时间限制的。对此,各国的法律规定时间不尽相同;在英国及沿袭英国制度的一些国家,商标权保护期为 7 年;而美国、意大利、瑞士等国的保护期限长达 20 年。我国现行的《中华人民共和国商标法》规定,注册商标的有效期为 10 年。自核准注册之日起计算。

如果商标的有效期将满,则应当在期满前 6 个月(按我国商标法规定,最迟不超过有效期满后的6个月,即宽展期)内申请续展注册(注册商标有效期按法定程序延续),每次续展注册的有效期为10年。

### (二)注册互联网域名

域名是对应于互联网数字地址(IP地址)的层次结构式网络字符标志,是进行网络访问的重要基础。换句话说,域名就是连接到互联网上的计算机地址。它具有标志性和唯一性。注册互联网域名的必要性缘于域名有商标属性,且使用网络的人数不断增加。

域名作为互联网的单位名称在网络上使用的网页所有者的身份标志,它不仅能给人传达很多重要信息(如单位属性、业务特征等),而且还具有商标属性。这是因为域名可注册,具有排他性,受法律保护。基于此,域名的所有权属于注册者。若某酒店的商标由另一不同酒店抢先注册,那么该酒店就可能永远失去注册与自己商品的商标名称相一致的域名了。然而,域名的传播和使用范围却是全社会的。一个域名用久了,人们对它有了特殊的感觉与记忆。酒店一旦有了域名,就表明酒店在互联网上拥有自己的门牌号码,有了通往网络世界把握商机的一把钥匙。

### (三)打假

假冒商标行为作为一种商标侵权行为,它是指以获取非法利益为目的,故意侵犯他人注册商标专用权的行为。假冒商标行为是主观上故意假冒他人注册商标和销售假冒商品,制造、销售他人注册商标标志的行为。



对品牌酒店而言,遇到假冒商标行为既可能有直接损失,也可能有间接损失。一方面会使酒店品牌标定下的商品销售业绩变少;另一方面还会破坏酒店品牌形象。可见,为了保护品牌,有效打假也是十分必要的。

# 第四节　铸造品牌与管理品牌

## 一、抓紧机遇　铸造品牌

### (一)新时代呼唤品牌

餐饮市场相对来说是最分散的一个市场,从行业数据统计看,中餐行业市场容量非常大,而且膨胀非常快,可以说餐饮行业是完全竞争的行业,行业集中度相当低,企业规模小、数量多,现代化水平低,国内没有一个大的餐饮集团可以占据1%的市场份额。未来发展的趋势是行业集中度大幅提高,从餐饮企业竞争与发展格局来看,未来我国餐饮企业竞争将更加激烈,并伴有更多企业上市,有待于规模企业的整合。餐饮业的发展正经历规模连锁发展阶段和品牌提升战略阶段。

进入21世纪,我国餐饮业发展更加成熟,增长势头不减,整体水平提升,一批知名的餐饮企业在外延发展的同时,更加注重内涵文化建设,培养提升企业品牌,综合水平和发展质量不断提高,并开始输出品牌与经营管理,品牌创新和连锁经营力度增强,现代餐饮发展步伐加快。根据商务部商业改革司公布的数据显示,近年来,中国大型餐饮连锁经营发展势头十分强劲,营业收入达到一亿元以上的连锁餐饮集团总收入同比增长高于全国餐饮业零售总额增幅3个百分点以上,餐饮业市场集中度呈上升趋势。

(二) 竞争中铸造品牌

中外餐饮企业在餐饮市场格局中竞争加剧。餐饮业是改革开放比较早的一个行业,外资企业特别是一些国际名牌企业不断涌进中国餐饮市场。我国餐饮业一直面临着国外餐饮业品牌的强大挑战,与国外餐饮相比,国内餐饮企业在硬件、软件,尤其是在管理、服务方面的差距较大。加入WTO后,更多外资餐饮企业的进入加剧我国餐饮行业的竞争。国外餐饮企业进入中国,对我国餐饮经营理念、服务质量标准、文化氛围、饮食结构、从业人员素质要求等将产生深刻影响。

在国内,中餐企业面临着外国品牌餐饮企业的挤压。全国前10强占餐饮业总营业额的比例还不到10%,与以肯德基、必胜客为代表的外国餐饮巨头形成巨大反差。诸多国际餐饮品牌,这类代表强势文化的外来餐饮集团,对中国传统文化无疑会有很大的冲击,尤其是一些国际标准集团制度、规定,甚至服务工序与中国饭店的现有规定和做法相距很远,对中国的原有文化定会产生损伤。如何在引进中融合,在发展中继承,在学习中创新,将是中国餐饮业转型提升的长期课题。

目前百胜集团已利用标准化运作优势,形成中式快餐的标准化并加以推广,"东方即白"利用肯德基进行的全面推广就在利用品牌、标准优势向"中式快餐"市场延伸,进一步扩大市场份额。通过国外餐饮业品牌对在中国连锁经营成功案例分析,国外餐饮业品牌布局已基本完成,未来"洋快餐"将继续引领中国餐饮竞争格局,中餐企业需要借鉴和学习国外餐饮品牌企业商圈选址策略、物流管理能力、单店的运营能力、品牌扩张能力、信息化管理能力。



国内优秀的餐饮企业已经开始提炼经营技术、申报餐饮专利、积淀品牌价值、整合上下游资源。融资扩张成了国内餐饮业的加速发展的主流模式。

从特色快餐连锁发展的主要历史经验看,快餐业的发展和连锁经营的推广既与社会发展和人民生活水平有着密切的关系,又与社会的大背景分不开,也与社会的发展与进步同步,以人民生活消费水平的提高为基础,在发展的过程中也需要国家的整体布局规划和宏观指导,注意克服和弥补市场的盲目性、自发性和滞后性。发展快餐连锁要注意内涵与外延的统一,在企业内部条件并不成熟的条件下,片面追求数量往往会事倍功半。在快餐业的发展中,还是以中式品种风格为主,注重民族特色。

中华著名老字号"全聚德",创建于1864年(清朝同治三年),历经140余年的悉心经营,以其独具特色、质优味美的北京烤鸭和良好的信誉逐渐确立了在北京乃至全国餐饮行业的地位。具有历史积淀的全聚德烤鸭不仅是京粹文化的一个象征和内外文化交流的一个窗口,同时也成为我国传统饮食文化的代表。"全聚德"走的是"仿膳""四川饭店""丰泽园"等中华老字号品牌集合之路。

1999年1月,"全聚德"被国家工商总局认定为"驰名商标",是我国第一例服务类中国驰名商标。在百余年里,全聚德菜品经过不断创新发展,形成了以独具特色的全聚德烤鸭为龙头,集"全鸭席"和400多道特色菜品于一体的全聚德菜系,备受各国元首、政府官员、社会各界人士及国内外游客喜爱,被誉为"中华第一吃"。以北京中华老字号中国全聚德成功上市为标志,中国民族餐饮集团化和品牌化进程开始努力加快,以逐渐形成中国的餐饮名牌系列。

（三）中国牌渐成气候

中国餐饮业的突出特点是经营活跃，据了解，继 2007 年百年老字号全聚德的成功上市，小肥羊（见图 9－2）、湘鄂情、谭鱼头先后上市，安伯深（A-paxPartners）以约 2.5 亿美元收购自助餐连锁店金钱豹，成为目前该行业最大规模的单笔投资。2012 年小南国终于上市，预计未来三年经济回暖后，将有更多的餐饮企业上市。

图 9－2　小肥羊商标

在中国市场经济的海洋中多年磨砺的中国餐饮业经过激烈竞争，全国数百个限额以上连锁餐饮业集团（企业），上海锦江、杏花楼、梅龙镇、小绍兴、城隍庙、杭州知味观、广州酒家、真功夫、俏江南、天津狗不理以及西安饮食、成都饮食等一批民族餐饮品牌渐成气候。除香港大家乐、大快活在华南地区稳步发展外，像 2011 年在我国台湾地区挂牌上市的咖啡甜点连锁店 85 度 C，如今已在全球开了 479 家连锁店，目前该公司在大陆的直营店已有 158 家，大陆市场规模占其总营收的近六成。为何这家咖啡烘焙店用了一年时间，在不打任何广告情况下，在上海及周边区域连续开出 100 多家咖啡糕点面包房，每家店几乎都生意好到要排队，这样的商业传奇无疑是值得学习和借鉴的。

图 9－3　俏江南商标

小天鹅、谭鱼头、东来顺、小尾羊、德庄、秦妈等十多家火锅连锁均已小成规模；真功夫、马兰拉面、大娘水饺、丽华快餐、深圳面点王、北京和合谷等中国式快餐都在致力于中式快餐的标准化，其中像乡村基、和合谷等中式快餐认真吸收西式快餐成功经营的经验，后来居上，取得了很好的业绩和顾客的赞赏，成长较快。中式快餐的高端品牌也开始出现，如北京俏江南（见图 9－3）和上海小南国、美林阁、苏浙汇南北呼应，打出商务宴席品牌，可以说，餐饮行业中国牌终于渐成气候。

## 二、切实加强品牌管理

品牌是酒店重要的无形资产，品牌管理实质上就是品牌资产管理。品牌管理水平的高低直接关系到品牌资产投资和利用效果的好坏。一般而言，酒店品牌管理的主要任务包括监控品牌运营状况、设计或参与设计品牌、申请注册商标、管理品牌及商标档案、处理品牌纠纷、维护商标权、协助打假、品牌全员管理教育等。

当前世界范围内众多大集团酒店都先后采用了品牌经理制，主要是因为品牌经理制有许多“职能制”所不具备的优点。第一，品牌经理制比职能管理制具有较强的品牌运作协调性。在品牌经理制下，酒店委任品牌经理负责某品牌运营全过程，具体负责该品牌标定下的商品的开发、销售，协调该品牌商品的各项工作。这就在很大程度上消除了部门之间的互相扯皮、推诿，减少因未能考虑整体利益，不熟悉整体情况而产生的盲目性和分散性。第二，品牌经理制有利于达到品牌定位目标，快速实现品牌个性化。第三，品牌经理制有助于长期维系品牌整体形象并使得品牌运营活动适应市场变化的能力大大加强。

## 小结

本章讲述了品牌的含义、作用，介绍了品牌资产的构成与特征和品牌设计与保护，尤其以中国餐饮业为例分析了餐饮品牌的铸造和品牌管理。

## 复习思考题

1. 谈谈品牌的作用，以及品牌给消费者带来的益处。
2. 品牌资产的构成与特征包括哪些内容？

## 案例分析

### 星巴克是如何做好品牌营销的



随着电子商务的发展，星巴克以超前的眼光推动着营销方式的改变。

星巴克宣布更换商标（见图 9-4），实施新战略。星巴克的连锁咖啡店是世界一流的，而且其价格也不菲。为了能够使得贴牌生产的星巴克系列产品大行其道，以扩大星巴克的总销售额，星巴克的全部产品将以适合超市的形式进入快消品流通领域。

图 9-4　星巴克富有特色的品牌

他们采取的营销手段看似和普通的门店超市没什么两样：会员制。星巴克的会员制采用了类似大型超市的做法，即预先充值然后持卡消费。而与超市不同的是，星巴克可以上网处理，也可以利用安卓系列在手机上应用。估计以后可以利用手机消费。星巴克的会员卡更是一种身份的象征。随着电子商务的发展，星巴克以超前的眼光推动着营销方式的改变。这种改变除了以会员制和消费者紧密相连之外，更多的还是利用电子商务的功能，进一步提升星巴克的普及率。有理由相信，星巴克已经制订了切实可行的移动 E 营销方案，以期待在手机成为充值卡的消费时代取得领先优势——品牌随着时代的发展而发展。

**思考题**

联系实际谈谈星巴克品牌营销的启示。

# 第十章 餐饮产品创新

学习目标

- 认识创新的含义
- 了解创新的类型
- 理解技术、技术开发和新菜品开发

关键概念

创新　技术进步　餐饮新产品开发　新菜品开发方式



## 第一节 创新概论

### 一、创新的概念

剧烈的市场竞争对现代酒店提出了更高的创新要求，不断创新是酒店的唯一出路，现代酒店的管理者应当了解酒店创新的意义与价值。

创新(innovation)的意思是更新，制造新的东西或改变。创新包括下列几种情况。

- 创新一种新的东西，也就是消费者还不熟悉的产品，或者开发产品的一种新的特性。
- 采用新生产方法，也可以是以新的商业方式来处理某种商品。
- 开辟一个新的市场，也就是商品以前不曾进入的市场，不管这个市场以前是否存在过。
- 实现任何一种新的产业组织方式或酒店重组。

过程论者认为，创新是从发现潜在的需求开始，经历新食物技术的可行性检验阶段，再到新食物的广泛应用的过程。结果论者认为，创新是被个人或其他使用部门认可的一种新思想、新实践和实物品。管理大师德鲁克认为，创新就是创造一种资源。

### 二、创新的类型

根据研究目的的不同，创新可以有许多不同的分类方法。最基本的创新有两种，即

产品（商品）创新和工艺创新。这里我们把创新分为结构性创新（或综合性创新）、空缺创造式创新和渐进性创新。

### （一）结构性创新

结构性创新是指相对于当前经营模式有跨越式发展的创新。这些新模式往往能塑造市场和客户之间有一种新的联结方式，其突出特征是新模式的创造以及老模式的重塑。

结构性创新有三个突出的特点。

第一，它打破了以前产业对新技术的结构性控制与支配。

第二，创造性综合所产生的设计概念将在产业未来很长时间内占主导地位。

第三，结构性创新虽然基于科学的创新是支撑主导设计的基础，但主导设计本身并不是科学所激发的，它是技术与市场需要巧妙结合的产物，它冲破了现有产业的约束，不仅影响了技术发展，而且为酒店产品、市场和用户之间的联结打开了新的可能性。

### （二）空缺创造式创新

通过使用现有技术打开新的市场机会的创新是空缺创造式创新。空缺创造式创新涉及较小的技术（菜品）变化。因此，对生产系统和技术知识的影响是渐进性的。但这类创新也常常能导致意义重大的新产品引入，以产品（菜品）特性为基础的剧烈竞争，技术的细致改进甚至技术的变迁。因为这些变化是建立在现有的技术能力之上的，所以能提高其在市场细分中的可应用性。可见，成功的空缺创造式创新要求酒店将顾客需要与菜品的细致改进相匹配。



### （三）渐进性创新

相对于看得见的创造空缺和建立新结构的创新，渐近性创新几乎是看不见的，但它对菜品的成本和性能具有巨大的累积性效果。渐近性创新所涉及的变化都是建立在现有技术和生产能力之上的变化和用于现在的市场和顾客的变化。这些变化的效果是加固了现有技能和资源，更多地受经济因素驱动。

由于渐进性创新会对商品特性产生显著的效果，它还加固和强化了生产能力，同时也加固和强化了酒店、商品顾客和市场三者之间的相互联结。这种效果常常能持续相当长的时期。

烹饪工艺的渐近性变化提高了菜品的营养食疗价值，它同时也提高了竞争对规模经济和对资本设备投资的要求。特定的新技术元素创新所产生的进步微不足道，但持续进行这类创新就能实质性地改变酒店获取竞争优势的方式。

# 第二节　技术与技术进步

## 一、技术及其分类

技术是制造一种产品（商品）或提供一项服务的系统的知识。根据不同的划分标准，可以将技术分成不同的类型。

### （一）按技术的功能划分

按技术的功能，可将技术分为产品技术、生产技术和管理技术。

产品技术，指技术被用来提升一款菜品的价值。这既可以是一个全新菜品的发明，也可能是局部的改进，比如增加一部分营养价值、改进一项服务、提高菜品的质量或降低菜品的生产成本等。

生产技术，指烹制菜品技术的过程，比如一项新工艺、新的流程、新的烹制方法和手段等。

管理技术，指整个研究、开发、制作、销售和服务活动的组织。长期以来，管理不被当作技术，其重要性也常常被忽视。事实上，在相同的菜品和制作手段的情况下，不同的制作和服务的组织方式、不同的管理技能的训练，所产生的经济效益会大不相同。

(二) 按技术的体现形式划分

按技术的体现形式，可将技术分为硬技术、软技术和专家技术。

硬技术，指使用制作菜品的机器设备的水平。

软技术，指制作菜品的手工工艺水平。

专家技术，指技术存在于人的大脑中及手工操作技能、专长或诀窍，包括私有技术，技术拥有人可以申请专利、受法律保护的技术。但有些技术拥有人并不申请专利，只是通过保密措施来保护拥有权。比如，可口可乐配方没有申请专利，至今保密了100年。

## 二、技术开发



(一) 技术开发的概念

技术开发含有创新的意义，在餐饮业中，对菜品的研究要与科学营养知识和工艺技术结合起来，创造出新菜品、新工艺等。

(二) 餐饮企业从事技术研究工作的必要性

1. 防御性技术研究

在竞争异常激烈的时代里，假如你想经营一家酒店，就必须在经营上、菜品上有自己核心技术的特色。

2. 竞争性技术研究

假如一家酒店拥有优秀的管理人员和高级专技人才，这家酒店就可以把自己进行的创造和革新的可能性扩大到最大的限度，这显然会给这家酒店的竞争力提供一个有利的条件。

3. 战略性技术研究

餐饮业从战略的高度重视技术研究。酒店的最高战略就是培养人才。

## 三、技术引进

当今餐饮业蓬勃发展，任何酒店不可能在所有领域保持领先。因此一个酒店根据自己的特点，扬长避短，侧重发展若干项技术并保持领先地位，而其他技术通过引进可使资源利用更合理，效率更高。

餐饮技术的引进，包括产品设计、工艺流程、食材配方、聘请专家、培训人员、技术咨询、管理方法等。

## 四、技术改造

技术改造就是用先进的技术改造落后的技术，用先进的工艺和设备代替落后的工艺和设备，达到增加品种、提高质量、节约能源、全面提高综合经济效益的目的。研究表明，技术改造可以使酒店的生产费用降低25%以上，因此，经营有方的酒店对较小的技术改进也总是不轻易放过，特别是与生产工艺直接有关的技术改进。这种改进往往对节省劳力、食材和能源起到很大的作用。

技术改造的内容包括菜品改造，菜品制作的设备更新、改造，工艺的改造。

### （一）菜品改造

酒店在进行技术改造应从市场需要出发、从菜品改革入手，在创新菜品的同时改造老菜品，实现菜品特色、营养价值等进一步提升。

新法梭子蟹就是在菜式特色上进行的创新（见图10-1）。

图10-1　新法梭子蟹

图10-2　水龙子



另外还可以将老菜翻新，“水龙子”就是元代古菜的现代版新菜（见图10-2）。

### （二）菜品制作设备的更新、改造

对现有设备进行更新、改造是促进技术进步的重要环节，它包括生产设备、工艺装备和计量测试手段的更新、改造。设备更新要尽可能用先进设备代替原来的落后设备，也可以对现有设备进行局部更新，以提高设备的性能和效率。

### （三）工艺的改造

工艺的先进与落后，往往是影响产品成本质量、生产效率的重要原因。因此，采取行之有效的工艺方法和工艺流程显得特别重要。

# 第三节　新产品开发

## 一、新产品的概念与分类

餐饮企业的新产品是指国内、本地区、本酒店内的第一次制作成功的菜品，或在原有菜品上作出的重大改进，在制作食材等方面或一方面有显著改进和提高的菜品。新菜品可以按不同方法分类，有以下几种。

### (一) 全新型菜品

全新型菜品是指应用新原理、新技术、新食材(引进)具有新特色,提升营养价值的菜品。该新菜品属餐饮业首先研发,能开创全新的市场。

### (二) 改进型新菜品

改进型新菜品是指在原有老菜品的基础上进行改进,使菜品在食材搭配、营养价值、品质、造型、款式上具有新的特点和新的突破。这种新菜品与老菜品比较接近,有利于消费者接受,开发也不需要大量的资金,失败的可能性相对要小。

### (三) 模仿型新产品

模仿型新产品是指酒店对国内市场上已有的菜品进行模仿制作,作为本企业的新菜品。

### (四) 打造系列型新菜品

打造系列型新菜品是指在原有的菜品大类中开发新品种,一种食材做出多种系列菜品、多种款式、多种口味、多种规格等。这种新菜品能满足不同客户的不同消费需求。

餐饮业的新菜品开发无论是对餐饮业的生存还是发展都具有重要的意义。菜品创新的必然性要求酒店进行新菜品的开发。由于消费者需求的不断变动,要求酒店不断地推出适合时代的新产品,所以菜品变革提升合理的营养价值是必然的,是不以人的主观意志为转移的。客户的不断变化的需求是提高菜品的动力所在,餐饮业因此必须不断地进行新产品开发。



## 二、新菜品开发的方向

选择新菜品开发方向时应考虑以下几点。

### (一) 菜品的特色和食用价值

对消费者来说,消费者多注意菜品的款式、造型、口味和营养价值。因此,菜品的款式和食用价值是新菜品开发时考虑的关键因素。

### (二) 竞争能力

开发酒店新颖、特色的菜品便于吸引消费者,可以更好地提升酒店的竞争能力。

### (三) 价值与销售量

酒店可采取优质优价和薄利多销的灵活销售法,根据市场节奏及市场需求采用弹性价格法。

## 三、新菜品开发的基本方式

新菜品开发方式一般有独创方式、引进方式、改进方式和结合方式四种。

### (一) 独创方式

从长远考虑,酒店开发新菜品最根本的途径是自行研制,即所谓独创方式。采用这种方式开发新菜品,有利于酒店自己拥有技术核心优势,有利于竞争优势。

### (二) 引进方式

技术引进是开发新菜品的一种常用方式。引进方式是通过技术引进来实现新菜品



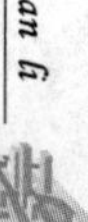

开发,是发展新菜品的一条有效途径。技术引进多半是引进特色技术、制作工艺、新颖设备等。酒店采用这种方式可以较快地掌握新菜品的制作工艺,减少研制经费,从而赢得时间,缩短与其他酒店的差距。

(三) 改进方式

这种方式是以酒店现有的菜点为基础,根据客户的不同需求,采取菜品新的多种组合(搭配)和提升营养和食用价值等措施来开发新菜点。采用这种方式可以依靠酒店现有的技术力量,成功把握大。

(四) 结合方式

结合方式是独创与引进相结合的方式。这种方式是在技术上引进、吸收、消化特色制作工艺与本酒店的开发菜品相结合,充分发挥引进特色工艺,推动本酒店的菜点发展。

这种菜点的开发方式花钱少,见效快,菜品迎合潮流,具有时尚特点。这种方式也属于改进方式,是一种高层次的新菜点创新方式。

小结

本章概述了创新的含义和类型,分析了技术、技术开发,尤其是餐饮新产品创新,强调新菜品是体现现代餐饮企业的基本特征,也是餐饮企业可持续发展的可靠保障。

复习思考题

1. 简述创新的含义和类型。
2. 餐饮企业技术改造有哪些内容?
3. 举例说明新菜品创新开发的主要方式。

案例分析

## 动物故事

迷宫里住着两只小老鼠和两个小矮人,他们在迷宫里历经风险寻找到奶酪C站,并就在附近安居,建立起他们的生活模式。

1. 两只小老鼠突然发现原来他们赖以生存的奶酪不见了,他们立刻想也没有想就穿起它们的跑鞋去迷宫深处寻找新的奶酪,并找到了一些奶酪。

2. 两个小矮人却没有这样做。起先,他们以为是谁和他们开玩笑,就在奶酪C站周围四处寻找,但是没有找到,他们陷入了迷茫,“是谁动了我的奶酪?”其中一个小矮人说。“我们失去的一定会有人给我们补偿的。”但是很多天过去了,他们依然一无所获。另一个小矮人认为,与其这样盲目地找下去,还不如到迷宫深处寻找新的奶酪,他克服了自己心理的压力和同伴的劝阻终于找到了新鲜的奶酪。由此,他悟出了一个道理:

“随着奶酪的变化而变化”。

两只小老鼠和两个小矮人的奶酪不见了，小老鼠便马上去寻找新的奶酪，而两个小矮人却以为上天会再给他们一些补偿，一直等待着新的奶酪的出现。然而，一无所获之后，其中的一个小矮人知道不会再有新的奶酪出现之后，便亲自出发寻找新的奶酪。两只小老鼠能够马上随着目标的变化而变化，使自己不断地改变；其中一个小矮人在经过思想斗争后也能做到随着目标的变化而变化；但是另一个小矮人则只会随着旧的目标，不肯改变，等待他的命运一定会是死亡。

**思考题**

谈谈餐饮技术进步以及新菜品开发的意义。

# 第十一章 中国餐饮业的转型发展

学习目标

- 认识中国持续增长的餐饮消费
- 掌握中国餐饮的行业格局
- 理解中国餐饮业发展的现状及出现的问题
- 了解中国餐饮业走向世界的动态
- 知晓中国餐饮的历史机遇和灿烂前景

关键概念

外食族　餐饮行业格局　多元竞争　食品安全　吃的产业革命　中餐全球化

改革开放后，中国餐饮业保持了快速发展的态势，餐饮大市场持续快速拓展，对中国的经济发展和社会生活以及国际外交的影响也越来越大。中国餐饮业的惊人发展伴随着一系列深刻变化，既逐渐呈现出现代消费活动特征，萌生各种新的业态；更应对着严峻的挑战，处于生产方式的全面转型之中，继续“吃的产业革命”，逐步形成中国餐饮行业的新格局，展现灿烂前景。

## 第一节　持续增长的餐饮消费

饮食消费者是餐饮活动的中心，作为餐饮活动中的主体，饮食者在餐饮经营消费活动中处于核心地位。

### 一、富裕起来的中华民众

随着我国经济的快速发展，国内生产总值快速提高，经济总量不断增长和扩大，我国城乡居民总体收入收入增长迅速（见图 11－1、图 11－2）。

改革开放 30 多年来，按 1978 年可比价格计算，2012 年全国城镇居民人均可支配

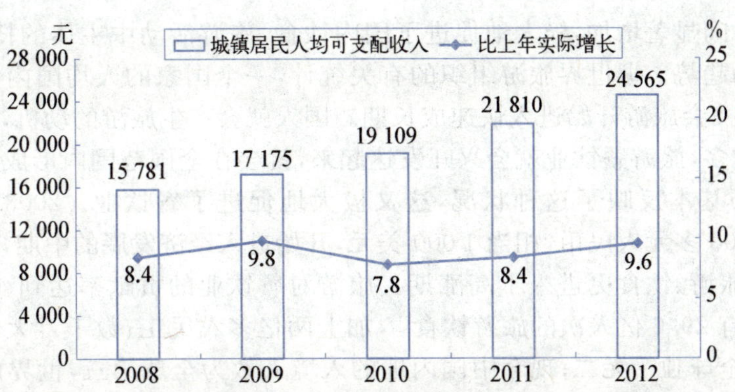


图 11－1　全国城镇居民人均可支配收入及其实际增长速度

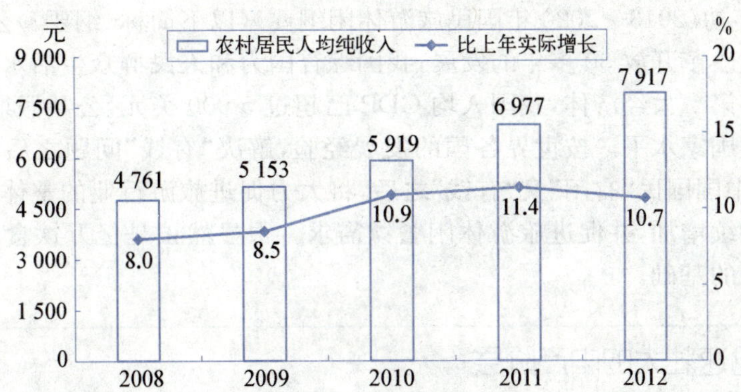


图 11－2　全国农村居民人均纯收入及其实际增长速度

收入①和农村居民人均纯收入比 1978 年均增加了 10 余倍。人均可支配收入被认为是消费开支的最重要的决定性因素，常被用来衡量一国生活水平的变化情况。按国际惯例，当人均收入超过 3 000 美元时，居民消费升级将成为常态。2012 年国民生产总值为 519 322 亿元，人均 GDP 已达 6 000 美元，按联合国粮农组织的标准，我国总体上已达到从小康到宽裕的居民消费阶段。

我国经济多年的快速发展，持续迅速带动国内消费需求增长，居民消费能力增强，消费层次提高，外出就餐消费额比重持续增长。全国 2007 年人均餐饮消费达 930 元；2008 年达 1 158 元，折合 167.3 美元，是 1978 年的 150 倍以上；2011 年中国人均餐饮消费则达到 1 563 多元，折合 237 美元；2012 年人均 1 731.7 元，折合 271 美元。

## 二、独一无二的饮食市场

同时还要看到，随着我国经济的逐年增长，人们生活水平日益提高，可自由支配的

① 人均可支配收入指个人收入扣除向政府缴纳的个人所得税、遗产税和赠予税、不动产税、人头税、汽车使用税以及交给政府的非商业性费用等以后的余额。

收入和余暇时间显著增加，极大地促进了国内饮食、旅游活动中主体的持续增长，呈现出蓬勃发展的趋势。据世界旅游组织的有关统计，一个国家的人均国内生产总值达到1 000美元时，社会旅游开始进入快速成长期。国人就会产生旅游的动机，在外饮食率和旅游率大大增多，旅游餐饮业就会兴旺发达起来，就会在全国范围内形成旅游市场。我国的旅游市场基本反映了这种状况，这又极大地促进了餐饮业。2003 年，中国人均 GDP 达到 8 400 多元人民币，相当 1 000 美元，开始进入经济发展的中期，这十年达到普遍基本富裕，旅游、饮食更进入了高涨期。旅游对餐饮业的贡献率达到 40%。13.5 亿人口中，每年有 29.6 亿人次的旅游饮食①，加上两亿多农民工、数千万大学生的集伙饮食，已经都是全球独一无二；现今中国内地的入境人数为全球第三，世界旅游组织预测 2020 年中国内地的入境人数将成为全球第一，届时每年将有近 1.5 亿入境游客的饮食需求，这将成为中国旅游饮食市场的又一个全球第一。

2013 年年初《2013—2020 年国民旅游休闲纲要》(以下简称《纲要》)公布，这是时代的产物。经过改革开放 30 多年的发展，我国综合国力和人民群众生活水平有了显著提升。作为世界第二大经济体，我国人均 GDP 已超过 5 000 美元，公共假期已有 115 天，达到中等发达国家水平。按世界各国的发展经验，解决“有钱”问题之后，就要面临“有闲”的问题。中国国民“有闲”又“有钱”之后，将大力促进旅游行业的整体发展。国内旅游休闲者将持续增加，并促进旅游休闲餐饮需求。很显然正是亿万饮食者的需求构成了中华餐饮业的基础。



## 三、迅速壮大的中产阶层

党的“十六大”报告提出，未来若干年在我国要大力发展中等收入阶层。当前中外学者对此有不少说法。虽然国内外对中国中等收入(或称中产)阶层的评估标准和统计出入很大，但中国社科院的测算应该说还是比较客观的。

根据中国社科院的测算标准，家庭财产在 15 万—30 万元之间可以算作是“中产”。我国中产收入阶层呈现迅速成长的态势②。到 2020 年，中等收入阶层将有望达到 40%左右，社会结构将实现从“葱头形”到“橄榄形”的跨越。

社会中间阶层一般都是社会消费尤其是饮食消费的中坚力量。伴随中国中间阶层的加速成长，以中产阶层为中坚的饮食热潮不断升温，作为中华饮食的最大群体，国内饮食消费群体必将持续地扩大。

## 四、基本形成的外食族

外食族，指的是现代城市生活中以家庭外饮食为主要生活方式的族群。当今城市人口急剧增加、妇女走出家庭后双职工家庭增多、个人收入的增长、日常生活与工作节奏的加快、传统观念制约的减弱、大家庭的分化、单身族的形成等，这些都促成现代外食

① 中国国内旅游人数，2012 年已经达到 29.6 亿人次，同比增长 12.1%。

② 1999 年我国中等收入阶层比重是 15%，2003 年达到 19%。目前中国城市居民中已有 49%的家庭进入中等收入阶层。

群体的形成。

这些收入高的白领们没有时间或懒于下厨房，所以将餐馆当作自己的家庭厨房，在享受美食的同时减少了买菜、做饭、洗碗的时间，也不失一种提高生活效率的生活方式。这是社会分工细化的直接成果，是社会进步的一种标志。

自费消费者扣除公款吃喝、交际应酬类的饭局，有这样一些显著的共同特征：年轻白领居多、工作繁忙、不与父母同住、单身或者已婚无孩。外食族们早饭随便对付，午饭靠单位食堂，晚饭常呼朋唤友下馆子。

随着近年来中国居民的收入水平的增加、生活节奏加快、消费观念的更新，推动餐饮行业的迅速发展，中国餐饮消费者呈现三大发展趋势。整个外食消费群体基本形成这样的发展趋向：一是被动型外食族①；二是代替型外食族②，属于个人可支配收入较多者；三则是商务型外食族③。

这样庞大的不断发展的饮食群体在中华大地上作为活跃的餐饮活动主体推进着餐饮业持续发展。

人类现代饮食的内在需要是社会发展的一种必然。现代社会正在进入第三个历史发展阶段，即以精神产品生产为核心的精神生活模式的阶段。从现代后工业社会或信息社会的某些生活情景中已微见端倪，以饮食为标志的现代服务经济的蓬勃发展，正如《后工业社会的来临——对社会预测的一项探索》中论述的"增加的收入……或用于娱乐、饮食"。许多为个人服务的部门如雨后春笋般涌现，劳动者的劳动价值不断提高，从而收入不断提高，人们的闲暇时间不断增加，家庭收入用于购买精神消费品和休闲娱乐及饮食的费用将逐步增加，人们外出饮食的次数将不断增加，饮食生活的时间将不断延长，生活在从工业社会向后工业社会过渡的人们已经可以清晰地感受到中华饮食将持续演进和逐步发展的进程，这是量变到质变的过程。

作为餐饮业发展的重要增长点，一二线城市的人均消费水平比较高，城市人口这一饮食消费的中坚群体更显现着持续增长的趋势，主要有三大缘由。

第一，自由支配收入的增加，这是一个连续的态势。导致人们对食品服务需求增加的第一个原因，就是普通人比以往拥有更多的可自由支配的收入，越来越多的人将这些钱花在食品上、花在餐饮里。

第二，家庭规模的相应缩小，这是一个客观现象。越来越多的人光顾餐馆的另一个原因是家庭规模越来越小。在一个双职工家庭中，两个成年人工作一天之后都很疲惫，因此外出就餐或订餐等候送货上门是合情合理的。另外小家庭一起外出就餐比大家庭更容易，也能负担得起。

第三，生活方式的明显改变，这是不争的事实。双职工一词意味着不再有一个成年人专门留在家里操持家务、买菜、做饭、收拾碗筷。其结果是越来越少的中国人自己在家中做晚饭。

另一个对餐馆服务业有影响的生活方式是，无论上学还是上班，人们几乎不再自己带饭，学生和工人可以在学校、工厂或附近的餐馆或快餐店吃到价格合理的饭菜，且家

---

① 越来越多白领人士和农民工，时间紧，也没条件自己开伙做饭，他们处于无奈，只能被迫在外就餐。

② 随着经济发展，居民收入增加，越来越多的人选择去酒店消费代替自己做饭，如近些年来年夜饭的火爆。

③ 经济的发展促使商务活动增加，商务应酬活动推动了高档次的餐饮的迅速发展。

庭中每个成员都有更多的独立性和自主性，可以各自决定自己的生活方式。更多的家庭成员有自己的车（2012 年中国内地民用轿车保有量 5 989 万辆，增长 20.7%，其中私人轿车 5 308 万辆，增长 22.8%，私人轿车首次突破 5 000 万辆；而电话与手机则达到 13.9 亿户，普及率为 103.2%），因此很容易外出与朋友聚餐。

这些全球较发达国家的总需求特征，基本上是符合一般形成中产阶层的状况构建的，把中国绝大部分城市的主体饮食消费对象置于如此的背景，应该是比较适合的，是可以理解的。

## 第二节　中国餐饮的行业格局

餐饮业自古以来就是非常重要的自然行业。20 世纪 70 年代末提出了外食业的概念，也即从事在家之外的所有餐饮产品生产服务的行业。餐饮业在全球的地位已相当显赫。

### 一、中华餐饮空前大发展



改革开放 30 多年来，随着国家经济生产持续稳定协调发展，综合国力的不断增强，人民生活水平显著提高，中国国民的饮食有了极大改善，餐饮市场异常活跃（见图 11－3），蓬勃发展，一片红火。

图 11－3　排队买粽子

到 2011 年年底，全国经营网点已达到了 400 多万家，从业人员超过 2 200万人，实现了营业额 20 635 亿元，为 1978 年全国餐饮业零售额的 377 倍。自 1991 年以来，饮业零售额每年增幅都在两位数以上，连续 19 年高出社会商品零售额增幅近 5 个百分点。2012 年全国餐饮业零售额 23 448 亿元，在国民生产总值中占 4.51%。

### 二、百花齐放萌生新业态

现代社会日新月异，人们生活中作为基本生活消费的饮食状况发生了颠覆性的改变。人类社会部分人饮食的功能也由温饱型的吃饱，向吃好、吃舒服、吃气氛、吃营养、吃健康、吃环境（风味、特色、文化）等诸多有关休闲、生命生活质量、社会交际及文化艺术追求联系在一起，就餐过程已成一种经常性的社交形式，消费意识也已完成了从“追求廉价”“追求奢华”到“实用理性”“感受消费”的转变。外出就餐成为亲友聚会的一种休闲娱乐方式和社会交际方式。居民在外就餐的花费持续升高。

巨大的社会需求推动着分布广泛激烈竞争的市场，分化出多种大众化餐饮的业态，如家常菜为主的大众餐馆、满足快节奏生活的中西快餐、简捷方便的社区店和街道早餐店、人口流动密集地段的便当与流动餐馆、适宜旅游与休闲的小吃广场，以及为高端商务人士和白领交际的各种会所，还有形形色色的小吃摊点、夜排档等。近两年，上海、重庆、北京等城市鉴于许多流动餐饮对社会大众餐饮市场的补缺作用，对流动摊点采用“柔性”管理，即不依靠法制等强制外力，而通过教化引导流动餐饮发挥内在的自觉主动精神，自我约束，实现城管与流动餐饮的和谐相处。

新时期餐饮业呈现出新的特征，餐饮业的新业态层出不穷，传统的、外来的五彩纷呈。

餐饮服务的类型，可以说是琳琅满目，百花齐放，大可以大到麦当劳、百胜这样的巨无霸，营业额达百亿元以上；然而大多数餐饮店又都是小企业，小可以小到早点、夜宵的摊点。

当今中国的餐饮业不仅有餐馆、饭店、小吃店、学校医院等机构食堂，还包括早餐摊点夜排档、茶楼、面包房以及各种自动食品饮料售货机，以及有提供全套服务的酒店、饭庄、餐厅、豪华饭店；有中式、法式、俄式、英式、美式、日式、韩式、泰式等各种服务风格；营业时间有全天候、早市、中晚市；功能分正餐、便餐、小吃、早点、夜宵、送餐、休闲餐饮（见图 11－4）；有按风味、主题、大众、家庭餐馆、专卖（个别品种甚至单一品种）、大卖场、美食广场（众多品牌甚至很多品种汇集）区分的不同餐厅；也有外卖餐馆、工商企业的食堂、饮食包餐以及酒吧、火锅、面馆、咖啡馆、烤肉店、菜馆、小酒馆、农家乐、渔家乐、家常菜、生态餐厅等形形色色的特色餐饮店，业态复杂、真可谓五花八门，令人眼花缭乱，目不暇接。如今，北京就呈现特色餐饮多元化的经营业态，王府井吃午餐，西单吃快餐，方庄吃风味，三里屯吃时尚，什刹海吃文化，东三环吃浪漫。

图 11－4　上海巴贝拉意式休闲餐厅

当然大众化餐饮还是大多数人的首选。各类快餐、便餐、正餐等竞相涌现，中西食品在中国市场同台献技。外出就餐已成为居民亲朋好友聚会的一种休闲娱乐方式，咖啡店和茶室也成为人们在工作和家庭外的第三生活空间。以前在中国，很少有人光顾的咖啡馆，现在渐渐成为中产阶层和年轻人的新宠，中西结合的茶室业也渐渐红起来，如星巴克、中国自身的品牌一茶一座（见图 11－5）、台湾来的 85 度 C。

图 11－5　一茶一坐

至于零售市场的餐饮服务，又是这些年来餐饮服务业出现的一种新业态。现在餐饮服务出现了两大趋势。一个趋势是越来越多的人倾向于在外面购买烹制好的食品食用，餐馆食品销售额的迅速增长证明了这一点。另一个趋势是餐馆的外卖和送餐市场的增长。显然，人们越来越不愿在家里做饭了，越来越倾向于购买制成食品，然后带回家食用。人们也注重家庭生活，把自己家当作休闲娱乐生活的中心。于是沃尔玛、家乐福等大型零售超市不断增加外卖制成食品的规模和范围，超市的平均占地面积增扩了3倍多，增加的大部分空间将用于销售预先烹制的外带菜肴和摆放供顾客在店内就餐的座位，如家乐福中国区和大娘水饺合作，每家家乐福超市开一家大娘水饺店。而苏宁电器的家电大卖场中也拿出相当面积吸引众多餐饮品牌名店进场。

在全聚德146周年店庆之际，北京南区邮局与前门全聚德起源店日前联手设立“临时邮局”，推出“畅游北京品美食，珍贵记忆邮回家”特色主题活动。据介绍，“临时邮局”进驻北京餐饮业尚属第一次。“临时邮局”不仅有店庆限量版邮折展卖、加盖纪念戳等邮政业务，还增设了现场真空烤鸭的快递服务。

呷哺呷哺餐饮管理有限公司始创于1998年，是一家外商投资、国内首创、最大规模的吧台式涮锅连锁企业。呷哺呷哺以其新颖独特的一人一锅就餐形式和“一对一”亲切温馨的家庭式服务走出了一条属于自己的中式快餐之路。其成功之处就在于本着“卫生为首、营养为要、大众为本、关怀为上”的经营理念，倡导健康美味源于专业品质的品牌概念，即成就了经典口味又保证了健康新鲜。让每位顾客在享受健康美食的同时，感受服务的人性化给顾客家的感觉和时尚、惬意的就餐氛围。



网上交易、团购迅速兴起，全国50多个著名餐饮品牌几乎都在网上吆喝，而且是抱团吆喝。

## 三、外来餐饮发展本土化

1987年11月，肯德基第1家餐厅落户北京前门。从第1家餐厅到第1 000家餐厅，肯德基用了17年的时间；而从第2 000家餐厅到第3 000家餐厅，只用了两年半的时间。2012年9月，肯德基已发展至4 000多家门店，遍布全国600多个城市，拥有26万中国员工，年营业额超过400亿，成为中国快餐业的第一品牌，是中国目前规模最大、发展最快的快餐连锁企业。同时，必胜客已在中国内地100多个城市拥有了460多家连锁餐厅，已成为国内最大的西式休闲餐饮品牌。

作为中国餐饮百强的首位，大批本土员工在肯德基不断成长，很多已经成为服务行业的高级管理人才。肯德基90%以上的原料来自本土采购，这带动了众多本土供应企业和肯德基共同成长，肯德基还积极研发，供应油条、榨菜肉丝汤等中国风味食品。

肯德基作为我国餐饮行业的生力军和现代餐饮的先锋，成为现代快餐餐饮发展的重要代表力量，为社会和行业发展做出了积极的贡献。面临国际金融危机，百胜坚持力挺中国地区，2009年度在中国新开的500家门店中，有140家肯德基都开在中西部地区。2009年内有一半以上的新餐馆选址在三线城市及四线到六线城市①。据百胜财

① 所谓四线到六线城市，范围覆盖了不太发达的地级市，到县城，再到村镇这一大片的“边远”市场，往往这些城市人口规模也在数十万人，而村镇规模则更小。

报，2009 年百胜美国本土营业利润出现高达 23%下滑，而中国市场营业利润同比提高 9%。百胜中国区以全球最高的毛利率，实现销售收入 36.82 亿美元，这一数字占到公司全球收入的 34%，整体营业利润反增长 5%，达到 15.9 亿美元。“押宝”中国，已经是肯德基的全球制胜策略。肯德基 2010 年推出豆浆、油条等既传统又富有创意的产品，并打出来“东方既白”中式早餐连锁品牌；而必胜客自 2008 年起每年两次更新菜单，中国区火车头拉动百胜餐饮这架火车向前奔跑。

20 多年来中国人共同见证了肯德基这一著名品牌在中国的崛起，不仅给中国消费者带来快速的美味，更以其全新的连锁经营、标准化管理对中国餐饮业的变革产生了巨大影响。

来自美国的麦当劳、星期五、星巴克，法国的马克西姆，德国的兰特伯爵，新加坡的“大食代”，翡翠集团拉面小笼包、肉骨茶，古巴的哈瓦那，日本的吉野家……外国名牌竞相落户中国，商业中心、社区轨道、交通公交枢纽、机场等多个地段作为各大企业心中的香馍馍，不但丰富着中国的餐饮市场，还给消费者带来了高质量的异国美味和服务，因而极大地促进了中国餐饮业的发展。

## 四、多元竞争驶入快车道

改革开放以来，餐饮经营的主体市场化程度不断提高，行业竞争日益国际化，企业性质呈现多元化。据统计，2005 年，全国餐饮网点中，非公餐饮网点已经占到 95%以上，改变了过去国有餐饮一统天下和国有餐饮为主导的局面，餐饮业的市场化和社会化基本形成，全国餐饮市场呈现繁荣和有序竞争的局面。投资主体多样化，企业多种经济成分给中国餐饮业带来了新的活力。餐饮业投资逐步走向合资、股份等形式的社会多元化组合。

从 2007 年的全聚德成功上市，标志着中国餐饮自然行业的品牌战略进入了一个关键的时期。“天下第一楼，京都全聚德”这一中国餐饮第一老牌，正式上市，意义非同一般。其作为北京餐饮业的杰出代表，是京菜的正宗传承者。全聚德的上市前后历时 12 年，耐人寻味，最后的成功上市更意义深远。餐饮品牌店的上市这还只是起了个头，非公经济成分的味千拉面、福记快餐(见图 11-6)和谭鱼头分别在新加坡和中国香港上市。2007 年 3 月，味千拉面(见图 11-7)在中国香港上市。2008 年 6 月，内蒙古小肥羊作为中华火锅第一家，在中国香港上市。紧接着，真功夫、丽华快餐、俏江南等 40 余家

图 11-6　福记快餐

图 11-7　味千拉面

餐饮连锁集团公司都计划准备在两年左右时间内上市。2009 年 11 月湘鄂情在中国深圳上市，成为国内第一家上市民营餐饮企业。

2008 年以来，又有 20 多家餐饮企业获基金支持，积极准备上市。2008 年，乡村基接受美国红杉和海纳亚创投基金，2010 年 9 月在美国成功上市，成为中式快餐海外上市第一家，并创出每股 25.9 美元的良好溢价，标志着中式快餐自主品牌全面发展，走向世界的新阶段终于来临。餐饮企业上市之路虽仍显曲折，但持续前行。

餐饮企业并购、连锁经营和多元化经营成为餐饮业发展的重要趋势。2012 年 2 月 2 日起，小肥羊正式在中国香港联交所摘牌，成为百胜餐饮集团的附属公司。长达半年的百胜收购小肥羊餐饮案，终于以 45 亿港元交易额尘埃落定。分析人士指出，此前小肥羊呈现出总收入同比增长，但利润却不断下降的趋势，其背后反映出门店经营管理能力、供应链建设等问题，这被认为是小肥羊出售给百胜的主要原因。

2012 年 7 月，经过一年的磕磕绊绊，上海小南国餐饮控股有限公司终于登陆中国香港联交所，成功上市。而早在 2012 年 2 月份，证监会在官网公布的《发行监管部首次公开发行股票申报企业基本信息情况表》中，已经显示天津狗不理集团等四家餐饮企业在排队上市。11 月 30 日，证监会在官方网站上发布的最新一版首次公开发行股票申报企业基本信息显示，包括广州酒家、天津狗不理等一直排队上市的餐饮企业已经通过初审阶段，目前正处于“落实反馈意见中”。



## 第三节　中国餐饮业任重道远

中国餐饮业在惊人的发展中也面临着严峻的挑战，既有行业自身发展过程中伴随的问题，也有来自国外餐饮的竞争压力，迫切需要转型发展，任重而道远。

### 一、满目繁华中的忧虑

进入 21 世纪，各类餐饮店此起彼伏，红红火火，总体发展一派兴旺，各类食品供应更是日新月异，更新换代，接连不断。各大超市、蔬果市场，包括农贸市场更是熙熙攘攘。乍一看，各类食品、副食品、半成品、成品真可谓琳琅满目，丰富多彩，四季飘香，一片繁华。然而冷静止步，一眼望去，如此庞杂的生熟食品大家族，还真有点不知道选择什么，不清楚吃什么好，什么食品才能放心地买回家、敢舒心地品尝。“民以何食为天”这一难题已现实地放在人们面前。

#### (一) 食品安全险象环生

当今食品虽然有着浓郁的香味、艳丽的色彩，或松软柔滑或鲜嫩脆爽的质感，吸引着人们眼球和味蕾，满足着人们感官享受，真是人见了难说不爱，但其安全问题已经无须多言，只要稍加罗列，就触目惊心：蔬果中高残留的农药①；猪肉中的注水到瘦肉精、涨发蹄筋和鱿鱼中的吊白块、鸡鸭禽类中的抗生素、水产中的保鲜剂、水果中的防褐变

① 氨基三唑，1959 年制造酸果蔓恐慌的罪魁祸首。

剂和丁酰肼等生长调控剂①、蛋糕中的反式脂肪、玉米大豆及其成品中的转基因②、大米中的香精、面粉中的增白剂、午餐肉和火腿肠中的亚硝酸钠③、油炸食品和地沟油中的二噁英(工业处理中产生的污染物)与三四苯丙芘、肉类半成品中的嫩肉粉、点心中的人工甜味剂(包括环磺酸钙和糖精)、塑化剂以及染色馒头、化学豆腐、人造鸡蛋等鱼目混珠:还有勾兑门、味千骨汤门、全聚德废油门、肯德基速成鸡门……就连最普通的水,也被蓝藻与重金属污染。食品安全问题真是难以想象,危机四伏,险情频发,简直可以说是数不胜数、防不胜防。

(二) 土特骤减 优质消退

当然食品的品质就更不用说了,韭菜的香味没了,脆爽鲜嫩的味感全没了;番茄的质感全变了,僵硬的块状与泛淡的味道,诸如此类,比比皆是。多是大棚惹的事,还有化肥、农药、催长素、杀虫剂等。饮食蔬果的色彩和质感是大自然赐给的,千百年来没有大粪臭,哪来饭菜香。中华民族创造了精耕农业,集约利用土地等资源的奇迹就是在一百多年前达到了顶峰,至今不但仍被全人类所追崇,就是在当今全球环保低碳的最新实验中也忘不了以此为最佳的选择之一,尤其以江南精耕农业模式为楷模。现在,从齐鲁大地直到京津,铁路线两侧,只要一出市区,大棚已经连成千里,十分壮观。不但蔬菜是大量地被简单工业化,禽畜更是被工场工厂化,在最拥挤空间中以最快速度填养和防疫生产出来的鸡、猪、牛、羊,其质量也就可想而知了。人类和环保学者珍·古道尔在《希望的收获》中作了很好的论述:食物生长快了、质地变了、产量多了、品质差了,品种迅速减少,优质土特产品再也难找。中华丰富独特的食材之源正因以简单的反季性和速生性为代表的急功近利,短期效应,即所谓工业化而在快速地消退。反季过了头,也就没季了;中华饮食四季分明,不时不食的特色也就快没了。在改革开放 30 多年,饮食市场一派繁华的表象中,饮食烹饪的危机是十分严峻的。俗话说,巧妇难为无米之炊。今天面对土特产的锐减,优秀食材的消失,不良食物原料的泛滥,这对餐饮业也就意味着巧妇难为无米之炊,馊米之炊其实更加难为。

这对千年中华烹饪王国无疑是相当现实的难题。任何美味佳馔都是以优良的食材为基础的,食品原料的单向趋势,追求数量化、表象化、反季性、快速性所代表的工业化、利益最大化的食物生产,都已经产生了严重的后果。大量的人造的伪劣食品的泛滥预示着当今食品市场丰而不优,富而不良,险象环生,各种隐性危机潜伏。

(三) 食物领涨 四高一低

中华食材还遭遇了连续涨价的难堪。自 2010 年 6 月后,更是由"豆你玩""蒜你狠"开始,紧跟"苹什么""辣翻天""糖高宗""姜你军""油你涨""玉米疯"……蔬果连涨,粮油普涨,荤素食特涨,在全国一片通涨声中,食物一路领跑,以致网络新生"菜奴"一词。

食物普涨、疯涨原因众多,有的相当耐人寻味,如菜价于"最后一公里"狂涨,从收购到批发加 25%左右,批发到零售市场加价往往超过 50%,少数菜品甚至翻倍。2012 年

① 丁酰肼是喷在苹果上的一种常见生长调控剂。1989 年 6 月,美国停止生产和使用丁酰肼。

② "杂交水稻"并不是转基因水稻。袁隆平说,他对转基因水稻安全性持谨慎的态度只有连续两代人都没有不良反应,才能证明转基因水稻安全。有些转基因农作物具有抗虫性,虫子吃了就会死掉。研究人员让老鼠吃这类农作物来做试验,以此来证明此类农作物的安全性。这种方法是不可取的。人和老鼠是不一样的。

③ 亚硝酸钠,用于肉类保鲜,能够保持热狗和腊肉的颜色和气味如新。

粮油类增长 19.9%，肉禽蛋类增长 18.0%，然而食物还是领涨。除了农产品价格集体上涨外，人们发现，有关吃的价格都在上涨，全年居民消费价格比上年上涨 3.3%，涨幅比上年回落 2.3%。其中，食品价格上涨 6.6%，是消费价格涨幅的一倍。

2012 年上半年，中国餐饮企业原材料成本上升的压力略有减轻。这一点与 CPI 增速放缓相趋同，而“四高一低”(房租价格高、人工费用高、能源价格高、原材料成本高、利润越来越低)成为餐饮企业不可逆转的负担，同时还要承担食品安全、消费者投诉、媒体曝光的风险。从房租水平看，目前餐饮企业年租金保持 8%的增长已经成为行业普遍遭遇的“惯例”，而餐饮企业前期的装修投入、商圈培育、品牌形象已成为绑架自身必须续约高租金的枷锁。从人工成本看，由于就业选择的多样化，餐饮业岗位对劳动力的吸引力减弱，用工荒普遍存在，造成薪资待遇“水涨船高”，上半年餐饮企业的员工工资普遍上涨了 10%左右，很多已经上升至 25%以上。另外在基本薪资增加的同时，《劳动合同法》、《社会保险法》的实施有效规范了企业的用工行为，企业为每一名员工支付的社保基金增多。总体看来，尽管餐饮业的平均用人成本均已突破 3 000 元/人·月，餐饮行业普遍存在招人难的局面，依然没有有效的破解途径。从能源价格成本来看，餐饮业基本上使用的都为峰谷电价。从原材料成本来看，主要原材料价格的年均增长大约在 9%—10%，连续五年来食用油的年均增长高达 16%。此外各地居高不下的银行卡刷卡手续费、名目繁多的残疾人保障基金、河道管理费、价格调节基金等其他不合理税负成为强加在餐饮企业身上的致命负担。



餐饮水电费实行高收费标准和信用卡消费的高手续费率，以及高税负只是行业经营中遭遇的一部分不公平待遇。

中国行业咨询网(www.china-consulting.cn)显示 目前中国内地的上市餐饮公司，整体上看营业收入增速均出现放缓的迹象，处于历史较低水平。中国烹饪协会发布的调查报告显示，2012 年 1—5 月，我国餐饮企业营业额增速为 13.2%，同比下降3.7%，是 2000 年以后，除 2003 年“非典”期间以外的最低值；2013 年更首次出现了负增长，也是全国 19 个行业中唯一一个负增长的行业。

另据中国行业咨询网研究部调研数据统计汇总显示，快餐上市公司中 2012 年 1—6 月味千(中国)营业收入 125 790 万元；正餐上市公司中 2012 年 1—6 月湘鄂情营业收入 68 811 万元，全聚德 90 942 万元，小南国 65 335 万元，唐宫中国 2 569 万元，除味千(中国)受信任危机影响外，其余公司营收均保持增长，但增速为历期最低水平。大部分餐饮公司净利润都出现大幅增长，湘鄂情、全聚德、小南国、唐宫中国等正餐公司的净利率均同比大幅提升。然而，只隔半年，湘鄂情 2012 年年报，营业收入亏损高达 5 500 万—7 000万元，从 2011 年全国餐饮企业金马奖首位，直接跌出前十。正如中国烹饪协会预言，中国餐饮业利润急剧下滑使行业面临严峻形势。

2012 年餐饮业增长为 13.6%，比社会消费品零售总额增长低 0.7%，这是继 2011 年，餐饮业增长速度再次低于社会消费品零售总额增长速度(见图 11-8)。

以北京地区为例，生产总值比上年增长 7.7%，其中第三产业增长 7.8%。然住宿和餐饮业−0.3%，住宿和餐饮业首次出现负增长，也是唯一一个负增长的行业。

中国烹饪协会相关负责人表示，从各领军企业 2012 年上半年的经营数据与往年横向对比来看，行业发展形势非常严峻。大型快餐连锁企业新门店扩张完成计划比例仅为 20%—30%，本土快餐品牌利润率不及 8%。正餐企业增速明显放缓，

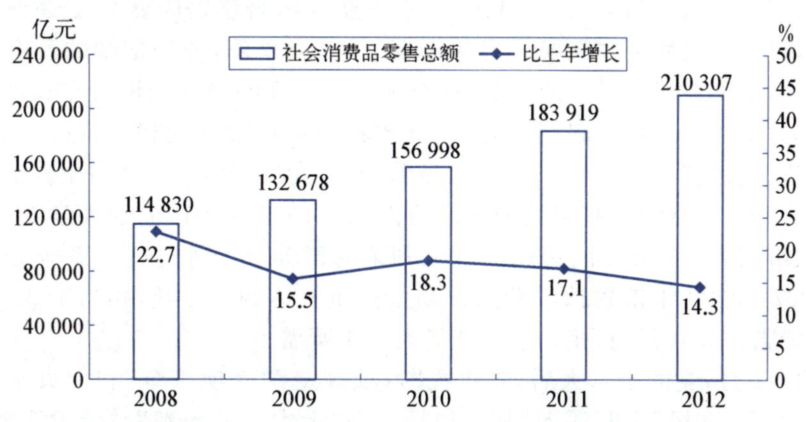


图 11-8　2008—2012 年社会消费品零售总额及其增长速度

火锅企业上半年的翻台率普遍达到历史最低。

因为餐饮业外部环境日益严峻，经营难度不断增加，海南省一些餐饮企业已因不堪重负而倒闭，或对外招租、转让。湖南省餐饮协会对本省餐饮业进行了调研，该省中小餐饮企业处境堪忧，其中 75%处在盈利边缘，三成生存困难，濒临倒闭。厦门地区不少餐饮企业的利润率只有三年前的三分之一，仅有 30%的企业有经营利润，业内人士预计餐饮企业月倒闭率高达 15%。从某种程度上来看，餐饮市场作为经济晴雨表的象征意义更加明显。

《全国餐饮业发展规划纲要（2009—2013）》（以下简称《纲要》）提出的发展目标，到 2013 年，全国餐饮业将保持年均 18%的增长速度，零售额达到 3.3 万亿元；均没实现。

《纲要》提出的发展目标是培育出地方特色突出、文化氛围浓烈、社会影响力大、年营业额 10 亿元以上的品牌餐饮企业集团 100 家；全国餐饮业吸纳就业人口超过 2 500 万人；在全国大中城市，建设 800 个主食加工配送中心，这也没有达到，2011 年全国食品加工配送中心 342 个，反而比 2010 年减少了 2.3%，要在 2 年内增加一倍多，显然是不现实的。

### （四）方向迷失　价值危机

面临信息爆炸、伪科学横行、普世主义泛滥，西方所谓的新发现，对食物原有品质的新质疑，新潮生活方式的流行、时尚，相当大的短暂的集中的误导，使正确优良的食物和饮食方式无所适从，甚至人云亦云，崇洋媚外，盲目跟风，喜新厌旧，轻信"权威"，也有以偏概全，顾此失彼，矫枉过正，简单化一刀切，用行政措施推行某种调料、食物。更有人打着"健康、食疗、养生"的旗号坑蒙骗害。这里有经营者道德诚信的缺失，也有消费者自身优秀膳食结构乃至中华诸多优良传统的丢失，实质上是价值方向的迷失。

黑心猪、菜、鱼、虾、蟹、几乎无所不用其极。近年来相继发生"毒奶粉""瘦肉精""地沟油"、"染色馒头"等事件，这些恶性的食品安全事件足以表明，诚信的缺失、道德的滑坡已经到了何等严重的地步①。

① 时任国务院总理温家宝语。

黄金宴、黄金菜、金箔菜、金币月饼、超豪华宴席①、奢侈婚庆宴席、公款吃喝风、女体盛、三陪等，资产阶级拜金主义腐朽思想侵袭下，追求享乐，挥霍摆阔的奢靡之风、及时行乐等低俗风气和封建糟粕沉渣泛起；还有被不负责任的国际舆论所左右，以及过分追求口感、味觉，要的就是吸引眼球，偏离饮食本真的不正常状况相当普遍。于是最终被忽悠、被迷茫、被包装、被加碘②、被强铁、被营养、被高档、被功能、被卫生酱油，直到被绿豆、被姜疯、蒜狠、辣翻……甚至健美猪的瘦肉精。2012 年中国农业大学专家课题对大中小三类城市共 2 700 桌不同规模的餐桌剩菜的营养成分等进行了系统分析，保守推算，我国 2007—2008 年仅餐饮浪费的食物蛋白质就达 800 万吨，相当于 2.6 亿人一年的所需；浪费脂肪 300 万吨，相当于 1.3 亿人一年所需。

2012 年 11 月，党的十八大后，党中央“八项规定”“六项禁令”和中央军委“十条规定”先后下发，反“四风”不断深入，其中包括治理“舌尖上的浪费”、“舌尖腐败”，对中国餐饮业不啻是一股清风，促使餐饮企业为民生、为大众，走正道，练真功，健康发展。当畸形的公款消费被遏制或转移之后，一直在“地上”公开赚钱的高档餐饮企业，自然日子就急转直下了。几乎所有高档餐饮企业、高档会所宾馆饭店，都遇到了类似情况，都陷入了困境。

我国消费占经济总量的比重大大低于世界平均水平，一个十分重要的原因，就是畸形消费严重冲击了正常消费，带动了正常消费价格的畸形化、非市场化。如果消费状态回归正常，消费理念处于平淡，很多问题就能避免，高档餐饮等服务企业也就可以按照市场规则去运行、去经营、去发展了，就不会出现大起大落的现象了。



对曾依赖畸形消费的企业来说，目前最核心的问题是要置换经营理念，调整战略定位。而对有关部门来说，也要针对中国消费市场存在的畸形消费现象，采取切实有力的措施，引导社会转变消费理念，使中国的餐饮消费市场能够健康、有序地发展。

## 二、钱学森论食充满睿智

中华饮食进入新世纪，与农业、农村、农民休戚相关，愈益难舍难分。由于三农面临着势不可挡的现代化城市化浪潮，很多千百年的土特产就是在所谓现代城市，特别是大都市化的“摊大饼”式扩张中吞没了。

著名科学家钱学森在 20 世纪 80 年代起，有很多涉及饮食的理论，甚至提出并描述了新世纪中华美食的图景，其中就十分推崇中华的土特产，认为这是中华美食源源不断的食材来源。

钱学森 1990 年曾提出开发传统食材，列举了中国的众多土特产，分析了如北京地区土特产中的 67.7%，浙江土特产中的 56.8%……都是美食和美食原料，强调这就是发展社会主义美食事业的基础，需要农、林、畜牧、渔业和食品工业协调开发，需要国家的支持。这对于快餐业来讲，则是通过特色食材利用确保中华美食这一民族特色的

① 中国筵宴发展至今越来越显示出一些不足之处，如过分讲究排场、浪费严重，营养比例失调问题等，“外滩二号”一桌宴席起码 9 288 元、大会堂 8 000 元一桌年饭，必须进行改革，更加卫生、营养、科学、合理。

② 关于加碘食盐风险评估的工作。近年来，有关学者和公众对我国全民食盐加碘策略的科学性和部分沿海地区居民碘摄入可能“过量”较为关注，以及潜在的健康损害较为关注。

课题。

钱老在天之灵如若见到现今土特产特色食物如此大面积快速的消失，定然是十分痛心。这毕竟是千百年来先辈智慧和勤劳的创造，以全球精细农耕传承给我们的宝贵财富，不幸在我们手上丢失，尤其令人难过的这些都是被冠之于加快建设现代化都市、现代新农村、科学发展高效农业的桂冠，打着运用高新科技的旗号①。

钱学森更预言，21 世纪是中华民族的美食时代，第六次产业将迎来吃的产业革命。风味美食与大众快餐两个主要业态的表述和工业化与艺术化并存的观点充满睿智。

人民群众就餐，不能都是宴会，所以节省时间的“快餐”在社会主义美食文化中非常重要。在国外近年来风起云涌的快餐业，也可以为我们借鉴。将来人们生活的节奏快了，快餐可能占我国饮食事业中很大的比重，快餐会成为社会主义美食事业的主力。烹饪产业的兴起并不会取消今天的餐馆业，这就像现代生产工业并没有取消传统工艺品生产，今日的餐馆和酒家饭店、今日的烹饪大师将会继续存在下去，并会进一度发展提高，成为人类社会的一种艺术活动。饮食烹饪美学还要研究下去。烹饪工业化将引发一场人类历史上的又一次产业革命——吃的产业革命，这是我前些日子提出的即将到来的农、林、副、渔的革命，第六次产业革命的深化②。

重归传统的以蔬食为主，荤食为辅，主副食饮食结构，还是需要正确的舆论导向，优秀的中华饮食传统的传承与传播；需要弘扬正气树立典型，继承和发扬好传统，吸收和融合优秀的外来饮食文化，善于用科学的方法去解决当前存在的一系列实际问题。



改革开放后，经济高速发展。然而，欢欣鼓舞的人们蓦然发现，环境污染和生态恶化已追随经济发展的步伐而来，宝贵的土特产品已将失去得差不多了。浙江等地将“绿色”作为干部政绩考核的重要内容。湖州市最早取消了以 GDP 为中心的考核，代之以考核生态保护和生态农业。

生态省建设促使浙江经济转型升级，宁要青山绿水，不要金山银山，形成了机制灵活、具有浙江特色的循环经济发展经营模式。有机种植业获得显著成效，在大都市打出了响亮的名牌土特产。行销杭州和上海的遂昌土鸡、遂昌生态米已卖到每公斤 100 元，一到上海就被抢光③。

江苏扬中打江鲜牌，培育河豚经济，传承和发扬了中华河豚饮食烹饪文化（见图 11－9）。山东寒亭萝卜也搞成了特色农业产业链；江阴、宜兴等地的一些养猪合作社开

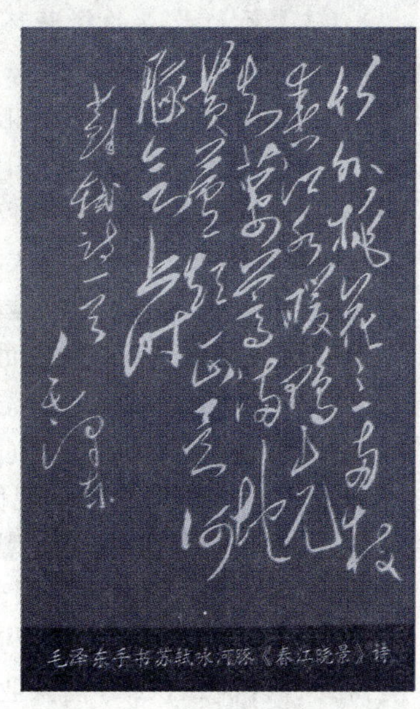


图 11－9　毛泽东主席书河豚诗

① 以前所未有的速度消灭着地表的动植物；以前所未有的规模将各种基因改良的作物品种引入环境，完全置其后果于不顾。所有这些对环境的影响都反过来严重地影响着我们的食物选择。——古道尔：《希望的收获》，陕西人民出版社 2009 年版，第 126—136 页。

② 中国烹饪协会：《中国烹饪走向新世纪》，经济日报出版社 1995 年版，第 143—145 页。

③ 浙江毅然提出：宁要绿水青山，不要金山银山。染绿浙江大地的，正是实施了九年的生态省建设。扑面而来的浓绿使人沉醉。领先经济增长的浙江，率先从“成长阵痛”中惊醒。

始尝试养殖高品质的猪，让猪多吃青饲料，肉质大大改善。大型绿色生态型农牧业企业宜兴新文汇养殖有限公司是江苏省畜牧局定点示范场、中央储备肉活禽基地成员，设立了15家放心猪肉专卖店，2010年出栏生猪达6万头，2011年准备在常州、无锡新增35家文汇放心猪肉专卖店，还将牵头联合108家中小型生猪养殖场在2015年以前，在长三角地区开设500家放心肉店，形成年加工生猪65万头、肉制品50万吨的绿色生态农牧经营规模。全聚德、小肥羊、俏江南、上海小绍兴鸡粥店、无锡穆桂英美食城等越来越多的餐饮企业则都已建立自己的食材基地，农餐对接，应对食物难题，在新世纪中华大地上已显现出片片曙光。

## 三、增强信心 认清前景

### （一）城市垫底的工资水平

2010年12月28日下午中国发展指数（2010年）发布，来自国家统计数据库的数据显示，全国19个主要行业2009年平均工资榜住宿和餐饮业为21 193元，在全国城市18个行业中垫底，而且与高端的差距已从2005年与IT行业的不到3倍，扩大到2009年与金融业70 265元的3.315 5倍。2010年的平均工资榜也然，住宿和餐饮业仍为全国城市18个行业中垫底，辛劳付出的结果是获得城市各行业的最低工资，这是令人颇为失望的，有点寒心的结果。



### （二）亟待改善的经营环境

中外餐饮企业竞争加剧。与国外餐饮相比，国内餐饮企业在硬件、软件，尤其是在管理、服务方面的差距较大。加入WTO后，更多外资餐饮企业的进入加剧我国餐饮行业的竞争。国外餐饮企业进入中国，对我国餐饮经营理念、服务质量标准、文化氛围、饮食结构、从业人员素质要求等将产生深刻影响。而中国本土品牌餐饮“走出去”步伐较慢，竞争力不强。在国外，中餐企业大多表现为规模小、环境不佳、服务不到位，中餐特色不明显。在国内，中餐企业面临着外国品牌餐饮企业的挤压。急需认清前景，增强信心。

餐饮业是最传统的，然而又是最现代的、最国际的、最民生的；是人人都离不开，每天都最需要的，与人们最大需求息息相关，对于人们的物质和精神生活带来无尽乐趣的行业；而且，连接着城乡，沟通着工农，交叉着旅游服务各行业。

然而，服务业的兴起，现代服务业的构筑，本应是中华餐饮业发展千载难逢的大好时机，作为传统行业现代转型的代表和中华服务业的重要门类，又是现代国际化、城市化、标准性服务行业，却在很多地区，在不少方面，被完全排斥在现代服务业之外，得不到一点相应的支持与扶持，与现代服务业人力资源培训的资助无缘，三农、旅游每年都能得到种种优惠扶持，餐饮业可是一点都轮不到的。而每天的生产经营更是在众目睽睽之下，接受全社会，特别是各行政部门的监管。谁都可以来指手画脚，动辄处罚，一旦发生一些环保污染之类的事件时，又往往是替罪羊，“任人宰割”甚至勒令关门，直至可以破门砸锅，彻底捣毁，如同路边的饮食摊点的一概废除。太湖暴发蓝藻，千年的船菜被禁，国家工商发证、卫生防疫部门监装的现代厨房全部被强拆，经营者至今莫名其妙，餐饮经营遭歧视，经营环境有待改善可以说是不争的事实。每年大学相关专业十多万毕业生在本行业就业率总是在20%左右徘徊，纵然有着诸多原因，然而行业地位低无疑是一个重要因素。由上可见，认为目前餐饮业经营的环境确实很不理想并不为过。

外资长期享受超国民待遇，国企享受国民待遇，民营企业享受次国民待遇。正常税收已经过重，各项费用种类太多，再加上食品原材料成本、劳动力成本、房屋租金持续提升、经营利润越来越低等困难日益凸显，行业竞争愈演愈烈，餐饮业全面进入"微利时代"；行业管理又缺乏规范，管理体制不健全，影响正常经营的不确定因素较多。所有这一切，都只是转型社会综合症状，餐饮企业处在社会服务一线，规划档次参差不齐，进入门槛低，很难自我保护。随着社会体制机制改革的进一步完善，相信它会不断改善。地方政府也会更有作为，对餐饮行业建设这一民生工程给予必要的扶持和更多的关爱，约束各种职能部门的无序干预和盲目指导，真正促进行业健康发展。

2012 年 11 月，一则餐饮业刷卡手续费下调的消息引起了各方的关注。央行下发给各商业银行的通知显示，银行卡刷卡手续费标准调整方案获批，2013 年 2 月 25 日起全面执行。此次刷卡费率总体下调幅度在 23%—24%，其中餐饮业下调幅度高达37.5%，由 2%降到 1.25%，这是多年不懈努力的结果。这条新规也在业界引发了广泛的关注。多家企业管理者认为，对于盈利能力渐弱的餐饮企业，刷卡手续费下调省下的费用可观，实际上刷卡手续费已经占了纯利润相当一部分比例。

当然，还应清醒认识，就是降到 1.25%，仍然是超市刷卡手续费的 2.5 倍，可见真正相当宽松合理的经营环境为时尚早，切不可指望很快就会有一个非常合理的生存空间，一下子消灭诸多不平、不便、不利，那是不现实的。

## 四、转型升级乃必由之路



真正面对严峻挑战，应对各种困难，还得依赖餐饮企业自身，怨天恨地是没有出息的，自暴自弃更要不得，产业转型升级乃必由之路，唯有自信自强，走出困境。

中餐行业市场容量非常大，而且膨胀非常快，但我国餐饮企业现状，一是企业规模小、数量多，现代化水平低；二是行业标准体系不完善。据统计，我国现有餐饮网点 400 万个，从业人员 2 200 万人，厨师 700 万人，平均每 193 人拥有 1 个厨师。餐饮行业历史负债不轻，如人力资源方面：行业人员素质不高；餐饮人才供应不足；餐饮教育科研滞后，2013 年全国才刚刚有一所四川烹专升格为四川旅游学院（本科院校）；餐饮职业经理人队伍培养和专业培训工作滞后，缺乏高层管理人才和烹饪技术人才、劳动力价格上升、中式正餐行业的劳动力流动大，使得中式正餐行业比较难获得和留住比较优秀的人才等。

如果长期无序、盲目、低水平发展，难免不被一些垄断行业强势企业集团挤压下去。着力创造，共克时艰，走产业转型升级之路乃是十分必要的唯一选择。

同时必须看到，中华餐饮发展正面临着大好的发展机遇期，国家扩大内需的方针为餐饮业发展带来新空间。未来一段时期，我国宏观经济形势将继续保持平稳健康运行，大力发展餐饮业符合中央扩大内需的方针。随着社会经济的发展和人民生活水平的提高，城乡居民生活方式不断变革，对餐饮业的发展提出了新要求，健康、环保和绿色消费成为时尚。

我国餐饮市场将进一步扩大，并带动种植业、养殖业、食品加工业、建筑装潢业、制造业、教育培训业等相关产业联动发展，更好地发挥扩大内需的积极作用。不但有着全中华持续增长的市场，有着长期的利好；就是面对金融危机，也存有口红经济效应影响的刺激。另外，中华饮食文化也在新世纪爆发出强大的生命力。餐饮业正碰上持续发展的大好历史机遇，目前最要紧的还是要树立信心，认清目标，坚定不移地弘扬中华饮食文化，走向中华餐饮的复兴之路。烹饪餐饮，作为中华四大国粹之一，又有着十分丰富的文化蕴涵。如何继承、怎样发掘、发扬光大，大有文章可做，关键是学好、研究好、做深、做细，将饮食文化元素和烹饪技术成功地转换成中国旅游业餐饮业的特色产品、拳头产品、经久不衰享誉万里的系列产品。北京全聚德在这样做，山东蓝海的钟鼎楼孔府宴和阿瓦山寨的少数民族饮食也是很好的尝试，都取得了不错的业绩。当然，一旦这些只能口口相传的传统文化不能得以保护，将是永久的遗失。

（一）充满生机的现代农家乐

先来看看一些新的餐饮业态，如与新农村、新农民、新农业交叉的农家乐，定会有一种清新的深刻感受。

在这里，家庭的饮食生活部分地展示出来，家庭的饮食文化传播开来。自家的饮食食品制作转变为社会的食品营销，原来自身的生产消费转换成为销售的商品制作，自家生活场所通过市场成了生产经营场所，从而取得了营业收入，在最根本的意义上提供的是饮食文化这一产品。客人在农家乐中所获得是饮食享受农家饭菜这一文化体验。它是在最自然不过的环境中，即大的农耕自然环境和小的农家餐饮环境。农民家庭中体验的饮食消费，有回味，有品位，有重归桃花源的味道，有充满乡土情的暖意。它的意义可能会创造出一个局部或多个、无数个局部，正创造着农村、农业、农民转型进入现代的恰当合适的模式，形成当代中国城乡二元社会最佳融合的途径之一，成为当代农村迈向现代之路中一条切实可行之路。



而客人远离喧嚣的都市的繁闹嘈杂，逃出水泥森林和柏油路上的车河，呼吸大自然的新鲜洁净空气，品尝大都市中无法得到的乡村土特产的新鲜，感受田野的生命、田园的生活，暂别日复一日的公务、业务、事务，享有在城里绝对无法获得的一种进化中久违了的，虽只是短暂、然极有吸引力、感染力的生活。

农家乐的主流客人既有驴友（尤其中间的寻找有机特产、原生态美食的驴友），更有休闲客（小家庭、情侣、知己同事），还有银色的候鸟族（退休族、空巢人），这是一个不断在壮大的庞大群体。

图 11-10　西柏坡的老八路餐厅

较早的农家乐出现在苏南，始于20世纪80年代初，无锡华西村每年接待几十批数百名海外游客乡村田园游，这些境外游客吃农家饭、干农家活、享农家乐；渔业村则表演捕鱼，供应渔家宴。四川成都龙泉驿1987年正式打出农家乐的牌子。随着人们生活水平的提高，农家乐慢慢地走进了人们的生活，成为人们感受自然体验田园生活、娱乐休闲的主要方式了。

其中国内游客参加率和重游率最高的乡村旅游项目是：以吃农家饭为主要内容的民俗风情旅游（见图11-10）、以收获各种农产品为主要内容的务农采摘旅游、以民间传统节庆活动为内容的乡村节庆旅游。其中饮食往往是主角。

浙东北、长兴的顾渚等地，10 多年前就成立了农家乐协会。当时的食客要的是环境、自由，气息、有机的食物、经济实惠的开销。现在不少人特别是退休老人较长时间移居在乡村，农家乐也有了细分市场，也有会议、商务客人的增加，还有了多种特色的市场，如原生态农家乐(像普洱市的普洱茶)就很有吸引力。

所谓原生态饮食，就是社会保持原有习俗的最普通人群出于本地本民族的饮食习惯，利用本地产的食物食料制作各种食物(包括菜肴、主食、点心、土酒和茶品、调料、干货、腌腊制品等)，并自行消费的饮食行为，基本上都是手工或采用手动操作的简单机械制成。在它所处的那个历史时代，都是了不起的发明。以涪陵榨菜为例说明。涪陵榨菜的发明只有 100 多年的历史，发明人只是一家酱园的腌菜工人。他开始做榨菜只是为利用青菜头制作些小菜自己食用，后来被他的老板发现了，然后加以改进提高，现在已成了很大的产业，可见餐饮产业延伸的潜力。

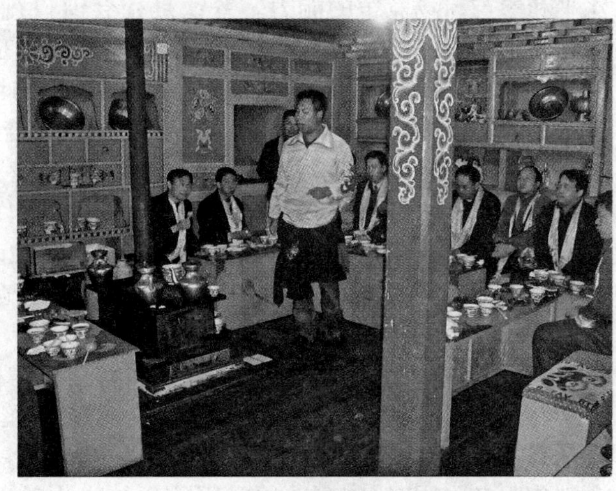

图 11－11　藏族民俗餐饮

浙西、皖南、赣东南、川中、川西(见图 11－11)、海南以及华北、东北广大农村等，农家乐在相当一部分农村已成为主业，这是农村中最具生命力和无限美好前景的新型餐饮业态，是农业生产方式转变的重要形式，也是农村劳动力最好的就地转移，对城乡现代化进程有着不可估量的意义。

(二) 在线餐饮市场日趋成熟

在线预订，尤其是移动渠道预订正快速普及，全球在线餐饮酒店市场已经非常成熟，据统计有超过 50%的餐饮酒店预订是通过网络进行，而中国由于起步较晚，在线餐饮酒店市场的份额相对还不是太高，但是已经迎来了高速发展的时机，尤其是近几年随着平板电脑、智能手机的普及，移动渠道预订作为一种新型的预订方式受到越来越多的人青睐。据 Forrester Research 统计，移动渠道的预订在 2008 年和 2010 年期间增长了四倍。目前 OTA 诸如携程、艺龙等，餐饮集团诸如开元等都针对 iOS 系统和 Android 系统开发了餐饮酒店预订的移动终端应用软件，方便宾客可以随时随地进行餐饮预订。随着移动终端支付平台的建设更加完善，移动渠道预订这种新的预订方式势必会被越来越多的人所采用。

2012 年中国固定电话用户 27 815 万户，其中，城市电话用户 18 893 万户，农村电话用户 8 922 万户。新增移动电话用户 12 590 万户，年末达到 111 216 万户，其中 3G 移动电话用户 23 280 万户。年末全国固定及移动电话用户总数达到 139 031 万户，电话普及率达到 103.2 部/百人。互联网上网人数 5.64 亿人，其中宽带上网人数 5.30 亿人，互联网普及率达到 42.1%①。所有这些更加快了餐饮进入信息时代的步伐。

① 苏秋成主编：《中国餐饮年鉴(2012 版)》，中国餐饮年鉴社 2013 年版，第 64、74 页。

当今餐饮业,计算机系统对于管理者的作用日益重要,经营者在很大程度上依赖于计算机系统。今天已经很难找到一家没有计算机系统的大餐饮,因为计算机可以提供所有者和经营者需要的有助于高效经营的各类信息和控制手段。餐饮业是我国服务旅游业中最早对外开放的行业。20 世纪 80 年代末,很多餐饮企业就开始应用计算机网络技术进行内部信息管理和业务操作。今天,信息技术已广泛用于接待、收银、问询、预订、销售、餐饮点菜、保安、报表、宣传等各个方面。餐饮业信息技术应用的不断攀升,一方面是社会发展、技术变革的结果;另一方面也是餐饮业自我调整,适应环境的必然选择。信息技术的广泛运用和不断更新将推动着旅游餐饮管理向更广、更深层次的发展。

计算机以及网络技术的应用,极大地提高了处理常规性信息的能力和效率,从各个方面影响着并在根本上改变了餐饮经营管理的运作模式,从而提高了餐饮的经营管理水平和参与市场竞争的能力。餐饮是社会窗口行业,用户覆盖面广,每天业务不间断,而且提供的服务种类繁杂,餐饮经营管理实质上是对餐饮经营过程中人流、物流、资金流、信息流的管理。所有这些都决定了餐饮业的计算机应用具有鲜明的特色。

1999 年,比尔·盖茨曾说过,在接下来的十年中,成功的公司将是那些能运用数字工具来为它们的经营活动开创出具有创新性经营方式的公司。这些公司将能快速地作出决策,有效地采取行动,并能通过有效的途径和它们的顾客进行直接的接触。今天我们看到有效运用信息技术的餐饮成为能最出色地改善对外部顾客(如客户)和内部顾客(如员工、股东)服务的公司。一流的企业创造性地利用信息技术提高效率和服务质量,支持服务补救的例子数不胜数。



现代餐饮中"高科技"和"高情感"两者是相辅相成的,在某种意义上,信息化正完善着个性化服务。餐饮信息化为实现个性化服务插上了科技的翅膀。由信息技术帮助建立的餐饮数据库使餐饮服务员能够提供丰富的各项背景资料,从而实现最周到细致的个性化服务。同时,创造性的应用信息技术也给餐饮带来了成功。信息管理就是在认识信息技术在餐饮中何时何地能起什么作用,并切实地把其作为一种战略工具利用好。

(三)提高公共服务和企业水平

从目前的情况来看,城市化、工业化进程加快,消费结构升级等支撑经济增长的内生动力依然强劲,趋稳态势明显,但 2012 年下半年以后经济复杂形势难以根本改观,餐饮业增长将受此影响增速较上年将有所降低。在此形势之下产业转型升级乃必由之路,推动产业转型升级成为必然选择,餐饮业则需加快转型升级,更好地服务民生、服务经济建设和社会发展。

首先要提高政府公共服务的投入比例。长期以来政府对餐饮业的管理注重了监管,而缺乏足够的重视,缺少财政政策、配套设施、公共服务等方面的支持,政府公共服务的缺位、完全依赖企业自身艰难的资金积累和滚动投入,使得餐饮业的转型升级难度越来越大。

"民以食为天",餐饮业的兴衰直接影响到拉动内需、安排就业、繁荣市场、促进社会和谐的大局。当前,餐饮行业的发展已经到了较危险的时刻。中国烹饪协会建议参考 2003 年"非典"时期采取的临时救市措施,由中央政府统筹考虑、联合地方政府统一行动,为餐饮行业"松绑",通过"放水养鱼"促进餐饮行业回归生活服务性行业的本质,更好地服务民生,促进市场繁荣、社会和谐,并建议"一刀切"解决餐饮业的各项不合理税负。对当前餐饮业征收的营业税从 5%降低到 3%,或者在开展营业税改增值税试点方面，将餐饮业作为独立的行业予以考虑，作为小规模纳税人采取简易征收的方式对待，对餐饮企业经营的早餐予以免税，让利于民。这是当前最直接、最务实，也是见效最快的措施。此外，建议有关部门能跳出自己的利益圈，继续降低餐饮业的银行卡刷卡手续费，尽快终止由餐饮、住宿等行业承担社会上大部分的刷卡成本，这种严重的行业歧视和社会不公，还关系民生的餐饮业的公平问题。这些建议都是非常切实的。

当然，更要提高餐饮企业的自身水平。餐饮行业提供的产品是直接入口的食品，作为消费终端和风险累加的最后环节，餐饮行业不仅需要引起足够的重视，而且无论是作为服务提供者的行业员工，还是作为产品提供者的市场主体，都需要有一定的素质要求，要有严格的制度约束和行为指导来进行规范。工业化对社会财富的创造和人类文明进步的成效有目共睹，信息化的浪潮又席卷而来。传统以密集劳动、手工操作、经验管理为主要特征的餐饮行业，也需适时调整前进方向、大力提升科技化水平，以满足市场竞争的需要。

# 第四节　中国餐饮的灿烂前景

社会转型期的餐饮业面临错综复杂的局面，虽然有很多现实困难，但正确舆论的引导、先进观念的指向，新时代大中华为我们展开了无比宽广的餐饮发展空间。在美食时代和第六次产业革命①理论指引下，餐饮业和各产业与行政部门协同统筹，由杰出的榜样的力量引领，再加上人才工程、国际交流、校企合作、城乡互助、机构协同等各种努力，中华饮食正迎来一个空前大好的发展机遇期。



## 一、传承文化　千舟竞发

### （一）饮食遇好时机

中国是人类饮食文化最为丰富的国家，中华烹饪是科学文化和艺术高度结合的产物，是物质文明与精神文明的光辉结晶。中华饮食使中华民族得以生存、繁衍、发展，也为人类文明发展做出了卓越贡献。它和饮食生活的演进及衍生出的众多习惯与礼仪一起构成了中华饮食文化的深厚蕴涵和丰富前景。科学而精湛的烹饪技艺、健康而丰富的美食菜点为中国的餐饮业提供了举世无双的坚实基础。全社会的价值追求、生活目标，更多地倾向于对健康美食的追求。

不管是家庭还是经营单位，面对的都是不缺食品、缺合适的食物、缺真正好的食品，更缺的是饮食文化。

现在在全国范围内，文化产业的建设如火如荼。饮食文化自然成为重要内容，饮食又是非遗的重要组成部分，中国烹饪技艺申遗当然又是餐饮这一重要的相关行业的极大利好。

餐饮企业一定要加大中华饮食文化建设的力度。在企业文化建设中，申遗、申请商标、培育核心竞争力，在国家培育强势品牌带动中餐走向世界的背景下，餐饮企业附加

① 钱学森：《美食时代和第六次产业革命以及风味美食与大众快餐两个主要业态和工业化与艺术化并存的理论》，中国烹饪协会：《中国烹饪走向新世纪》，经济日报出版社 1995 年版，第 143—145 页。

上文化的内涵，就一定更具竞争力。

中国餐饮业正遇到了千载难逢的发展时机，不管是百年的老字号，还是烽火四起的特色饮食，都要打好饮食文化这张牌，俏江南成为高端、商务餐饮的佼佼者；全聚德、德庄火锅等和味千拉面、呷哺呷哺又分别成了地方风味餐和单一特色中西结合联袂经营的标志性企业。中华饮食的正餐和快餐都在做文化这一“好生意”。

“这是否将是21世纪中国社会主义美食文化?”①

中华饮食几千年的积累，有着丰富的文化内涵，它沉淀于历史长河，又升华于现代社会；它既是延续传统的纽带，又是开创未来的阶梯。

饮食烹饪传统是一种程式，由一代一代的厨师传授下去的。这种传授形成了一条长长的链条，从过去延续到今天。如今的饮食离不开对这一切的继承，可以说绝大多数都有着传统的印记，而不适应的则扬弃，程式被赋予了新的生命。传统的生命在于创新，创新是继承传统的最好、最完美的方式，体现出来的必然是传统的精华部分。传统被激活了，就有了新的生命。

创新贵在适应，最好的集成就是创新。乡村基的成功堪称中华饮食文化创新的典范，是中国当代中餐现代集约化连锁经营走向成熟的标志。

中华饮食多年来最盼望的那就是中华饮食的现代化，而中华饮食文化现代化的代表无疑是中式快餐或简餐。



钱学森对现代快餐作了如下界定。现代快餐，我看它有别于传统文化的小吃，应该把三方面有机融合在一起：

(1) 传统的美食；

(2) 科学的严格操作——规范化；

(3) 市场经济的经营——有适应性。

所以绝不是烹饪一行的事，是一种第三产业②。

(二) 成功在乡村基

中华美食经由标准化制作，集约化连锁经营，这就真正跨进了现代化。最富于民族标志的食品组合，集成了众多中华精美菜点；简洁的流程、明净的场景又体现着中西饮食文化的整合。在中华饮食文化的现代中西融汇传承发展中，中式餐饮的产业化是最具有意义的，乡村基在美国的成功上市，也就令海内外华人为之振奋。中国式风味大众简餐的现代经营集团终于脱颖而出了，这是中华餐饮界经历20多年的市场博弈的阶段性成果。

图11-12 乡村基

乡村基(见图11-12)今天能够在重庆打响，可以说占尽了天时、地利与人和。首先，乡村基发展的这十

① 《钱学森论饮食》，中国烹饪协会：《中国烹饪走向新世纪》，经济日报出版社1995年版，第143—145页。
② 中国烹饪协会：《中国烹饪走向新世纪》，经济日报出版社1995年版，第143—145页。

几年正是改革开放大潮，进入到科学发展和谐社会相对理性的年代，不仅社会环境趋于和谐，人们的生活方式和饮食需求也在变化，尤其消费比较理性，中式快餐易于接受，也相对适合了；其次，地处本土、内陆而且在巴蜀，拥有诸多的有利因素：饮食文化的底蕴足，饮食原材料的充分与价位适当，人本资源的充分与相对优越的质价比……而人和更是突出，对中华饮食文化的执著热恋，从加州牛肉面开始对现代餐饮经营管理的大量学习汲取，扎实的基础建设，标准化进程，准确的目标对比性和中低价定位，不过分打造、不乱抢占、又不失灵活应对，处处表现出稳健发展、后发制人的大器晚成，较好的团队组合，明智的知识产权保护，适时的借助私募基金等又无不渗透出创业者致中和的人文背景，由所有这一切才铸造了中式简餐连锁美国上市第一股。

（三）文化是好生意

烹饪产业的兴起并不会取消今天的餐馆业，这就像现代生产工业并没有取消传统工艺品生产，今日的餐馆和酒店家饭店、今日的烹饪大师将会继续存在下去，并会进一度发展提高，成为人类社会的一种艺术活动。饮食烹饪美学还要研究下去①。

《舌尖上的中国》《味道》《行走的餐桌》《美食世家》以及《远方的家》一集集持续红火的优秀电视片使中国饮食成为中国旅游的一大亮点，人们纷纷寻觅各地的美食。

传统餐饮、名小吃名菜有深厚的文化内涵，整理出来会是一份很重要的文化成果。

目前，已挖掘整理了近百种濒临失传的饮食“非遗”项目（见图 11-13），已公布的国家级“非遗”名录中，还有不少民间传说。如青海省门源回族自治县的“回族宴席曲”，有力地促进了全行业对饮食类非物质文化遗产的保护和弘扬。中国烹饪协会秘书长冯恩援说，2011 年餐饮业经营实现 20 000 亿元，在拉动内需上是重要的产业，要赋予这个产业文化内涵的支撑。所以，我们对中国饮食博大精深的理解一定要务实。我们要做的工作是如何更科学、更好地去保护非遗，弘扬文化，而不是用另外的一种方式去打造。

图 11-13　首席饮食营养专家赵霖在饮食“非遗”项目保护研讨会上

文化是好生意，中华饮食更是大好的事业，中华饮食文化恰逢盛世，餐饮业正面临继承与发扬中华饮食文化最好的历史机遇，迎来中华美食的新时代。

## 二、中华饮食　走向世界

（一）中华饮食文化走向世界

中国称为烹饪王国，原材料丰富，技艺精湛，发展成为以四大菜系和各帮菜点为代

① 《钱学森至陶文台的信》，中国烹饪协会：《中国烹饪走向新世纪》，经济日报出版社 1995 年版，第 143—145 页。

表，南北东西56个民族极其丰富多彩的美食体系，是取之不尽、用之不竭的中华饮食宝库。尤其是荤素搭配，平衡饮食，四季有别，适口为珍的膳食结构饮食观念合理科学，不但保障了中华民族数千年的生存繁衍，又深刻影响促进着中国社会文化经济的不断发展。在当今世界更逐渐为全人类所赏识，推崇为最受欢迎的饮食结构，联合国决议"为了健康，请拿起筷子来"。

中美关系正常化的当事人基辛格先生对中国的感情细腻深刻，表现在他对中华饮食文化的感受上，近几年，80多岁的基辛格总爱自己花钱到北京的街头品尝特色小餐馆的风味菜。北京永安里附近的"那家小馆"和 什刹海的"孔乙己"饭馆的环境一般，但基辛格却吃得挺满意，说："这才是中国老百姓的日常生活。"法国总统希拉克在新锦江用餐为严惠琴总厨精湛厨艺倾倒。2008年北京奥运村中，各国运动员每天单北京烤鸭就要吃掉600只以上，中华饮食文化的国际影响日益扩大。美国总统访问中国时，布什夫人劳拉兴致勃勃观看陕西烹饪学院的厨艺表演并亲自动手在记者面前学习中国拉面，成了中美会晤中的一大趣事，在国内外引起轰动。2011年8月美国副总统拜登访华，为品尝北京小吃，18日下午曾专程在北京市中心鼓楼附近一家小吃店品尝北京小吃，拜登去的就是姚记炒肝店（见图11－14）。法国一家名为"中国信息网"的美食板块这样写道，"今天拜登副总统等5人点了5碗炸酱面、10个包子、拌黄瓜、凉拌山药、凉拌土豆丝以及可乐等，总费用79元。"它还盛赞美国副总统是在向全世界做推广北京小吃的广告。从此，炸酱面和炒肝在全世界的知名度将大为提升，所以该板块当天特别推荐的中国小吃是：炒肝！

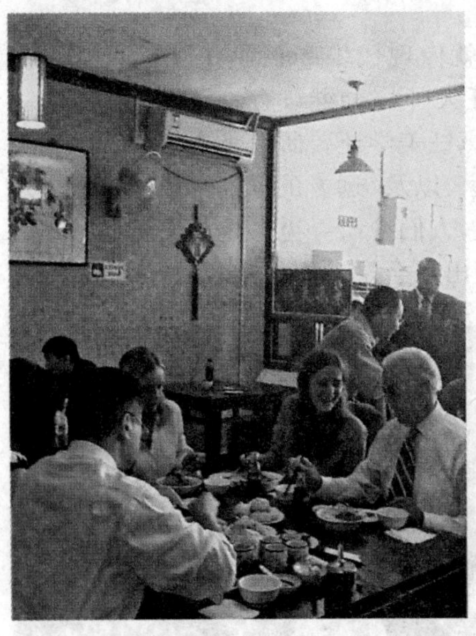
图11－14　美国驻华大使骆家辉陪同拜登在北京鼓楼附近一家小吃店



这都是西方对全球饮食文化的现代认识，它对于中华饮食走向世界是有意义的。

中餐正走向海外，全聚德在墨尔本开设了澳大利亚第一家全聚德分店，食客络绎不绝，很受欢迎；厉家菜在东京被评为亚洲第一家米其林三星餐馆；俏江南则在中国台北日营业额超千万台币，生意很红火；小肥羊在美国、加拿大、日本、中国港澳等地开设了20多间餐厅；据统计，85度C在中国台湾地区开出340多家门店，一年卖出1亿杯咖啡，年营业收入15亿元人民币，超越在中国台湾地区有200多家门店的星巴克，进而85度C被誉为在中国台湾的星巴克。2012年10月12日，位于法国巴黎塞纳河与马恩河交汇处的"华天中国城餐饮"盛装开业。湖南华天集团并购原粤海中国城后，首期投资2 500万欧元历时一年多装修改造，焕然一新的中国城标志着东方文化在当代餐饮经营中的魅力。中式餐厅分为多功能宴会厅、零点餐厅和豪华包厢楼层，提供宴会、自助、商务宴请、团队包餐和零点散餐，由中国名师主理湖湘特色菜。海外华裔开设的餐馆更有20万家之多。

（二）海外发展遭遇诸多困难

当然，也应看到高档中餐走向世界受到的诸多影响，须引起重视。就在华侨经营的中餐馆面临转型的同时，一些尝试跨国开店的餐饮企业在海外发展中也遇到不少困难。目前走向海外的一些中餐企业往往采用单店开发的模式，经营规模不大，开发国际餐饮市场缺乏经济实力，很难与国外餐饮集团相抗衡。

其次，由于制度、政策等市场环境的制约，致使餐饮企业国内本部在对国外店铺进行管理时存在许多不便，效率较低，不能及时有效地处理经营中出现的问题。同时，对国外市场缺乏充分了解，也使企业走了不少弯路。据初步测算，国内本部对海外店铺的管理成本大致相当于对国内店铺管理成本的10倍甚至更多，如此高成本的运营也严重制约了企业经济效益的提高。海外餐饮企业发展水平主要依赖厨师的个人技能，由于厨师的水平参差不齐，且流动性很大，导致企业产品操作技术不规范、工艺不稳定。这些原因使这些国外的中餐企业，菜品标准化程度不高，品质极不稳定。此外，一些具备实力的餐饮企业在海外开店还面临着关键原材料无法使用和不能出口的困难等。原料出口受制约，而当地的代用产品质量又没有国内的质量好或不适用，这种情况极大地影响了中餐的品质，也限制了企业海外开店的步伐。①

海外管理和技术人才短缺更是中餐企业不容忽视的问题。餐饮业从业人员特别是厨师的文化水平大都是初高中程度，现有的出国人员要么是懂技术不懂外语，要么是懂外语不懂技术，与当地消费者、政府有关部门的语言沟通不畅，影响日常的经营管理和海外市场的扩展。

海外中餐经营者不得不正视的一个现实是：中式餐饮一般在海外开始大多处于中低端消费层次。在国外开办的华人餐厅，由于受到以上多种条件的影响，经营水平和企业规模受限。为了维持企业生存，往往依靠打价格战赢取客源，这就导致中餐企业处于低价格、低水平、低质量的运营状态，利润空间越来越小，也就严重影响了在高档餐饮市场的发展。

### （三）中餐进入主流餐饮市场

近年来，随着中国经济和文化在世界范围内的扩展发达，世界中餐市场更是越来越兴旺，在欧美许多国家，中餐都已经成为或开始成为正餐的首选，进入主流消费市场。据《2007年世纪华商发展报告》披露，2007年，如美国的熊猫中式快餐已发展到一千多家，遍布美国36个洲，成为欧美中产阶级最喜爱的饮食，进行中国和亚洲式的烹饪成了对抗如汉堡、火腿肠、馅饼、氢化油脂等“垃圾食品”的一部分②。在欧洲，英国有9 000家中餐馆，肯奈斯·卢是英国公认的最出色的厨师，他和他妻子为了发扬中国饮食，组建了中国美食俱乐部，走向全英国，向中产阶层和白领们介绍中餐。在1975—1980年，他们每年在伦敦张罗的中国宴席多达90场③。到20世纪90年代，中餐的流行逐步升级，以至于在伦敦和曼彻斯特这样的大城市出现了更典雅、更豪华的酒楼。这些酒楼④追求更精致的内部装饰和更浓厚的文化氛围，设施更加完善。百年中餐终入殿堂，中国饮食被奉上了宝座，英国开始出现姚阿兰这样的新型餐饮巨头。其2001年开张的“客

① 都大明：《中华饮食文化》，复旦大学出版社2011年版，第381页。

② 文化产业和媒体借助于烹饪书刊杂志和电视节目，还有超级市场和百货商店供应的配料调料和厨具炊具等，也不失时机地刺激人们的胃口。炒锅、生姜、酱油、蚝油、香菇、豆腐以及各式面条等，现在都有。

③ 20世纪80年代起，中国饮食简直成了新中产者生活方式的等值物，为英国人民提供了新型的饮食体验。

④ 这些餐厅没有什么山珍海味，但是它通过别的方式来显示自己的正宗地道。例如，期望顾客用筷子，而且不再在中餐之外另设西餐菜单。带着更强的学习动机接近中华饮食，修炼自己的趣味。

家生”是新型中餐酒楼的模本，已经赢得了米其林(Michelin)明星的称号。中餐馆在英格兰饮食系统中的位置，可见英文版《餐厅杂志》所列2005年世界餐厅50佳中，姚阿兰的客家生和姚氏荣坊的排名分别位居第30名和第43名，说明中式酒楼在百家餐饮世界排名中已经很受抬举。

1908年，第一家中餐馆在英国伦敦开张，至今已逾百年，中餐在英国从早先受歧视的异域食品到今天已经作为消费文化生活方式的民族风味饮食，其意义是非同一般的。

中华饮食的核心竞争力得以充分的体现，这在本质上已经是一项文化事业。中华文化资本则很可能升值，在全球范围对中华饮食的兴趣重又燃起。一个以餐饮文化为主要特点的中国餐饮国际化高潮正在来临。高档酒店内餐饮的发展也呈现出中餐主流的趋向。中国旅游企业正借助中国烹饪，中国美食先行走出国门，进而实现品牌化、国际化。

中华饮食自身便可提供一个令人神往的世界，从中可以探讨、品尝、重建其美食传统，并不断创新(见图11－15)，这应是西方当代世界对中华饮食文化的期盼。在当今世界和平、发展、合作的主旋律中，中华饮食是一道扣动人们心弦的和弦，在当代中国和平崛起伟大进程中担当着特殊意义的重要时代使命。在全国人民实现小康生活和谐社会中，为社会经济发展增光添彩，并从巧夺天工的烹饪技艺、与人为善的亲情服务，到以人为本、天人合一的经营思想，去努力传承辉煌文化，认真学习世界餐饮服务与先进管理思想，不断创新，带给世界以美味和微笑，促进人类和谐进步，以五味调和与真诚愉悦的中国饮食文化呈献给世人。可以自信的预见，中国餐饮产业众多品牌可以在海外成为中华餐饮业乃至众多产业中率先活跃于世界零售服务业中，全面拓展中华文化品牌。中华餐饮定将在国际上立足生根，发芽开花，可以设想若干年后，中华饮食文化在世界各地的领导地位和中国餐饮零售业在全世界的繁荣景象，这也是中华饮食文化复兴和餐饮产业全面发展的象征。

图11－15　蓝海餐旅学校烹饪实操

## 小结

本章全面讲述了中国持续增长的餐饮消费和中国餐饮的行业格局，分析了中国餐饮业发展的现状及出现的问题，并揭示了中国餐饮业走向世界的动态，指出了中国餐饮的历史机遇和灿烂前景。

## 复习思考题

1. 举例说明中国持续增长的餐饮消费。

2. 谈谈中国餐饮业发展的现状及出现的问题。

3. 说说中国餐饮业的历史机遇和使命。

## 破解乡村基成功驱赶洋快餐之谜

当乡村基正在以前所未有的速度、地毯式抢占主城各大商圈快餐市场的同时，德克士、麦当劳等洋快餐逐渐淡出了重庆主城区，到远郊区县寻求暂时的喘息机会。到目前为止，乡村基已在重庆市解放碑、观音桥、沙坪坝、南坪、杨家坪等商圈成功开店40多家，每家店面从早到晚人潮涌动。如今，乡村基将市场延伸到了成都、西安等城市，同样火爆的经营场面令业内人士咋舌。

如果要用牙牙学语的小孩都知道"我要去肯德基"或"我要去麦当劳"来形容洋快餐中国少儿快餐市场影响力，那么，这只能说明，那是洋快餐在过去某一段时间在某些城市某些人群中所形成的影响力。如今，在重庆，乡村基也正在以不可低估的影响力取代着洋快餐，而且不仅仅只有小孩才闹着"我要去乡村基"，青少年学生、工薪族、白领、金领、流动人口、中老年人……几乎各个层面、几个年龄段的人均成了乡村基的消费群体。基于此，乡村基营造的火爆繁荣景象自然在情理之中。如果说，过去的中国快餐市场被肯德基为代表的洋快餐打得一败涂地、落花流水，那么，现在的洋快餐巨头正在遭遇以乡村基为代表的中式快餐品牌强势应对和无情驱赶，位居重庆核心商业圈解放碑CBD区域的德克士已经被打得一败涂地、落花流水，不得不隐遁而逃，其他品牌的洋快餐也在纷纷收缩战线，转战区县市场。

眼看着乡村基潮涌般的消费者，不少投资者心动不已，意欲破解乡村基成功之谜。其实，稍事分析，便不难发现其成功的三大经验。

一、产品

快餐消费，讲的是物美价廉、快捷便利、卫生整洁。当然，核心是口味，做餐饮，味道好，才是真正的好。在这方面，乡村基算是把准了脉。乡村基出了具备上述这些基本要素，其产品精选了中外各地符合大众消费的美味食品，具有广适性和兼容性，不仅适合各个年龄、各个层面的当地人群消费，也适合南来北往的中外人群消费。具体而言，香菇鸡套餐——杭菜特色菜；宫爆鸡丁——贵州特色菜；双黄狮子头——安徽特色菜；红烩牛肉——淮阳特色菜；咖喱鸡——上海特色；泡椒牛肉——重庆特色菜；印尼炒饭、金香排骨、铁板牛肉、蜜汁鸡翅套餐、儿童套餐（炸鸡翅加薯条、时令蔬菜、米饭、饮料），这几道产品中西合璧，既有西式炸排、炸鸡，又有中式餐饮的米饭和时令蔬菜，更加符合中外人群消费，直接将洋快餐的目标客户抢了过来；再看占了快餐营业收入一半比例的米线、面，这两大速食都添加了八种配料，川味的牛肉面等麻辣鲜香，清淡的香菇炖鸡米线等爽口香浓。这部分产品不仅味道爽口，价格也相对便宜，同样具备市场杀伤力，将路边小吃摊食客也作为目标客户，一个不少地"揽"进了店面。

二、服务

相比肯德基、麦当劳等洋快餐，乡村基店面环境并不逊色。整洁优雅的店堂，高效便捷、井然有序的购物秩序，清爽醒目、易于极易的 VI 识别系统……甚至连洗手间也同洋快餐一样清洁、亮丽，给人以舒心、愉悦的心理感受。

三、价格

相比麦当劳、肯德基等洋快餐，乡村基的价格同样具有杀伤力。一般在洋快餐消费香辣炸鸡翅、辣鸡腿堡之类的食品，每次消费金额在 20 元左右，高的可能达六七十元；在乡村基，吃同样的产品，消费金额可能少一半。一般的消费者 10 元左右可以在乡村基吃得很饱。

鉴于上述三大优势，乡村基已经把重庆市场搞得风生水起。以此为据点，抢占西南大市场，乃至全国大市场，已经为时不远。但愿各位有识之士在享用乡村基快餐的同时，能够发现其中的商机、商道，及早谋动，抢占北京、上海、广东等城市的快餐大市场。

**思考题**

依据钱学森现代快餐理论分析乡村基的成功之路。

# 主要参考文献

[1] 戴桂宝.厨政管理.北京：中国旅游出版社，2012.
[2] 周宇，钟华，颜醒华.餐饮企业管理与运作.北京：高等教育出版社，2010.
[3] 李辉作.现代餐饮企业经营与管理.上海：上海交通大学出版社，2008.
[4] 赵涛.餐饮店经营管理.北京：北京工业大学出版社，2006.
[5] 姜毅.厨政管理.北京：中国旅游出版社，2005.
[6] 张文华，王飞.酒店餐饮服务与管理.长沙：湖南师范大学出版社，2012.
[7] 曹仲文.烹饪设备器具.上海：复旦大学出版社，2011.
[8] 都大明.中华饮食文化.上海：复旦大学出版社，2011.
[9] 吴克强.餐饮经营管理.天津：南开大学出版社，2007.

**图书在版编目(CIP)数据**

餐饮管理/都大明,李大卫主编.—上海:复旦大学出版社,2014.12
(复旦卓越·21世纪酒店管理系列)
ISBN 978-7-309-11077-7

Ⅰ.餐… Ⅱ.①都…②李… Ⅲ.饮食业-经济管理-高等职业教育-教材 Ⅳ.F719.3

中国版本图书馆CIP数据核字(2014)第253963号

**餐饮管理**
都大明　李大卫　主编
责任编辑/孙程姣

复旦大学出版社有限公司出版发行
上海市国权路579号　邮编:200433
网址:fupnet@fudanpress.com　http://www.fudanpress.com
门市零售:86-21-65642857　团体订购:86-21-65118853
外埠邮购:86-21-65109143
大丰市科星印刷有限责任公司

开本787×1092　1/16　印张13.25　字数298千
2014年12月第1版第1次印刷

ISBN 978-7-309-11077-7/F·2092
定价:30.00元